**Sergej Eisenstein | Disney**

# Sergej Eisenstein | Disney

Herausgegeben und übersetzt von Oksana Bulgakowa und Dietmar Hochmuth

**PotemkinPress**

Mit freundlicher Genehmigung des Russischen Staatsarchivs für Literatur und Kunst Moskau (RGALI).
Bildnachweis: Alle Abbildungen stammen aus dem Eisenstein-Archiv Moskau. Trotz intensiver Erforschung der Rechtelage, insbesondere der Rechte dritter, blieben einige Urheber unbekannt. Sollten hier begründete Ansprüche aus Unkenntnis vernachlässigt worden sein, werden diese ganz bestimmt einvernehmlich geklärt.
Umschlaggestaltung und Layout: Gregor Hochmuth (dotgrex.com) und Dietmar Hochmuth
Satz: Anna von Garnier
Onlineversion: www.metod.info
Gesamtherstellung: SDL Berlin
Printed in Germany

Die Deutsche Nationalbibliothek verzeichnet diese Publikation in der Deutschen Nationalbbliografie; detaillierte bibliografische Daten sind im Internet unter http://dnb.d-nb.de abrufbar.
Alle Rechte, auch die des auszugweisen Nachdrucks, der fotomechanischen Wiedergabe und der Übersetzung, vorbehalten. Das betrifft gleichsam die Vervielfältigung und Übertragung einzelner Textabschnitte, Zeichnungen oder Bilder durch alle Verfahren wie Speicherung und Übertragung auf Papier, transparente Filme, Bänder, Platten und andere Medien, Netze, soweit es nicht §§ 53 und 54 UrhG ausdrücklich gestattet.
ISBN 978-3-943190-00-7 [Hardcover] | ISBN 978-3-943190-01-4 [Softcover]
© 2011 PotemkinPress | www.PotemkinPress.com

*Editorische Anmerkungen*

Diese neue Übersetzung stützt sich auf die bislang vollständigste Textversion, die 2009 bei PotemkinPress im Original erschien – im Rahmen der vierbändigen Ausgabe von Eisensteins METHODE (Band III, S. 769–888). Die Herausgeber haben versucht, dieses Original so komplett und behutsam wie möglich in all seinen Besonderheiten – sprunghafte Chronologien, notizenähnliche Einschübe, offenkundig nicht zu Ende geführte Sätze und Passagen, schließlich die Eigenart von Eisensteins Fremdsprachengebrauch – zu erhalten und in die deutsche Sprache zu übertragen. Runde und dreieckige Klammern stammen vom Autor; Kommentare der Herausgeber, Anmerkungen und Übersetzungen sind in eckige Klammern gesetzt.

Zitate wurden dort eingefügt, wo Eisenstein selbst auf die exakte Herkunft seiner Quellen verweist, in den übrigen Fällen finden sie sich in den Endnoten.

Die Herausgeber haben im Interesse der Lesbarkeit des unvollendeten Manuskripts auf die Kennzeichnung, aus welcher Sprache einzelne Worte und Zitate übersetzt wurden, verzichtet. Eisensteins Deutsch im Original ist durch `diese Schrift` gekennzeichnet. Die Schreibung der russischen Eigennamen folgt der Dudentranskription, davon unberührt sind Zitate und Publikationsverweise, die sich auf andere Schreibweisen stützen. Das Namensregister beschränkt sich auf Personen, die in Eisensteins Text vorkommen.

Das Manuskript ist auf www.metod.info mit Volltextsuche und diversen Kommentarfunktionen abrufbar.

**Sergej Eisenstein**
**Disney**

[Kratowo], 21.IX.1940

Aus meiner Kindheitslektüre haben sich mir drei Episoden eingeprägt.

Die erste entstammt einem Lesebuch. Irgend so ein Poem über einen Araber in der Wüste. Dessen aufgebrachtes Kamel. Ein tollwütiges Kamel, das seinen Herren jagt. Ein Araber, der auf der Flucht vor dem Kamel in eine Schlucht stürzt, sich jedoch am Gebüsch festkrallt und über einem gähnenden Abgrund baumelt.

Außerdem kam vor, wie der Araber in dieser ausweglosen Lage – das tollwütige Kamel über sich und den gähnenden Abgrund unter sich – plötzlich an einem Strauch zwei, drei rote Beeren bemerkt und, alles vergessend, nach ihnen langt.

Die andere Erinnerung ist noch verschwommener. Sie muss wohl weiter zurückreichen. Da durften irgendwelche sonderbaren sentimentalen Engel in die Hölle hinabsteigen und ihre Erfrischung bringenden Hände für einen Augenblick auf die Stirn der im Pech kochenden Sünder legen. Oder vielleicht auch ihre dürstenden Lippen mit einem Wassertropfen benetzen...

Die dritte Erinnerung ist konkreter. Sie hat einen Autor, Victor Hugo, einen genauen Handlungsort, Paris, und ihre Helden haben Namen. Er heißt Quasimodo, sie – Esmeralda. Esmeralda steigt in Begleitung ihrer anmutigen Ziege zu dem gefolterten, ans Schafott gefesselten Quasimodo hinauf, der Durst leidet und den der Spott der Meute quält. Sie gibt ihm etwas zu trinken und berührt mit den Lippen sein hässliches, gequältes Gesicht.

Wenn ich Disneys SCHNEEWITTCHEN sehe, fallen mir diese Episoden ein.

Und das nicht, weil Schneewittchen einige Male hintereinander die komischen und hässlichen Zwerge auf ihre Glatzen küsst; nicht nur, weil das Mädchen von anmutigen Rehen und Ziegen begleitet wird oder weil es von Märchengräueln umgeben ist.

Sondern weil mir Disneys Werk selbst wie ein Tropfen der Freude, wie ein Augenblick der Erleichterung, eine flüchtige Lippenberührung in jener Hölle der sozialen Last, Ungerechtigkeit und Qual erscheint, in den der Kreis seiner amerikanischen Zuschauer so ausweglos eingeschlossen ist.

Der Araber wird jenseits des Poems natürlich in die Schlucht stürzen oder vom Kamel zertrampelt werden. Die Sünder werden weiterhin im Pech gekocht. Die Berührung durch die Engel, die zwei, drei erfrischenden Beeren, der Kelch und Esmeraldas Ziege werden an ihrem Schicksal nichts ändern. Doch für einen Augenblick, für den Bruchteil einer Sekunde, schenken sie jedem von ihnen das Wertvollste in ihrer Lage: das Vergessen.

Und Disney schenkt – so wie sie alle – durch die Magie seiner Filme – und wohl so intensiv wie kein anderer – den Zuschauern eben dieses Vergessen. Eben jenen Augenblick der völligen Loslösung von allen Qualen, wie sie die gesellschaftlichen Bedingungen der sozialen Ordnung in einem großen kapitalistischen Staat hervorbringen.

Disney brandmarkt nicht und entlarvt nicht.

Tiere sind uns aus Fabeln geläufig. Dort sind es ungemütliche Geschöpfe.

Sie beißen den Leser nicht, kratzen ihn nicht, bellen ihn nicht an und schlagen auch nicht nach ihm aus.

Doch sie tun etwas viel Unangenehmeres: Sie halten ihrem großen Bruder, dem Menschen, einen Zerrspiegel vor Augen.

Zumindest sieht er das so, der große Bruder. Aber sein Gesicht ist wirklich schief.

Und bei dieser ärgerlichen Entlarvung ist eine Schar kleinerer Geschwister – Ziegenböcke und Schafe, Füchse und Löwen, Adler und Schlangen, Frösche und Affen – behilflich.

Bei Disney überführen sie niemanden, sie verurteilen keinen und predigen auch nicht.

Und wenn die meisten dieser an uns vorbeihuschenden Gestalten mehr als zehn oder zwanzig Filmminuten lang zu sehen wären, wir würden uns über die moralische Nutzlosigkeit ihrer Existenz auf der Leinwand ärgern.

Aber so – durch ihre augenblickliche Vergänglichkeit – kommt man gar nicht erst dazu, ihnen Leichtsinnigkeit vorzuwerfen.

Selbst eine Bogensehne kann nicht ewig gespannt sein. Ähnlich verhält es sich mit den Nerven.

Die Augenblicke dieser „Ent-Spannung" – ein Wort, das nicht exakt des Sinn des nicht übersetzbaren *relax* wiedergibt – sind prophylaktisch genauso nötig wie die tägliche Dosis sorglosen Lachens in dem bekannten amerikanischen Gebot: A laugh a day keeps the doctor away [Täglich einmal lachen – erspart den Arzt].

Wenn Amerikas Proletariat gesiegt haben wird, wird es für Disney kein Kämpferstandbild aufstellen – weder in seinem Herzen noch auf Straßen oder Plätzen.

Disneys Haupt wird weder mit dem Lorbeerkranz eines Fabeldichters noch eines Pamphletschreibers gekrönt werden, falls man das lustige, schnurrbärtige, spöttische und ironisch-freundliche Gesicht des Schöpfers von Mickey Mouse überhaupt so nennen kann.

Doch jeder wird sich an ihn voll herzlicher Dankbarkeit für die Atempausen mitten im Überlebenskampf erinnern, die er seinen Zuschauern in den schweren Jahren des „sozialen Paradieses" der Verhältnisse im demokratischen Amerika gönnte.

*Jongleur de Notre Dame*

Wir kennen viele Filmschaffende, die den Zuschauer die Lebensrealität vergessen und sie in goldene Lügenträume versetzen.

Wir kennen den geheimen Sinn dieser Sache. Haben auch außerhalb des Kinos üppige Inszenierungen solcher Spektakel erlebt.

Alles mit demselben Ziel: Damit die Aufmerksamkeit des „Mannes von der Straße" von den wahren und ernsten Problemen des Verhältnisses zwischen Arbeit und Kapital ab- und auf solch alberne Pseudoprobleme wie das Treiben gegen die Prohibition hingelenkt wird.

Hier – wie auch in den erwähnten Werken – ist das Vergessen ein Übel.

Vergessen ist ein Mittel, um einzuschläfern; ein Mittel, um das Denken von der Realität in Richtung Traumwelt umzuleiten; ein Instrument zur Entwaffnung im Kampf.

Doch das, was Disney uns gibt, ist etwas anderes.

Er türmt vor uns keine Happy-Ends auf, die nur auf der Leinwand glücklich verlaufen; er tischt uns keine Lügen von schwindelerregend ehrlichen Karrieren und dem Edelmut von Finanzmagnaten auf; auch predigt die kleine Leinwand seiner gezeichneten Filme nicht auf gemeine Weise die Verwischung sozialer Widersprüche – anders als die „große" amerikanische Leinwand. Er ruft zwar zu keiner Schlacht gegen dieses Übel auf, dient diesem jedoch objektiv auch nicht, denn er versteckt sich hinter einem „Ich weiß nicht, was ich tue".

Disney steht einfach „jenseits von gut und böse". Wie die Sonne, wie die Bäume, wie Vögel, Enten und Mäuse, Damhirsche und Tauben, die über seine Leinwand springen. Sogar mehr als Chaplin. Chaplin, der predigt und in seiner Predigt oft wie ein Quäker redet und sich irrt.

Disneys Filme entlarven nicht die Flecken auf der Sonne, sie spielen selber wie die Sonnenflecken und -kringel auf der Leinwand der Erde.

Sie flimmern, wärmen und lassen sich nicht fassen.

In einem französischen Lied stiehlt eine Katze einen runden Käse, aber der freundliche Mond legt auf einen leeren Teller eine weiße Scheibe, seinen Widerschein. Wer Disney mit „den Zähnen" gewöhnlicher Analyse und Dimension, mit normalen Forderungen, gewöhnlichen Normen und Ansprüchen an die „hohen" Kunstgenres zu packen versucht, wird ins Leere beißen.

Und doch ist es Kunst, eine fröhliche und wunderschöne Kunst, die von erlesenen Formen in strahlender Vollendung nur so sprüht.

Eine ebenso paradoxe Erscheinung in der Familie der „seriösen" Künste wie der gedankenlose, jedoch ewige Zirkus oder der sujetlose, aber in seinem Trillern unendlich bewegende Vogelgesang.

Vielleicht ist gerade deshalb die Natur der künstlerischen Methode und der künstlerischen Mittel bei Disney besonders interessant – und zwar als reinstes Muster *ursprünglicher* Elemente, wie sie jeder Kunst eigen sind und hier in chemisch reiner Form präsentiert werden.

Hier haben wir so etwas wie Duft – abstrahiert von der Blume, Geschmack – abstrahiert von der Frucht, Klang an sich und Wirkung – abstrahiert vom Gedanken.

Wie wird dieses erstaunliche Phänomen geschaffen?

Freilich ist es zum Teil nur eine Täuschung.

Bei Disney steht der Mensch im Mittelpunkt. Doch dieser ist gleichsam auf jenen urzeitlichen Entwicklungsstufen retrospektiv dargestellt, die... Darwin aufgezeichnet hat.

Disney spielt Mickey. Zwischen ihm und Mickey the same distance [dieselbe Distanz] und dabei dieselbe Nähe, sowohl im Charakter als auch in den Them[en]. Goofy und Donald.

[1.X.1940]

Im UNTERWASSERZIRKUS [MERBABIES, 1938] verwandelt sich der gestreifte Fisch im Käfig in einen Tiger und brüllt mit der Stimme eines Löwen oder Panthers auf. Tintenfische werden zu Elefanten. Ein kleiner Fisch – zum Esel. Die Flucht vor sich selbst. Vor den ein für alle male festgeschrieben Normen der Form und des Verhaltens. Hier ist das ganz deutlich. Ein Spiel mit offenen Karten. Und freilich komisch gesehen. Im Ernst, im Leben – besonders im amerikanischen – gibt es so etwas nicht und kann es auch nicht geben.

Ist das im Schaffen Disneys nun Absicht oder Zufall?

Betrachten wir die anderen Filme.

Gehen wir die Bilder der noch schwarz-weißen Mickey-Mouse-[Serie] durch.

Was bleibt da im Gedächtnis haften? Vieles. Eine Dampflok, die Holzscheite wie Kuchen verschlingt; Würstchen (hot dogs), die man prügelt und denen dabei an der entsprechenden Stelle die Pelle herunterzieht wie Hosen; hier gibt es auch Klaviertasten, die nach den [Händen des] Pianisten schnappen, und vieles, vieles mehr.

Darin entdecken wir dieselben Merkmale einer verwandelten Welt, einer Welt, die außer sich geraten ist. Einer unmenschlichen Welt, die den Filmschöpfer umgibt und ihn gerade dadurch zu bewegen scheint, all diese Figuren – den Grashüpfer Wilbur, den Hund Goofy, den Enterich Donald und in erster Linie Mickey und Minnie – zu animieren, ihnen menschliche Züge zu verleihen.

Ein rein äußerliches Merkmal hat sich besonders eingeprägt, ein scheinbar rein formales.

Mickey singt, mit zusammengelegten Fingern ringend. Die Hände folgen der Musik in einer Weise, wie nur bei Disney die Bewegungen der Figuren die Melodie doppeln können. Und nun, einem hohen Ton nachjagend, wachsen Arme und Hände weit über die ihnen gesetzten Grenzen hinaus. Genauso ziehen sich bei seinen Pferden beim Staunen die Hälse und beim Laufen die Füße in die Länge.

Ähnlich verhält es sich mit den Hälsen von Sträußen, mit den Schwänzen von Kühen, ganz zu schweigen von sämtlichen Gliedmaßen der Tiere und Pflanzen in den SILLY

SYMPHONIES,[1] die nur damit beschäftigt sind, sich im Gleichklang zu Tonhöhe und Melodie betriebsam zu winden.

Auch hier erleben wir dasselbe Spiel, „etwas anderes", „etwas Unmögliches" sein zu wollen.

Nur ist es hier tiefer und vielfältiger.

Ist es jedoch, unter diesem Aspekt betrachtet, allein Disney eigen?

Um dem verborgenen Sinn dieser Erscheinung auf den Grund zu kommen, werden wir nach Beispielen außerhalb von Disneys Schaffen suchen.

Disney machte auf der Leinwand das, was in den 70er Jahren [des vorletzten Jahrhunderts] Lewis Carrolls ALICE IM WUNDERLAND tat.

Dieselben Hasen mit Brusttaschen, Ratten und Mäuse, Schildkröten und Seelöwen leben auf den Seiten dieses Buches.

Und in den ersten zwei Kapiteln von Alices Abenteuern finden wir, was wir suchen.

Alice ist in einer ausweglosen Lage: Nach Carrolls Methode wird das im buchstäblichen Sinn dargestellt – der Raum, in den sie durch das Kaninchenloch gelangte, hat keinen Ausgang. Das heißt, es gibt zwar Türen, doch sind sie alle verschlossen.

Mehr noch: die Türen sind so klitzeklein, dass gerade noch ihr Kopf hindurchpasst, keineswegs jedoch die Schultern.

„Trink mich!" steht auf einer kleinen Flasche geschrieben, die auf dem Tischchen neben dem goldenen Türschlüsselchen liegt.

„Was ist das für ein komisches Gefühl, sich wie ein Fernrohr ineinanderzuschieben!" rief Alice...

(Sie trank das Fläschchen bis auf den letzten Tropfen aus).

„Sie war tatsächlich nur noch zwanzig Zentimeter lang und sah vergnügt, dass sie nun auch den richtigen Umfang besaß, um durch die kleine Tür in den reizenden Garten zu gelangen. Zuerst wartete sie jedoch noch ein paar Minuten ab, um festzustellen, ob die Schrumpfung andauern würde. Diese Befürchtung machte sie etwas unruhig. ‚Denn es könnte ja passieren,' sagte sie, ‚dass ich wie eine Kerzenflamme verlösche, und was für ein Bild würde ich dann abgeben?' Sie versuchte, sich eine ausgeblasene Kerzenflamme vorzustellen, konnte sich aber nicht entsinnen, jemals etwas Derartiges gesehen zu haben..."

Dennoch gelingt es Alice nicht, in den Garten hinauszutreten. Sie vergaß den Türschlüssel auf dem Tisch, nun aber ist sie zu klein geworden, um an ihn heranzureichen. Erfolglos bleiben alle Versuche, am Tischbein hochzuklettern: es ist zu glatt...

Alice weint.

„Iss!" steht auf dem winzigen Kuchen in schön geschwungenen, aus Korinthen geformten Buchstaben geschrieben.

„‚Das wird ja immer merkwürdiger!' schrie Alice... ‚Ich zieh' mich auseinander wie das längste Fernrohr, das es je gegeben hat! Lebt wohl, meine Füße!' Denn ihre Füße waren schon so weit entfernt, dass sie sie kaum noch erkennen konnte. ‚Ach, ihr armen Füßchen, wer wird euch nun Schuhe und Strümpfe anziehn! Ich wenigstens werde dazu nicht mehr in der Lage sein, denn ich bin viel zu weit weg und kann nicht mehr für euch sorgen...'"

Jetzt ist Alice von so gigantischem Wuchs, dass sie wiederum nicht durch die Tür des unterirdischen Saals hindurchpasst.

In einem neuerlichen Anflug von Verzweiflung bricht sie in bittern Tränen aus. Doch plötzlich bemerkt Alice, dass sie rasch wieder kleiner wird: schuld daran ist der Fächer, mit dem sie wedelt. Das Mädchen schafft es gerade noch, ihn wegzuwerfen, um nicht gänzlich hinwegzuschrumpfen. Und nun gelangt Alice in einen See von Tränen, die sie selbst vergossen hat, als sie noch groß war. „Ach, hätte ich doch nur nicht so viel geheult!" sagt Alice und schwimmt in den salzigen Wellen davon. [2] Hier allerdings verlassen wir sie, denn die uns interessierende Episode mit der Vergrößerung und Verkleinerung ist zu Ende.

[Im fünften Kapitel wird die arme Alice von denselben Abenteuern heimgesucht. Hier wirken auf ebenso magische Weise die zwei Hälften eines Pilzes.

„Sie knabberte an dem Stück, das sie in der rechten Hand hielt [...]. Im nächsten Augenblick verspürte sie einen heftigen Stoß unter dem Kinn — es war gegen ihre Füße gestoßen! Die urplötzliche Veränderung erschreckte sie sehr, aber sie durfte keine Zeit verlieren, denn sie schrumpfte mit großer Geschwindigkeit immer weiter zusammen. Eilig versuchte sie, von dem Stück in ihrer linken Hand etwas abzubeißen. Ihr Kinn presste sich zwar schon so fest gegen ihre Füße, dass sie kaum noch den Mund aufbekam, aber mit größter Anstrengung gelang es ihr endlich doch, ein Krümchen hinunterzuschlucken.

‚Na, jetzt ist mein Kopf wenigstens wieder frei!' rief sie. Indessen wandelte sich ihre Erleichterung in Entsetzen, als sie merkte, dass ihre Schultern nirgendwo zu entdecken waren. Alles, was sie beim Hinabspähen erkennen konnte, war ein ungeheuer langer Hals, der wie ein Stengel aus einem tief unter ihr wogenden grünen Blättermeer ragte." [3]]

Hat Disney hier etwas entlehnt? Oder ist die Gestalt einer elastischen Figur generell sehr verbreitet?

Ich finde es in den Zeichnungen eines deutschen Karikaturisten namens Trier. Dort geht es um die Abenteuer eines Jungen mit superlangem Arm.c

Dasselbe Bild finde ich auch bei den Japanern. Auf Drucken des 18. Jahrhunderts strecken Geishas durch die Gitter der Teehäuser von Yoshiwara ihre meterlangen Arme nach den erschrockenen Besuchern aus.

Oder die Beispiele aus dem Altertum, wo die sich unendlich dehnenden Hälse, Füße und Nasen miteinander spielen. Langgezogene Nasen sind Merkmale einer ganzen Art mythologischer Wesen, zum Beispiel der Tengu. Mehr noch, ich erinnere mich an die Zirkusarena und an jene ganz und gar unerklärliche Neugier, mit der Hunderte, ja Hunderttausende von Menschen über Jahrhunderte mit stockendem Atem immer dasselbe verfolgen, was, freilich im Rahmen des Menschenmöglichen in dieser Richtung, ein Artist zu vollbringen vermag: Vor den Zuschauern tritt ein Kautschukmensch auf, ein knochenloses, elastisches Wesen, das aus unerfindlichen Gründen oft als Mephisto verkleidet ist, wenn es sich nicht zufällig um einen Snake-Dancer aus den New Yorker Nachtclubs der Schwarzen handelt, wo sich ein solches Wesen in formlos-seidenen Gewändern windet...

Merkwürdig ist nicht, dass es so etwas gibt.

Merkwürdig ist, dass es uns in seinen Bann zieht!

Unwillkürlich kommt einem der Gedanke, dass all diesen Beispielen eine gemeinsame Ursache der Attraktivität zugrunde liegt: Der Verzicht auf die Bindung an eine ein für allemal festgelegte Form, die Freiheit von Erstarrung, die Fähigkeit, dynamisch jedwede Form anzunehmen.

Eine Fähigkeit, die ich als plasmatische Eigenschaft bezeichnen würde, denn hier bewegt sich ein gezeichnetes Wesen, das eine bestimmte Form und ein bestimmtes Antlitz erlangt hat, wie Protoplasma, das noch keine stabile Form besitzt und jede, ja alle Formen der animalischen Existenz auf der Stufenleiter der Entwicklung annehmen kann.

Warum wirkt das auf uns so anziehend?

Es ist schwer anzunehmen, dass sich der Zuschauer an das eigene Dasein auf dieser Entwicklungsstufe – als Embryo oder auf der Evolutionsleiter abwärts „erinnert". (Aber wer vermag schon die Tiefe des Gedächtnisses zu messen – nicht nur auf das Gehirn bezogen, sondern auf all seine Vorgänger, einschließlich der Zelle!)

Dagegen ist es leichter, dem zuzustimmen, dass dieses Bild durch die all-mögliche Vielfalt jeglicher Formen unwiderstehlich attraktiv ist. In einem Land und einer Gesellschaftsordnung, die in ihrer Standardisierung und dem maschinellen Gleichmaß ihres Alltags, den man schwer Leben nennen kann, besonders unerbittlich sind, ist das Betrachten einer derartigen „Omnipotenz", d.h. alles werden zu können, was man will, nicht ohne prickelnde Anziehungskraft.

Das stimmt für die USA. Das stimmt für das in den toten Kanons von Weltanschauung, Kunst und Philosophie erstarrte Japan des 18. Jahrhunderts. Das stimmt für den in gestärktes Hemd und Cutaway gezwängten Besucher von Nachtklubs, der knochenlose, elastische Figuren bewundert, denen ein steifes Rückgrat und das geschraubte Korsett aristokratischer Haltung fremd sind.

Die verlorengegangene Verwandlungsfähigkeit, das fließende Ineinanderübergehen, die überraschenden Bildungen – das ist es, was dem um all das gebrachten

Eisenstein,
HARLEM, SNAKE DANCER.
12. III. 1944

Zuschauer diese scheinbar merkwürdigen Eigenschaften, die sich durch Märchen, Karikatur, knochenlose Zirkusartisten und die völlig unmotivierten Ausdehnungen von Gliedmaßen in Disneys Animationen ziehen, als „Untertext" bieten.

Kratowo, 6. X. 1940

Zwischen plasmation und Feuer.

Die Erwartung, dass eine derartig starke Tendenz zur Verwandlung stabiler Formen in dynamische nicht bloß innerhalb der formalen Mittel verbleiben kann, einen Sprung über die Form hinaus macht und ins Sujet wie ins Thema wechselt, ist nur zu berechtigt. Zum Filmhelden wird eine labile Figur, d. h. eine, die so beschaffen ist, dass für sie die Veränderbarkeit der Gestalt... ganz natürlich ist. Hier ist die Veränderbarkeit der Gestalt nicht nur ein paradoxes Ausdrucksmittel – wie im Fall der sich dehnenden Hälse, Schwänze und Füße: Hier befahl der Herrgott selbst, dass die Figur unbeständig zu sein hat.

So ist es in dem Film über die Gespenster [LONESOME GHOSTS, 1937]. Mickey und seine Freunde sind hier Mitarbeiter einer Firma zur Bekämpfung von Gespenstern. Der ganze Streifen beschreibt die Peripetien der erbitterten Jagd nach Gespenstern in einem leeren Haus. Die überschäumenden Verwandlungen einer grünlichen Wolke, die die Gestalten von spaßigen Gespenstern mit roten Nasen in sich bergen, kennen keine Grenzen. Aber der Film ist auch noch dadurch bemerkenswert, dass unser Hauptthema in der Gestaltung des gesamten Werkes deutlich zutage tritt.

Dieser Film drückt, wenn man so will, nicht nur die Sehnsucht nach einer Befreiung der Form von den Kanons der Logik und einer ein für allemal festgelegten Stabilität aus, wie es im UNTERWASSERZIRKUS der Fall war. Er ist, wenn man so will, eine Provokation; seine „Moral" birgt in sich die Aufforderung: Nur wer die Fesseln der Stabilität abwirft, kann Vitalität erlangen. In der Tat, betrachten wir dieses Opus einmal nicht als lustig vor uns tänzelndes Werk, sondern als ein Zeugnis bestimmter Epochen und Tendenzen, als eine Sage aus dem Altertum oder einen Mythos, die uns „überliefert" wurden. Dann wird seine Ausrichtung ganz deutlich. Eine „Firma zur Bekämpfung von Gespenstern" – ist das etwa kein Symbol für formale Logik, die alles Lebendige, sich Bewegende und Phantastische verdrängt? Sie erleidet eine Niederlage im Kampf gegen ein paar Gespenster, gegen die Phantastik, die in der Natur eines jeden Nachttisches, eines Suppentellers, hinter jeder Tür und jeder Wand lauert! Wie kommt der Sieg über die Gespenster zustande? Durch einen faszinierenden Einfall: die erschrockenen ‚Agenten' der Firma zur Bekämpfung von Gespenstern fallen nach 1001 Abenteuern, bei denen sie von den Gespenstern an der Nase herumgeführt werden, in einen Teig – wie Max und Moritz.[5] Doch hier werden sie nicht zu Pfefferkuchen gebacken, sondern geistern als furchterregende weiße Schatten umher, die lange Schwänze aus Teig hinter sich her ziehen. Ihre Gestalt ist wunderlich, gespenstisch, die Agenten ähnelten nun selbst Gespenstern. Und? Die erschrockenen Gespenster verlassen auf der Stelle das dämonische Haus.

Eine Pointe mit rein Disneyschem Charme. Im Grunde jedoch ist das eine eigenartige „Moralité" darüber, dass nur derjenige die Freiheit von logischen Fesseln und Fesseln überhaupt erlangen kann, der sich einer alogischen, phantastischen und sinnlichen Denkweise anschließt.

Das ist eine… fiktive Freiheit. Für den Augenblick. Eine kurzzeitige, fiktive, komische Befreiung vom Uhrwerk des amerikanischen Lebens. Fünf Minuten Pause für die Psyche, während der Zuschauer selbst an das Maschinenrad gefesselt bleibt.

Doch diese Situation ist zugleich ein Symbol für Disneys Methode. Denn mit seinem gesamten System von Kunstmitteln, Themen und Sujets demonstriert er uns die Gesetzmäßigkeiten eines folkloristischen, mythologischen, prälogischen – wie auch immer bezeichneten – Denkens, das die Logik stets verneint und die formale Logik, die logische „Hülle", abwirft.

Nehmen wir ein anderes Beispiel: Wer gerät in dem Film [SELF CONTROL, 1938] über Ratschläge zur Selbstbeherrschung in eine missliche Lage? Der, der sich beherrscht und, anstatt seinem inneren Antrieb freien Lauf zu lassen, gehorsam den Ratschlag aus dem Rundfunkempfänger wiederholt und brav bis zehn zählt.

Mit welchem Genuss zerschlägt der Enterich Donald das Radio, diese Maschine der Selbstdisziplin und Selbstbeherrschung, nachdem er im Verlauf des gesamten Films 1001 Unglück erlebte, weil er seine Spontanität bremste und sie willentlich zu unterdrücken trachtete, jenem heuchlerisch-scheinheiligen Stimmchen aus dem Radio zuliebe, das an die rein christliche Tugend der Unterdrückung der eigenen Individualität appelliert. Wie breit und süßlich ergießt sich eine derartige Predigt über die gesamten USA – in zahllosen Kirchen, Gemeinden, Vereinen, in Reden und gedruckt! Wie lautstark tönt über ganz Amerika der salbungsvolle Aufruf der Heilsarmee und der Nachfolger von Mary Baker Eddy („Christian Science") sowie Aimee MacPhersons, mit Tugenden die Fesseln zu verschönern, die die soziale Ordnung dem Leben und Alltag eines freien Volkes auferlegt hat![6]

Disney geht den Dingen nicht auf den Grund.

Aber er amüsiert sich und die anderen, spottet und erheitert: Wie ein Eichhörnchen springt er in den allerhöchsten Wipfeln der Erscheinungen von Zweig zu Zweig, ohne nach unten zu blicken, in die Quellen, Gründe, Ursachen, Bedingungen und Voraussetzungen.

Sein labiler Held jedoch sucht mit der Gier eines Proteus nach immer neuen Formen der Verkörperung.

Die Beweglichkeit des Umrisses genügt ihm nicht. Ihm reicht auch nicht das Spiel des Wassers, das wie eine gigantische lebendige formlose Amöbe mit Goofy und seinem auf den Wellen springenden Brett aufbraust. (In einem Schwarzweißfilm Disneys [HAWAIIAN HOLIDAY, 1937] spielen die Wellen ganz genauso mit einem Dampfer und schütteln ihn durch, verdichten sich zu Schaumklumpen, die plötzlich… zu Fäusten in Boxhandschuhen werden, welche den armen Bordflanken mit Schlägen zusetzen.) Ihm genügt nicht der zusammenschrumpfende Dampfer, der aus einem System von Schachteln erwächst, um dann auf einmal in ein Nichts auseinanderzufallen. (Die Gummihälse der Umrisse haben sich hier zu den gigantischen Ausmaßen eines ganzen Dampfers gedehnt, der aus dem Nichts entsteht und wieder im Nichts verschwindet). Ihm genügt nicht das Spiel mit Regenwolken am Himmel und der grünlichen, unendlich wandelbaren Gespensterwolke im leeren Haus. Eine spukende Maske, die in SCHNEEWITTCHEN der Zauberin prophezeit, entsteht aus... Feuer.

Wer, wenn nicht das Feuer, ist schon in der Lage, alle Möglichkeiten auszuschöpfen, um den Traum von der fließenden, unendlichen Vielfalt der Form zu verwirklichen!?

Dieses Element ist noch plasmatischer, noch freier in seiner Mannigfaltigkeit, noch wilder in der Geschwindigkeit, mit der die am wenigsten erwarteten Umrisse entstehen. Disneys kreative Imagination zahlt diesem Element das nötige Tribut.

So entsteht DER SCHMETTERLING UND DAS FEUER [THE MOTH AND THE FLAME, 1938]

Der Hauptheld darin ist das Feuer.

Für die geheimnisvolle Anziehungskraft des Feuers gibt es viele Erklärungen.

Bis hin zu den tief verborgenen Sexualkomplexen in den Deutungen deutscher Sexuologen, die die deutschen Kriminalisten zwingen, unmotivierte Brandstiftungen den Triebverbrechen zuzurechnen (!). Genauso handhabt es der prominente Kriminalist Dr. Erich Wulffen, der dieser Frage in seinem Buch DER SEXUALVERBRECHER gleich ein ganzes Kapitel widmet (Hamburg 1928, aus der Serie ENCYKLOPAEDIE DER [MODERNEN] KRIMINALISTIK) [Band VIII. Berlin, Verlag Dr. P. Langenscheidt, 11. Auflage] 1928.[7]

Doch viel interessanter und überzeugender scheint das Begleitmaterial, das er in Zusammenhang mit diesem Problem streift.

Hier beruft er sich auf Iwan Bloch[8], der da meint, dass neben Rudimenten eines infantilen Zerstörungstriebes (zum Beispiel des Zerschlagens und Zerlegens von Spielzeug) auch die Farbe des Feuers eine große Rolle spielt. Rot spielt bekanntlich eine große Rolle in der vita sexualis des Menschen (man könnte Bloch auf die rote Laterne verweisen!). Bloch vermutet, dass hier eine assoziative und synästhetische Verbindung besteht. (Wie sehr das überzeugt, ist allerdings noch die Frage!).

Ein weiterer Forscher namens Näcke[9] führt andere Deutungen für die Pyromanie ins Feld. Er meint, ihr läge in erster Linie der Phototropismus zugrunde, der jeder lebenden Materie eigen ist, d. h. die Anziehungskraft grellen Lichts, der Sonne, des Feuers. Er beruft sich dabei zu einem gewissen Grad auch auf den Thermotropismus, d. h. [die Reaktion] auf die Anziehungskraft der Wärme für die Zellen des Organismus (Hempelmann[10]).

Näcke verweist schließlich auf die Anziehungskraft der *Bewegung*: „Diese Bewegung beim Feuer ist eine monotone, fast rhythmische, und dadurch bilden sich bei längerem Anschauen wahrscheinlich ganz leichte Zirkulationsstörungen im Gehirn, die angenehm, wie im Halbrausche wirken, ähnlich wie Tanzen, Schaukeln usw. Ferner wirkt auch das Glitzern, die Farbe, das Aufflackern der Flamme mit" [DER SEXUALVERBRECHER, S. 350-351]. Wulffen versucht mit all dem, seine These zu belegen, ohne jedoch überzeugend zu wirken. Gelungener dagegen scheint mir sein ziemlich überraschender Bezug auf Wagner: „...Richard Wagner, einer der ausgezeichnetsten Psychologen, hat in der monotonen, rhythmischen Musik des Feuerzaubers in der WALKÜRE die anregenden, den angenehmen Halbrausch erzeugenden Bewegungseindrücke des lodernden Feuers wiedergegeben und als musikalischer Sexuologe den erotischen Grundton der großartigen Feuererscheinung durch Einbeziehung der Liebe zwischen Brunhilde und Siegfried wunderbar getroffen." (!!!) [Ebenda, S. 351]

Die Bereicherung des musikalischen Liebesthemas Brunhilde – Siegfried um das Bild des Feuers und die dadurch erzielten grandiosen Wirkungen führt Wulffen voll und ganz auf erotische Ursachen zurück, und er nennt Wagner den „größten Musiksexuologen"(!!!).

Ohne die von Wagner erlangte Größe bestreiten zu wollen und die dunkle Verbindung zwischen „feurigen" Gefühlen und der Naturgewalt des Feuers für durchaus denkbar haltend, ist es dennoch verwunderlich, dass Wulffen nicht auf ein sehr naheliegendes Beispiel zurückgreift – nämlich auf den Roman LES CONTRE-NATURES von Madame Rachilde [11]. Dort stößt man zweimal auf das tatsächlich mit dem Feuer gekoppelte Motiv der Eheschließung. Feuer als einziges Mittel, das die Liebeskollision der Haupthelden in gemeinsamer Selbstverbrennung lösen kann, da sie der Möglichkeit beraubt wurden, einen anderen Ausweg aus der entstandenen Situation zu finden.

Ich würde die Erotik in Madame Rachildes Roman belassen, bei Wagner jedoch würde ich nicht diese (durchaus mögliche) Ursache, sondern das ihr entstammende Phänomen der Bewegung betonen und darin die dominierende Anziehungskraft des Feuerzaubers sehen wollen, den ich als Regisseur auf die Bühne zu bringen hatte. [12]

Denn dieses schon nicht mehr monotone, jedoch unbedingt rhythmische Element der Bewegung braucht Wagner, ausgehend von besonderen Anforderungen der WALKÜRE und SIEGFRIEDS. Allerdings führt uns die Form eines wilden Tanzes, den der Gott des Feuers, Loge, ein anderer Held Wagners, vollführt, zur Ausgangsthese zurück: Die Anziehungskraft des Feuers geht in ihrer Allmacht vorrangig auf den Bereich plastischer Bilder und Gestalten zurück.

Es ist kein Zufall, dass gerade in dieser Vielfalt des Feuers die meisten Propheten und Begründer religiös-philosophischer Lehren die ersten Offenbarungen ihrer künftigen Lehren erblicken.

Moses' brennender Dornbusch, das Himmelsfeuer von Zarathustra und Buddha (vgl. Charles Francis Potter: THE STORY OF RELIGION [AS TOLD IN THE LIVES OF ITS LEADERS, WITH SPECIAL REFERENCE TO ATAVISMS, COMMON ELEMENTS, AND PARALLEL CUSTOMS, IN THE RELIGIONS OF THE WORLD. New York] 1929) usw. stehen ganz am Ursprung von [philosophischen] Systemen, die sich so, wie ein Funke zur... Flamme wird, herausbilden. Gerade in der Flamme erblickte man, so belegen es Legenden, gleichsam unzählige künftiger Symbole und Schicksalswendungen der Lehren selbst.

Dieses Bild ergießt sich wie in ein Flammenmeer – im Schulheft eines jungen Mannes, der das Schicksal von Menschen und Ländern genauso gespenstig verändern wollte, wie das Feuerspiel in der poetischen Phantasie seiner Jugend bizarr war. Diese Phantasie wurde von einem in Zukunft großen Mann aufgeschrieben, dem gerade das Feuer, das in der russischen Hauptstadt tobte, als Fackel den Weg in den Untergang seines Ruhms leuchten sollte.

Die erste, was Napoleon in Form einer Erzählung niederschrieb, war [LE MASQUE PROPHÈTE]. [13]

Keineswegs zufällig wendet sich ein anderes „Tier aus dem Abgrund" im Dahinschwinden seiner letzten Kräfte, wenn alle Phantasie aufgebraucht ist, wenn Körper und Seele von Gott verlassen sind, verfallen und nicht mehr menschlicher Geist und Natur genannt werden können, ausgerechnet dem Feuer zu, das sich von einem Ende Roms, der Ewigen Stadt, zum anderen erstreckt, in Brand gesteckt von dem lebensmüden Nero. Dieser versucht womöglich in den Zünglein der Flammen – wie als letztes Mittel – ein Spiel von Bildern für seinen, in Sünde verkommenen, in Verbrechen getrübten toten Geist und Verstand zu entdecken.

Nero besingt die Feuersbrunst. [14]

Aber die Naturgewalt des Feuers vermag mit ihrem Spiel der Bilder und dem Tanz der Visionen nur für kurze Zeit die wandelnde Leiche des Cäsaren zu entflammen...

Freilich jedoch sollten die kraftvollsten, überraschendsten, vielfältigsten und zugleich gegenständlich konkretesten, der Flamme entlehnten Bilder in erster Linie nicht abstrakten Denkern, die spekulative religiöse Systeme entwerfen, sondern Künstlern in den Sinn kommen, die reale, konkrete Kunstwerke schaffen.

Einer von ihnen, einer der größten Künstler überhaupt, hat zum Feuer eine besonders enge Beziehung. Seine Feurigkeit im Kampf für die große Sache der Arbeiterklasse, die flammende Begeisterung für alles, was mit ihm zu tun hat, scheint sich in seinem Hang zur Naturgewalt des Feuers zu materialisieren, von dem sich viele noch zu seinen Lebzeiten und aus seinem Munde selbst überzeugen konnten. Sie ahnen schon, dass es um Gorki geht. Es genügt, wenigstens eine seiner Erzählungen zu betrachten, FEUER! (oder DIE FEUERSBRUNST, in einem anderen Sammelband), um den kraftvollsten Beispielen zu begegnen, die unsere Gedanken veranschaulichen.

„Groß ist die Verzückung, darein uns die Zauberkraft des Feuers versetzen kann. Ich habe oft beobachtet, wie selbstvergessen sich die Menschen dem geheimnisvollen Reiz des bösen Spiels dieser Naturgewalt unterwerfen; auch ich selbst kann mich ihrer Macht nicht ganz entziehen. Irgendwo auf freiem Felde oder im Walde ein Feuer anfachen zu können, ist für mich immer ein Hochgenuss, und ich kann tagelang, ohne des Anblicks überdrüssig zu werden, Feuer betrachten, ebenso wie ich tagelang Musik anhören kann." [15]

Die Annäherung von Musik und Feuer ist hier kein Zufall.

Dahinter steckt freilich das Geheimnis der Anziehungskraft des Feuers für den Künstler. Denn auch die Musik zeichnet sich dadurch aus, dass die von ihr geschaffenen Bilder ununterbrochen im Fließen begriffen sind wie das Feuer, sich ewig verändern wie das Spiel von Flammenzünglein, dynamisch und unendlich vielfältig.

Mag das Libretto Ihnen vorsagen, dass hier die Meeresbrandung, dort das Rauschen des Waldes, da ein Sturm und hier das Spiel der Sonne in den Zweigen dargestellt ist. Wie viele verschiedene Stürme und Wälder, Sonnenkringel und Meeresbrandungen mögen in der Phantasie eines jeden einzelnen erstehen, wie viele verschiedene Visionen – in der Phantasie eines einzigen Menschen an verschiedenen Tagen, zu verschiedenen Stunden und Augenblicken seines emotionalen Lebens. Die Musik hat jene emotionale Vieldeutigkeit ihrer Sprache bewahrt, die aus der verbalen, auf Genauigkeit, Klarheit und logische Schlüssigkeit zielenden Sprache verdrängt ist.

Auch diese war früher so beschaffen. Sie suchte nicht nach einer Exaktheit des Ausdrucks, sondern bemühte sich, mit Hilfe des Klangbildes eines Wortes eine möglichst breite Schicht von Emotionen und Assoziationen, die von diesen Klang ausgelöst werden, anzuregen: nicht um einen genauen Begriff, sondern einen Komplex von Gefühlen zu vermitteln, die mit dem Begriff einhergehen.

Diese Eigenschaft hat sich in der Lyrik erhalten. Bis zu einem bestimmten Grad. Wenn in einem geringerem Grad, dann sind die Verse trocken. Wenn in einem übermäßigen Grad – sind sie abstrakt (Mallarmé). Noch heute, wenn ein logisch denkender Europäer, ein Pedant der verantwortungsvollen Genauigkeit der Sprache, im Fernen Osten der chinesischen Sprache begegnet, ist er empört angesichts des wie Musik vieldeutig funkelnden Sinns in der nicht endgültig zu fassenden Bedeutung eines Wortes.

Die jahrhundertelange Arbeit an der Sprache in unseren Breiten hat den Worten diese Eigenschaft ausgetrieben, doch die Musik ist noch immer erfüllt vom geheimnisvollen Leben des nicht endgültig Fixierbaren im Gegenstand und im Bild, wie sie im visuellen Spiel der Wolken und des Feuers ebenso faszinierend ist.

Hamlet und die Wolken. [16]

Doch kehren wir zurück zu Gorki, zur Feuersbrunst und seinem FEUER!.

Von der allmächtigen Anziehungskraft des Feuers, der auch der große Schriftsteller erlag, läßt er eine seiner Figuren, den Heilgehilfen Sascha Winokurow, erzählen:

„Ich habe die Beobachtung gemacht, dass die Menschen eine geradezu abgöttische Leidenschaft fürs Feuer haben. Sie wissen ja, bei patriotischen Festen, Geburtstagen, Hochzeiten und anderen Gelegenheiten, die die Menschen Festtage nennen – außer bei Begräbnissen – liebt man Illuminationen, also Spielereien mit Feuer. Auch bei Gottesdiensten – na, und dazu kann man schließlich auch die Begräbnisse rechnen!"

Die Absicht, dieses Thema um die Scheiterhaufen bei Eheschließungen zu erweitern und um jene, die die Leichen verstorbener Herrscher zusammen mit ihrem geliebten

Besitz, die Ehefrauen eingeschlossen, verschlangen, zerschellt an den Bildungsschranken, mit denen der Autor die Figur Sascha Winokurow charakterisiert. Seine Gedanken entwickeln sich so:

„Jungens machen ja sogar im Sommer gern Feuer..."

Mit diesem „ja sogar im Sommer" wird man unweigerlich an den Autor selbst erinnert, der mit riesigem Eifer nicht nur bei feuchter Herbstdämmerung im Garten seines Hauses nahe Moskau, sondern auch am Strand auf der Halbinsel Krim oder auf der sonnenüberfluteten italienischen Insel Feuerstellen anlegte.

Doch Sascha Winokurow ist – im Unterschied zum Autor – nicht bereit, derartige Neigungen dieser jungen Anhänger einer „abgöttischen Leidenschaft" für das Feuer gutzuheißen: Für das Feuerlegen sollte man diese Jungen „durchprügeln, um gefährliche Waldbrände zu verhindern..."

Im gleichen Atemzug allerdings schlussfolgert er:

„Also, was ich sagen wollte, ein großes Feuer sieht sich jeder gern an, und die Menschen rennen immer eilends darauf los, genau wie die Nachtfalter. Die Armen freuen sich, wenn ein Reicher abbrennt, und überhaupt zieht es jeden Menschen, der Augen hat, zum Feuer hin, das ist ja allgemein bekannt." [17]

Bezeichnenderweise stürzte ein anderer russischer Schriftsteller Hals über Kopf zu jeder Tages- und Nachtzeit los, um sich Brände anzusehen. Ein Mensch, den eigentlich nichts von seinem Sofa wegholen konnte – außer einem solchen Schauspiel. Hat er womöglich im Feuer die Umrisse zahlloser unbeweglicher Figuren erblickt, die durch seine Fabeln huschen? Durch die Fabeln Iwan Krylows? [18]

Betrachten wir einmal mit Gorki zusammen jenen Schwarm märchenhafter Figuren, den die lodernde und um sich greifende Flamme seiner schöpferischen Phantasie zeichnet. Interessanterweise erscheinen sie fast alle in Tiergestalt. Als wären es feurige Fabeln!

Zunächst leiht er die eigene Vision einer anderen Figur, einem Burschen, dem vier Brandstiftungen zur Last gelegt werden. Dieser „sympathische, ruhige junge Mensch" widerspricht voller Entrüstung den Aussagen eines Zeugen. Doch nicht das Wesen der belastenden Aussage empört ihn, nein, er ärgert sich über das falsche Bild, mit dem der Zeuge die Entstehung des Feuers beschreibt. (Welch eine Lektion für Schriftsteller liegt darin: nur das wirklich Gesehene einem Bild zugrundezulegen!):

„‚Das ist ja lauter dummes Zeug! Wie aus einem Schornstein, so? Was weißt du denn überhaupt? Das kommt doch nicht so auf einmal, so puff – und gleich los! Ihr seid ja wie die Blinden! Erst kriechen kleine Würmer, rote Würmer, nach allen Seiten über das Stroh, später erst blähen sie sich auf, wallen sich zusammen, rollen sich zu Knäueln, und dann flammt erst richtiges Feuer auf. Und ihr behauptet, es pufft gleich los...'

...Er beschrieb mit den Händen, sie immer höher hebend, Kreise in der Luft und erzählte ganz hingerissen:

‚Ja, so ist das, ja… und dann greift es um sich und flackert, wie wenn Leinenzeug im Winde weht. Dann ist es flüchtig wie ein Vogel, dann ist es schon nicht mehr zu fassen, nein! Aber zuerst, da kriechen nur die Würmer, von denen kommt das Feuer, von diesen roten Würmern, von denen kommt das ganze Unheil! Auf die muss man aufpassen! Die müsste an alle wegfangen – und in den Brunnen werfen. Das kann man auch! Man muss feine eiserne Siebe machen, wie für Weizenmehl, und muss sie mit den Sieben wegfangen, ja – und dann in den Sumpf mit ihnen, in die Flüsse, in die Brunnen! Dann wird es auch keine Brände mehr geben! Es heißt doch schon im Sprichwort: Bricht Feuer erst aus, rettest du nicht das Haus! Und die reden wie die Blinden von der Farbe, lauter Dummheiten…'

Der Feuerfänger ließ sich wieder schwer auf die Bank sinken, schüttelte den Kopf, um seine ungebärdigen Locken in Ordnung zu bringen, dann schnäuzte er sich und tat einen lauten Seufzer.

Die Untersuchung war mit einem Mal zu Ende. Der Angeklagte gab fünf Brandstiftungen zu, erklärte aber eifrig:

‚Sie sind zu flink, die Würmer, man kann sie nicht festhalten…'" [19]

Dann aber verzichtet Gorki auf die Mittlerrolle zwischen den handelnden Personen und beschreibt eigene Visionen, die Visionen eines vom Feuer besessenen Menschen.

Er beginnt seine Erzählung mit einem klassisch reinen und beeindruckenden Bild:

„In einer dunklen Februarnacht trat ich auf den Oscharski-Platz hinaus – und sah, wie aus der Dachluke eines Hauses eine Flamme emporschlug. Wie ein üppiger Fuchsschwanz wedelte sie in der von dichtem, ganz langsam, wie unwillig fallendem Schnee gefleckten Luft.

Das Feuer war ein aufregend schöner Anblick. Es war, als sei aus der lauwarmen, feuchten Finsternis heraus ein rotes Tier durchs Fenster unter das Hausdach gesprungen, hätte sich dort geduckt und nage an irgendetwas herum; man hörte ein trockenes Knacken, so wie Vogelknöchelchen zwischen den Zähnen knacken.

Ich schaute den Fuchsschlichen des Feuers zu und sagte mir: Du müsstest doch eigentlich an die Fenster klopfen, die Leute wecken, laut ‚Feuer!' brüllen. Aber ich mochte weder schreien noch mich überhaupt vom Fleck rühren; ich stand da und beobachtete wie behext das rasche Wachsen der Flammen. Oben auf dem Dachfirst schimmerten schon Hahnenfedern, die höchsten Zweige der Bäume im Garten leuchteten goldrot, und auf dem Platz wurde es immer heller." [20]

Der rote Hahn aus dem Volksmund kam hier zu seinem Recht. Und danach türmt Gorki seitenlang immer neue Bilder auf, die ihm das Tosen des Feuers eingibt.

Dabei ist bemerkenswert, dass sie im Folgenden alle in Tiergestalten auftreten, in feurigen Fabeln: eine flammende Erzählung im folkloristischen Gewand über die jenseits der Wolga brennenden Wälder. Diese Bilder und Gestalten kann man sich nicht ausdenken. Man muss sie gesehen haben. Mit dem geschärften Blick eines Künstlers im Spiel der Naturgewalt Feuer erblicken.

„Nachts konnte man von der Stadt aus deutlich sehen, wie über der schwarzen Mauer des fernen Waldes ein Feuerdrache seinen zackigen Rücken bewegte, über die Erde hin kroch und seinen Atem in schwarzen Rauchschwaden gegen den Himmel ausstieß, so dass man an Smej Gorynytsch, den Drachen der alten Märchen, denken musste." [21]

„An den Wurzeln der Bäume flitzten geschäftig, Eichhörnchen mit roten, buschigen Schwänzen gleich, lustige Flämmchen auf und ab, blauer Rauch stieg auf. Man konnte deutlich sehen, wie das Feuer in neckischem Spiel an der Rinde der Stämme empor kletterte, sich um sie schlang, sich irgendwo versteckte; hinter ihm her kamen goldene Ameisen gekrochen, und dann wurden die grünlichen Flechten erst grau und schließlich schwarz. Und wieder schoss irgendwo das Feuer hoch, nagte das rotbraune Gras an, das niedrige Buschwerk. Plötzlich wimmelte und krabbelte dann zwischen dem Wurzelwerk ein ganzer Haufen munterer, roter Tierchen...

Da platzt etwas mit lautem Knall, als ob ein faules Ei berste, und über das Moor kriechen, sich windend, hierhin, dorthin, rotgelbe Schlangen, recken ihre spitzen Köpfe aus dem Gras hoch und beißen die Baumstämme...

Über das ganze Moor huschten immer noch hastig die Flämmchen hin und her, die einzelnen Baumstämme umzingelnd. Das Laub der Äste und Birken wurde schlaff, gelblich und schrumpfte zusammen; die Flechten an den Stämmen der Kiefern gerieten in Bewegung, schienen sich in etwas Lebendiges zu verwandeln und sahen schließlich wie Bienen aus...

Vor uns hüpften die Flämmchen durch das Wacholderdickicht in zierlichen Sprüngen die Schlucht hinab, wie ein Schwarm rotbrünstiger Dompfaffen; im Gras sah man spitze Flügel flink vorbeihuschen, Vogelköpfchen nickten und verschwanden lautlos...

Unwiderstehlich zog es mich vorwärts, näher und näher an den Feuerherd heran.

Am Abend lag ich auf dem Felde, auf der trockenen, warmen Erde, und schaute zu, wie über dem Walde der purpurne Feuerschein wogte und schwankte, wie die Waldgeister dichten Rauch aufsteigen ließen, irgendwem ein üppiges Opfer darbringend. Über die Wipfel der Bäume hinweg kletterten, huschten flink rote Tierchen, flogen grell leuchtende, breitbeschwingte Vögel mitten in den Rauch hinein, überall raste gespensterhaft, wie ein Gaukelspiel, das Feuer... das Feuer...

In der Nacht bot dann der Wald einen unbeschreiblichen, unheimlichen, märchenhaften Anblick: Eine tiefblaue Mauer, wuchs er immer höher, drinnen aber, zwischen den schwarzen Stämmen, tobten und rasten zottige, rote Tiere... Sie sanken zu Boden, dicht an den Wurzeln nieder, umklammerten die Stämme und kletterten flink wie die Affen in die Höhe, rangen miteinander, knickten die Äste, kreischten, schrien, heulten, und es war ein Krachen im Walde, als ob Tausende Hunde Knochen zernagten.

Unendlich war die Mannigfaltigkeit der Gestalten, die das Feuer zwischen den schwarzen Stämmen annahm; unermüdlich war der wilde Tanz dieser Gestalten. Da rollt in plumpen Sätzen, Purzelbäume schießend, ein großer roter Bär auf die Lichtung hinaus; er verliert ganze Büschel von seinem feurigen Vlies, klettert dann, als hätte er es auf Honig abgesehen, an einem Baumstamm in die Höhe; oben in der Krone angelangt, umfasst er die Zweige mit seinen purpurroten Tatzen, wiegt sich, schüttelt die Nadeln in goldenem Funkenregen zu Boden; jetzt ist das große Tier mit leichtem Sprung auf den nächsten Baum hinübergesprungen; wo es gehockt hatte, da sind auf den kahlen schwarzen Ästen unzählige blaue Kerzen aufgeflammt, purpurrote Mäuse huschen über die Zweige – sie laufen so geschwind, dass man in dem von ihnen ausgehenden Schein deutlich sehen kann, wie blaue Rauchwölkchen sich empor ringeln und wie Hunderte von feurigen Ameisen an der Rinde des Stammes auf und niederkrabbeln. Manchmal kommt das Feuer langsam aus dem Walde, schleichend wie eine Katze, die auf Vögel Jagd macht und plötzlich die spitze Schnauze hebt, umher lugend, ob nicht irgendwo etwas zu greifen sei. Oder es taucht plötzlich ein riesiger flammender Bär auf, der bäuchlings auf der Erde dahin kriecht, die Tatzen weit ausbreitet, das Gras gierig in seinen gewaltigen Rachen schiebend.

Da kommt aus dem Walde ein Häuflein kleiner Menschen mit gelben Mützen geeilt; fernab, im Rauch, geht ein Riese hinter ihnen her, groß wie Mastbaum, qualmend, dunkel, er schwenkt ein rotes Banner und stößt schrille Pfiffe aus. In raschen Sätzen, wie ein Hase, hüpft ein rotes Knäuel, ein Igel mit feurigen Stacheln, aus dem Walde heraus, einen Rauchschweif in der Luft hinter sich her ziehend. Und auf allen Stämmen kriechen feurige Raupen, goldenen Ameisen, grell funkelnd fliegen rote Käfer umher.

Die Luft wird immer schwüler und sengender, der Rauch immer dichter und heißer, fast brennt schon die Erde unter den Füßen. Die Augen sind trocken, die Wimpern glühen, die Brauen bewegen sich von selbst. Nicht auszuhalten ist es in dieser sengenden, ätzenden Schwüle, und doch möchte man nicht fort. Wird man denn je wieder im Leben so ein gewaltiges Fest des Feuers schauen dürfen?"[22]

Zola. LA DÉBACLE. [ZUSAMMENBRUCH]. Brand in den Tuilerien.

> [„Vor uns entrollt sich ein apokalyptisches Bild vom Untergang des zweiten Empire, das symbolisch, wie Sodom und Gomorrha, in den Flammenzungen erstirbt, die die Tuilerien verschlingen.
>
> Der Tanz der Flammenzungen wird zur Metapher des Feuerballs.
>
> Zur Linken die brennenden Tuilerien. Gleich bei Einbruch der Nacht hatten die Kommunarden die beiden Enden des Palastes in Brand gesteckt, den Pavillon de Flore und den Pavillon de Marsan; und rasch hatte das Feuer auf den Pavillon de l'Horloge in der Mitte übergegriffen, wo man mit den im Salle des Maréchaux aufgeschichteten Pulverfässern eine regelrechte Sprengung vorbereitet hatte. In diesem Augenblick schleuderten die Zwischengebäude aus ihren gebor-

stenen Fenstern Wirbel gelbroten Rauchs, die blaue Flämmchen durchzuckten. Die Dächer entflammten, aufgespalten von glühenden Rissen, klafften auseinander wie vulkanische Erde unter dem Drängen der inneren Glut.

Maurice, den der Fieberwahn aufwühlte, lachte irr auf:

‚Ein schönes Fest im Staatsrat und in den Tuilerien... Man hat die Fassaden illuminiert, die Kronleuchter glitzern, die Frauen tanzen... Ah, tanzt doch in euren rauchenden Röcken, mit eurem flammenden Haar!'

Mit seinem gesunden Arm beschwor er die rauschenden Festlichkeiten von Sodom und Gomorrha herauf, die Musikkapellen, die Blumen, die ungeheuerlichen Genüsse, die von solchen Ausschweifungen bestehenden Paläste, die die Scheußlichkeit der Nacktheiten mit einem solchen Kerzenluxus beleuchteten, dass sie sich selber in Brand gesteckt hatten." [23]

Wen soll wohl die Flamme besonders anziehen?

Natürlich denjenigen, der von allen Menschen am meisten das entbehren muss, was an der Flamme anziehend wirkt: vor allem die Freiheit der Bewegung und der Verwandlung, eben das, was die Freiheit der Naturgewalt Feuer ausmacht.

Den Sklaven der Natur, den Urmenschen, der im Feuer nicht nur den Ursprung aller Annehmlichkeiten des Lebens erblickte, sondern auch ein Symbol für die freie Beherrschung der gesamten Natur, in der nichts der Feuergewalt widerstehen kann. Rührt nicht daher seine Feueranbetung?

Auch ein Gefangener, bedrückt von der Qual strenger Einkerkerung, muß Feuer besonders heftig als Symbol für Freiheit, Leben und Allmacht empfinden. So ergeht es einem Helden aus Gorkis FEUER!, dem Priester Solotnizki.

Er hatte wegen irgendwelcher ketzerischen Ideen dreissig Jahre im Klosterverlies gesessen, Einzelhaft in einer gemauerten Grube.

Ich habe solche gemauerten Gruben im Priluzki-Kloster bei Wologda gesehen: Einen einzigen Tag lang dort zu überleben mutet schon wie eine Heldentat an... Solotnizki wurde eine andere Freude eingeräumt:

„In dem langsamen Dahinfließen der elftausend Tage und Nächte war die einzige Freude dieses unglücklichen Gefangenen der alleinseligmachenden Kirche, sein einziger Gefährte das Feuer gewesen: Man hatte dem Ketzer gestattet, eigenständig den Ofen seines Kerkers zu heizen."

Solotnizki hält nicht durch, er verliert den Verstand.

„Er war in seinem Kerker zum Feueranbeter geworden und lebte nur auf, wenn man ihm erlaubte, das Holz im Ofen in Brand zu stecken und davor sitzen zu bleiben. Er hockte sich als dann auf ein niedriges Bänkchen, zündete liebevoll das Holz an, bekreuzigte es und murmelte mit zitterndem Kopf die paar Worte, die er noch im Gedächtnis bewahrte:

‚Das wahrhaftige... das ewige Feuer... Allmächtig ist es... Niemandem vergleichbar. Dein Antlitz erstrahle in aller Ewigkeit... Lob sei dir, Ehre sei dir, feuriger Busch.'"

Nicht das Licht, sondern das Feuer. Die Veränderlichkeit seiner lebendigen Gestalten. Die Vielfalt der darin zu erblickenden, ineinanderfließenden Bilder – das bezaubert, zieht an, fasziniert.

Als Solotnizki das versklavte Licht erblickt, zwar um vieles heller als das Feuer im Ofen, doch eben gefesselt und um die Bewegungsfreiheit beraubt, muss er zutiefst erschrecken.

„Groß war Solotnizkis Entsetzen, als er zum ersten Mal eine Glühbirne sah, als das weiße, blutleere Licht, in seiner Glashülle eingeschlossen, geheimnisvoll aufflammte.

Der Alte schaute aufmerksam hin, machte eine erstaunte Handbewegung und begann verstört zu murmeln:

‚Auch das Feuer... Oh, auch das Feuer... Weshalb habt ihr es eingekerkert? Es ist doch kein Teufel! Oh, weshalb?'...

Aus seinen trüben Augen flossen kleine Tränen, er tastete mit seiner zitternden dürren Hand behutsam nach den Menschen und schluchzte:

‚Oh, gebt es doch frei...'" [24]

Die Begeisterung für das Feuer und seinen Anblick ist für einen regressiven Zustand charakteristisch und in der Psychiatrie so bekannt, dass dieser sogar einen eigenen wohlklingenden Namen enjoys [genießt] – Pyromanie.

Ich zitiere absichtlich aus einem nicht sonderlich speziellen Werk, dem ALLGEMEINEN LEHRBUCH DER GERICHTSPSYCHIATRIE (SUDEBNAJA PSICHIATRIJA [Juriditscheskoe isdatelstwo NKJU SSSR] Moskau 1941, S.160).

„Pyromanie tritt meist bei unreifen, psychisch und physisch unterentwickelten Subjekten auf. Der Hang zu Brandstiftungen kann in einfachen Fällen von der Begeisterung für den Anblick des Feuers herrühren, wie sie normalen Menschen, besonders Kindern und Halbwüchsigen, oft eigen ist. In pathologischen (krankhaften) Fällen nimmt diese Neigung den Charakter einer unbezwingbaren Leidenschaft an. Bei unreifen, geistig zurückgebliebenen Menschen mit schwach entwickelten Hemmschwellen kann diese Leidenschaft eine Handlung, d. h. eine Brandstiftung, auslösen."

Für einen normalen Menschen ist diese Neigung, wie wir sehen, in der Periode der Dominanz des sinnlichen Denkens, also in der Kindheit, charakteristisch. Besonders intensiv bricht sie in pathologischen Fällen aus, für die folgender Zustand bezeichnend ist: Die höheren Bewusstseinsschichten sind geschwächt und ausgeschaltet, stattdessen dominieren die sinnlich-unmittelbaren Reaktionen und Triebe.

All das trifft auf das Mädchen Sch., 14 Jahre alt, zu, dem sieben Brandstiftungen in Wohnhäusern zur Last gelegt werden. Mit diesem Fall wird in dem Lehrbuch die Pyromanie illustriert.

Aus den Untersuchungsergebnissen folgt, dass die Brandstiftungen kein gewinnsüchtiges Ziel hatten" (also war es ein rein sinnlicher Trieb).

„Das Bestreben, eine Brandstiftung zu vollführen, geht in dem Mädchen auf einen Zustand unerklärlicher Sehnsucht und innerer Unruhe zurück. Dabei kam der Wunsch auf, Feuer zu sehen...

Jedes Mal beruhigte sich das Mädchen nach vollzogener Brandstiftung, im Angesicht des Feuers...

Die Patientin stammt aus einer erbbelasteten Familie. Von früher Kindheit an war sie kontaktarm, weinerlich veranlagt und litt an Kopfschmerzen. Mit dem achten Lebensjahr setzte, nach eigener Beobachtung, die Neigung zum Feuer ein. Häufig ging sie in den Wald, wo sie gern in das Feuer von Scheiterhaufen schaute; wenn sie selbst Feuer machte, wurde sie „fröhlich", späterhin gereizt, und es gab Anfälle von Wehmut sowie unbezwingbare, häufig unsinnige Wünsche, die sie „nicht bezähmen könnte". Dann: ‚Was mir in den Kopf kommt, das mache ich; kann mich selbst davon nicht abbringen'.

In einem solchen Zustand legte die Patientin Feuer."

Der Anblick des Feuers weckt im Stadium des sinnlichen Denkens [beim Naturmenschen] Lustgefühle. Anderseits reizt der Anblick des Feuers [den Kulturmenschen] zu sinnlichem Denken. Der Trieb (Wehmut u. dgl.) wird befriedigt, wenn ein Lagerfeuer gemacht, später eine Brandstiftung vollführt wird. Dann wird die Patientin „fröhlich", „sie beruhigt sich": Sie wird in das Stadium des sinnlichen Denkens versetzt.

Die Patientin verfügt über alle notwendigen Voraussetzungen:

„Neben der physischen Unterentwicklung wurde eine organische Störung des Zentralen Nervensystems festgestellt, die begleitet ist von einer geringfügigen Minderung der geistigen Fähigkeiten. Ihre Alltagserfahrung jedoch ist ausreichend; sie betrachtet ihre Situation mit kritischem Abstand. Sie erklärt ihr Brandstiftungen aus dem unbezwingbaren Wunsch, Feuer, die Aufregung und Betriebsamkeit der Menschen zu sehen, die zum Ort des Geschehens eilen. Beim Anblick lodernden Feuers ‚hüpft' ihr ‚das Herz vor Freude'. Nach der Verwirklichung des Wunsches (Brandstiftung) verspürt sie Befriedigung, gepaart mit Erleichterung und innerer Ruhe."

Das Gutachten endet so:

„Der angeführte Fall weist Anzeichen auf, die erlauben, Taten der Patientin Sch. (Brandstiftungen) als willenlose Triebhandlungen zu qualifizieren, welche sich infolge der organischen Störung des Zentralnervensystems vollziehen konnten."

Wir sehen also, dass eine solche Erscheinung wie die Pyromanie (in bestimmten Fällen) für den Zustand der „willenlosen Triebhandlung" bei gehemmter Funktion des zentralen Nervensystems (des Bewusstseins) charakteristisch und typisch ist.

Folglich ist die beharrliche Suggestion des Feuers, sind sein Anblick, sein Spiel, seine Gestalten in bestimmten Fällen fähig, „willenlose Triebhandlungen" hervorzurufen, also das sinnliche Denken dominieren zu lassen und das „Bewusstsein" zu hemmen.

Visionen, die vom Feuer suggeriert werden, scheinen die Wiege der Metonymien zu sein: In der Nachbarschaft der Tuilerien flammen sie wie ein feuriger Ball auf, in der des Waldes – wie eine Schar von Tieren, Vögeln und Insekten.

Doch soll uns diese Schar zurück zu Disney, zu seinen Haupthelden, zu den Tieren führen, zu den Urenkeln des Tierepos'.

Tiere stehen im UNTERWASSERZIRKUS für Tiere: und zwar Fische für Säuger.

In Disneys Gesamtwerk stehen Tiere für Menschen.

Es ist dieselbe Tendenz: eine Wandlung, eine Verschiebung, eine eigenartiger Protest gegen die metaphysische Unbeweglichkeit des ein für allemal Gegebenem.

Bezeichnenderweise ist eine derartige „Flucht" in die Tiergestalt und die Vermenschlichung von Tieren offensichtlich charakteristisch für viele Epochen, in deren Gesellschaftssystem oder in deren Philosophie besonders wenig Menschlichkeit zu spüren ist, sei es das amerikanische Maschinenzeitalter in seiner Wirkung auf Lebensweise, Existenz und Moral – oder die Epoche… der mathematischen Abstraktion und der Metaphysik in der Philosophie.

Dabei ist interessant, dass eines der kraftvollsten Beispiele für die Renaissance des Tierepos' ausgerechnet vom Zeitalter der systematisierten Metaphysik, dem siebzehnten Jahrhundert, beigesteuert wird. Genauer gesagt: dem achtzehnten Jahrhundert, das unter dem Zeichen ihrer Überwindung verlief.

„*Genau und im prosaischen Sinne* zu reden, war die französische Aufklärung des 18. Jahrhunderts und namentlich der *französische Materialismus* nicht nur ein Kampf gegen die bestehenden politischen Institutionen, wie gegen die bestehende Religion und Theologie, sondern ebensosehr ein *offener*, ein *ausgesprochener* Kampf gegen die *Metaphysik des siebzehnten Jahrhunderts* und gegen *alle Metaphysik*, namentlich gegen die des *Descartes, Malebranche, Spinoza und Leibniz*." (DIE HEILIGE FAMILIE). [25]

So die Klassiker des Marxismus. Ich glaube, dass auch Hippolyte Taine ihnen nicht widerspricht, wenn er in der Wiedergeburt der Gestalten des Tierepos' in La Fontaines Fabeln einen Beitrag des Dichters zu dem allgemeinen Protest des achtzehnten Jahrhunderts gegen das siebzehnte erblickt.

Darüber schreibt er in LA FONTAINE ET SES FABLES [LA FONTAINE UND SEINE FABELN]:

„Was sind Hund, Ameise und Baum? Die Philosophen antworten, es seien Maschinen – etwa Uhrwerke, die gehen und Lärm machen: ‚In ihnen stehen anstelle des Weltgeistes mehrere Rädchen; das erste bewegt das zweite, das zweite bewegt das dritte, und es ertönt ein Klingen.' Malebranche, ein zartes und zärtliches Wesen, prügelte gnadenlos seinen Hund und behauptete, dass dieser dabei nichts verspüre und dass sein Winseln nichts anderes als seine Luftsäule sei, die durch das vibrierende Medium verlaufen würde. Das war kein Paradox, das sich im Gehirn eines einzelnen Metaphysikers verirrt hatte, – es war eine allgemeine Strömung. Aus Liebe zum Denken und zur Disziplin wurde der Mensch auf die Seele reduziert und diese mit dem Verstand gleichgesetzt. Aus dem Verstand machte man ein selbständiges Wesen, das an und für sich, losgelöst von der Materie und dank irgendeinem Wunder im Körper angesiedelt, existierte; es habe keine Macht über diesen Körper, lieferte ihm keinerlei Impulse und erhielte von ihm Eindrücke lediglich durch einen gewissen Gott von oben vermittelt, der eigens dazu da sei, dass Verstand und Körper wechselseitig auf einander wirken können. Deshalb werden Schönheit, das ganze Leben, aller Edelmut der menschlichen Seele zugeordnet; die leere und erniedrigte Natur dagegen stelle eine Anhäufung von Bauelementen und Mechanismen dar. Sie sei vulgär wie eine Manufaktur, die, abgesehen vom praktischen Nutzen, kein Interesse verdiene, bestenfalls für einen Moralisten, dem sie Stoff für belehrende Moralpredigten oder Anlass zur Lobpreisung ihres Konstrukteurs biete. Der Dichter bliebe hier nichts zu suchen, er könne mit den Tieren nichts anfangen, es sei sinnlos über einen Karpfen oder eine Kuh nachzudenken – ebenso sinnlos, wie über einen Karren oder eine Mühle.

Die Gewohnheiten trennten den Dichter von den Tieren nicht weniger als die Theorie. Für Aristokraten, für Salonmenschen sind ein Marder oder eine Ratte kaum mehr als schmutzige, nichtige Wesen. Das Huhn ist ein Reservoir für Eier, die Kuh – ein Behältnis für Milch, der Esel taugt lediglich, um Gemüse zum Markt zu bringen. Solche Wesen schaut niemand an, wenn sie vorbeiziehen; wendet man sich ab oder amüsiert sie bestenfalls über sie. Von ihrer Arbeit lebt man genauso, wie man von der Arbeit ihrer Kameraden in der Tretmühle, der Bauern, lebt. Man geht schnell an ihnen vorüber. Bei solchem Gegenstand zu verweilen wäre für den Verstand erniedrigend. [...]

Diese prächtig gekleideten Damen und Herren, die es gewohnt sind, sich ihr Leben lang zu verstellen, fühlen sich nur in der Umgebung geschnitzter Wandtäfelungen und vor funkelnden Spiegeln wohl; wenn sie es wagen, einen Fuß auf die Erde zu setzen – dann nur in gepflegten Parkanlagen; wenn sie bereit sind, die Umgebung von Wasser und Wald zu ertragen, dann nur in Form von Kaskaden, die von den Mäulern eiserner (airains) Monster ausgestoßen werden, und in Wäldern, die sich zu Alleen gestreckt haben (alignés en charmille). Die Natur gefällt ihnen lediglich dann, wenn sie in einen Garten verwandelt ist...

Je weiter das siebzehnte Jahrhundert ins achtzehnte hinüberwächst, desto strenger werden die Regeln. Die Sprache wird immer verfeinerter, das Hübsche tritt an die Stelle des Schönen, das Etikett legt die kleinste Geste und die Konversation fest; ein Regelwerk bestimmt, wie man Platz nimmt und wie man sich kleidet, wie man eine Tragödie schreibt und wie man eine Rede hält, wie man zu kämpfen und zu lieben, zu sterben und zu leben hat: Die Literatur wird zu einer Maschine, die Phrasen ausstößt, und der Mensch zur Puppe, die sich verbeugt. Es scheint, dass Rousseau als erster die Natur entdeckt hätte, als er gegen die Begrenztheit dieses künstlichen Lebens in seinen Reden rebellierte; La Fontaine hat die Natur vor ihm erkannt, jedoch ohne zu rebellieren und zu deklamieren..."

Was Rousseau in offener Polemik vertrat und in Losungen formulierte, hatten La Fontaines Werke vor ihm durch das künstlerische Bild und die Form getan:

„Er verteidigte seine Tiere gegen Descartes, der aus ihnen Maschinen gemacht hatte. Er gestattete es sich nicht, zu philosophieren wie die Akademiker, sondern schlug schüchtern vor, ja bat bescheiden um die Erlaubnis, Ratten und Kaninchen zu ihrem Gebrauch (à l'usage) eine Seele erfinden zu dürfen." Mehr noch: „Ähnlich wie Vergil bemitleidet er Bäume und schließt auch sie nicht vom allgemeinen Leben aus. ‚Die Pflanze atmet', sagt er. Während die künstliche Zivilisation die Bäume von Versailles zu Kegeln und anderen geometrischen Körpern beschnitt, wollte er ihrem Grün und ihren Sprössen die Freiheit erhalten..." [26]

Seelenloser Geometrismus und Metaphysik bringen so als Antithese die überraschende Renaissance des allgemeinen Animismus hervor.

Einen Animismus, in dem die Vorstellung und das Empfinden einer inneren Verbundenheit aller Elemente und Bereiche in der Natur schlummert, lange bevor die Wissenschaft die Anordnung dieser Beziehungen in ihrer Abfolge und stufenweisen Entwicklung enträtselt hat. Parallel dazu verlief die objektive Erkenntnis der Natur, die uns umgibt.

Bis dahin kannte die Menschheit keinen anderen Weg, als der Umgebung die eigene Seele zu verleihen und über sie – analog zur eigenen Seele – zu urteilen.

Darüber schrieb schon ein alter Chinese.

*„Die Freude der Fische"*

„Dschuang Dsi ging einst mit Hui Dsi spazieren am Ufer eines Flusses.

Dschuang Dsi sprach: ‚Wie lustig die Forellen aus dem Wasser herausspringen! Das ist die Freude der Fische.'

Hui Dsi sprach: ‚Ihr seid kein Fisch, wie wollt Ihr denn die Freude der Fische kennen?'

Dschuang Dsi sprach: ‚Ihr seid nicht ich, wie könnt Ihr da wissen, dass ich die Freude der Fische nicht kenne?'

Hui Dsi sprach: ‚Ich bin nicht Ihr, so kann ich Euch allerdings nicht erkennen. Nun seid Ihr aber sicher kein Fisch, und so ist es klar, dass Ihr nicht die Freude der Fische erkennt.'

Dshuang Dsi sprach: ‚Bitte lasst uns zum Ausgangspunkt zurückkehren! Ihr habt gesagt: Wie könnt Ihr denn die Freude der Fische erkennen? Dabei wusstet Ihr ganz gut, dass ich sie kenne, und fragtet mich dennoch. *Ich erkenne die Freude der Fische aus meiner Freude beim Wandern am Fluss.*'" [27]

Grandville. LES MÉTAMORPHOSES DU JOUR

Eisenstein.
WAS FÜR EINE SCHÖNHEIT! (1915)

Das hinderte La Fontaine nicht daran, auf minutiöseste Weise seine Helden im Leben zu beobachten. Deren Vermenschlichung stört dabei nicht, eher ist das Gegenteil der Fall. Denken wir beispielsweise an Grandville, bei dem sich menschliche Natur und Tiergestalt unzertrennlich miteinander verflechten. [28]

„Eines Tages sollte er [La Fontaine] bei Madame Harvey speisen. Er verspätete sich und traf erst in der Nacht ein. Er hatte das Begräbnis einer Ameise beobachtet, sie zu ihrer letzten Ruhestätte und die Teilnehmer der Begräbnisprozession dann zurück zu ihrem Wohnort geleitet." [29]

Daher rühren [La Fointaines] Kenntnisse über Alltag, Sitten und Verhaltensweisen der Tiere, die wie von selbst eine Gestalt, einen menschenähnlichen Charakter formen. Daher auch solch eine geschickte Rollenverteilung. Die Ameise – im Französischen ein Femininum [anders als im Russischen, d. Ü.] – erinnert mit ihrer hageren, schwarz gekleideten, stark taillierten Gestalt an eine unermüdliche, sparsame und geschäftige Hausfrau. Die Frösche haben gewöhnlich dumme Rollen zu spielen: Wenn man sich ihre runden Augen mit dem stumpfen Blick anschaut, muss man dieser Besetzung unweigerlich zustimmen.

Solche Tierkenntnis fehlt anderen Fabeldichtern häufig. Florian hat nicht immer eine glückliche Hand bei der Rollenverteilung. Mal verleiht er dem leichtsinnigen, allzu koketten Vogel echte Empfindsamkeit und zärtliche, brüderliche Gefühle, mal macht er aus dem Hasen einen romantischen Träumer, der Elegien verdient hätte, doch die Reden solcher Hasen sind nicht nur rhetorisch, sie decken sich in keiner Weise mit dem Charakter eines Hasen, eines schnellen, leichtsinnigen, gefräßigen Tiers, eines sehr schlechten Vaters. [30]

Weder bei La Fontaine noch bei Disney gibt es solche Missgriffe. Es genügt, sich die selbstzufriedenen Kehllaute des Hundes Goofy anzuhören, Donalds gefräßig-flegelhaftes Verhalten aufmerksam zu verfolgen oder in den Bewegungen des Grashüpfers Wilbor auf der Wasseroberfläche den gleitenden Schritt eines schwedischen Eisläufers zu bewundern, ganz zu schweigen von der unbeschwerten Freude der drei kleinen Schweinchen [THE THREE LITTLE PIGS, 1933], um sich davon zu überzeugen, wie passend, stimmig und dem Tiercharakter entsprechend alle Gestalten ausgewählt wurden.

Mehr noch, ein ausländischer Kritiker hat zu Recht folgendes bemerkt: Mickey sei nicht nur im Charakter, sondern auch in der Anatomie der Maus nachempfunden, seine Pfoten hätten nicht fünf Finger wie beim Menschen, sondern vier wie bei einer Maus, allerdings in weißen Handschuhen.

Bezeichnenderweise behindert das keineswegs die phantastischen Verwandlungen, die Mickeys Schöpfer in reichen Formen hervorbringt. Wie leicht und graziös werden plötzlich diese acht Finger an beiden Pfoten, wenn Mickey auf einer Hawaï-Gitarre spielt, zu... zwei Paaren von Extremitäten! Die beiden Mittelfinger werden zu Beinchen, die beiden äußeren zu Ärmchen, die zweite Hand zum Partner, und so sind es schon nicht mehr zwei Hände, sondern zwei lustige weiße Männlein, die da elegant miteinander auf den Gitarrensaiten tanzen... Cf. GOLD RUSH. [31]

Ich würde gern auf Disney beziehen, was Taine zugunsten La Fontaines gesagt hat, als er ihn Buffon [32] gegenüberstellte: „Er erzielt Wirkungen, die Buffon verschlossen blieben... Die einzelnen Charakterzüge fügen sich, unmerklich für ihn selbst, zu einem Gesamteindruck, wie Fluten, die aus verschiedenen Richtungen in einem Stausee zusammentreffen, um sich dann durch ein neues Flussbett abermals auf den Weg zu machen.

Er sieht Verhaltensweise, Blick, Fell, Höhle und Antlitz eines Fuchses oder eines Marders, und das Gefühl, das jenes Zusammenspiel all dieser Details bei ihm hervorruft, lässt in seiner Phantasie eine Gestalt mit einer ganz bestimmten Moral, mit allen Eigenschaften und Neigungen entstehen. Er kopiert nicht, er übersetzt. Es ist keine Transkription des Gesehenen, sondern eine Erfindung auf der Grundlage dessen, was er gesehen hat. Er *überträgt* – und das ist das treffendste Wort, weil er in die eine Welt das überträgt, was er in einer anderen erblickt hat – er überträgt in die Welt der Moral das, was er in der Welt der Natur gesehen hat. Ein Zoologe und ein Redner bemühen sich, uns mit Hilfe von Aufzählungen und der Neuordnung des Materials einen Gesamteindruck zu vermitteln; er dagegen packt sogleich den Gesamteindruck und entwickelt ihn. Sie erklettern mit Mühe, von Stufe zu Stufe, die Höhe, während er sich ganz natürlich dort niederlässt und von dort aus beginnt. Sie erforschen, was er längst weiss; sie beweisen, er sieht. So kann ein Fabeldichter mit ein und derselben Geste Tiere und Menschen beschreiben. Die menschlichen Eigenschaften verdecken nicht die Natur des Tieres, sie machen sie plastischer. Mit der Verwandlung lebendiger Wesen liefert die Dichtung die vollkommenste Vorstellung von ihnen, und weil die Dichtung der freieste Erfinder ist, wird sie zum getreuesten Nachahmer *(imitateur)*."[33]

Das Prinzip der Dichtung beruht auf Umformung und Verwandlung.

In der Komödie wird dieses „Prinzip" zur Handlung.

In Shakespeares Tragödien ändern sich die Menschen. In Shakespeares Komödien verwandeln sich die Figuren endlos..., indem sie sich verkleiden oder durch Zauberei eine andere Gestalt annehmen.

Bei Disney gehen sie ineinander über. Ein spezielles Verfahren des Komischen ist die buchstäbliche Darstellung einer Metapher.

So sind „Auge und Ohr" des Herrschers eine traditionelle Metapher für Spitzel und Spione, sei es im griechischen Theater oder in der Skandalliteratur des achtzehnten Jahrhunderts. Dort tauchen sie komisch gebrochen als... Namen der Verfasser auf, bei Aristophanes erscheinen lustige Masken, die lediglich ein gigantisches Auge oder ein gigantischen Ohr darstellen.

Genauso komisch wirkt das Umformungsprinzip der Dichtung, das bei Disney als buchstäbliche Metamorphose realisiert wird...

Metamorphose ist kein Versprechen, denn liest man Ovid [34], so will es scheinen, als habe er einige Seiten förmlich bei Disney abgeschrieben...

Zitat: [Auslassung]

Disney ist auch hier [ein Beispiel] par excellence... Er animiert, beseelt, vergeistigt, jedoch stattet er nicht die Natur, sondern einen fragmentarischen Umriss mit Affekten aus. Das ist Animismus auf der höchste Stufe, animated cartoon, the highest form of animism. Das Buchstäbliche. Und deshalb Komische. Der furchterregende Aspekt – Gorki über Tolstoi, die rennenden Filzstiefel. Horror. Primitivus. Disney haucht keinen Horror ein. Wie ein Spieltisch bei Tolstoi.[35] Aber die Methode gründet sich natürlich auf die prehistoric practice.

*Das Tierepos*

Das [künstlerische] Bild des Menschen in Gestalt eines Tiers.

Das ist der buchstäblichste Ausdruck jeglicher Poetisierung, jeglicher Form: Form und Inhalt auf verschiedenen Stufen!

„Die Form" des Tiers bedeutet einen Schritt zurück auf der Evolutionsleiter, bezogen auf den „Inhalt" – den Menschen!

In der Psychologie („Wecke nicht das Tier in mir", d. h. wecke keine Urtriebe) hatte das immer Gültigkeit.

Hier [im Tierepos] wurde das an die Oberfläche geholt und ist fühlbar geworden.

**Totemismus und Darwinismus – die Abstammung vom Tier!**

Wenn man so will, ist die Idee der animated cartoons an sich eine direkte Realisierung der Methode des Animismus. Die *momentane* Belebung und Beseelung eines toten Gegenstandes, die wir rudimentär bewahren, wenn wir über einen Stuhl stolpern und ihn ausschimpfen wie ein lebendiges Wesen, oder die *Langzeit*-Belebung, mit der der Urmensch die tote Natur beschenkt.

So hängt das, was Disney macht, mit den Tiefenstrukturen menschlicher Psyche zusammen.

NB. Hierher die Abbildung aus Ataschewas Buch geben, wo die Sicherheitsnadeln *animiert* sind etc.[36]

Webster:

Animal – L fr. *anima* breath, soul.

Animate – L animatus p.p. of animare, fr. *anima*, breath, soul, akin to *animus* soul, mind.

Greek ἄνεμος wind.

Sanskrit *an* to breath, live.

L to give natural life to, to make alive, to quicken, as she soul *animates* the body.

*Animated picture.*

*Animism* L *anima* soul... the belief that all objects possess natural life or vitality or that they are endowed with indwelling souls. The term is usually employed to denote the most primitive and superstitious forms of religion...

[„Animal – das lat. gebräuchliche anima – Atmen, Seele..., verwandt dem lat. animus – Seele, Verstand.

Griech. ἄνεμος – Wind.

Sanskrit anima – atmen, leben... Natürliches Leben verleihen, beleben, ähnlich wie die Seele den Körper belebt...

*Belebtes Bild.*

Animismus – von lat. anima – Seele. Der Glaube daran, dass alle Gegenstände ein natürliches Leben oder Lebenskraft haben und sie alle mit einer inneren Seele ausgestattet sind. Dieser Begriff wird gewöhnlich zur Bezeichnung primitivster und abergläubischster Religionsformen gebraucht."]

In SNOW WHITE schaut die böse Königin in das *Feuer*, und eine *Gestalt aus dem Feuer* prophezeit ihr und erzählt über Schneewitchen (zu Moses, Buddha, Zoroaster).

Was ist das, wenn nicht die Rückkehr zum „Stadium" [des früheren Denkens]?

Die Unmöglichkeit [dieser Rückkehr] ist im Leben tragisch. Dargestellt als realisiert, wirkt sie komisch – wie ein Greis in Windeln.

Hyperion stürzt ins Feuer. [37]

[D. H.] Lawrence and Tiere bei ihm.

Aber T[aine] macht einen weiteren Schritt: Er macht zu Thesen das, was jeder emotional empfindet.

Ein lyrisches Intermezzo.

Revenons à la nature [Kehren wir zurück zur Natur]. Zitat.

Nicht zufällig entsteht hier die Magie der Faszination und wie nah zu Disney. Zusammenfassen.

Hat das einen Anklang bei Lafontaine gefunden?

Wahrscheinlich ja, sonst hätte Taine nicht mit ihm unisono gesungen.

Disney provoziert dieselbe Nostalgie.

In seinem Aufruf verbirgt sich die Offenbarung.

Weil er mit allen seinen Mitteln und Verfahren, wie wir es vorher gesehen hatten, mit Animismus, mit Tieren und Pflanzen, wie wir jetzt sehen, uns zur Rückkehr in jene Epoche auffordert, die nicht [die Trennung von der Natur] kannte etc.

Leonardo und Nässeflecken.

Skalosub über Fabeln. [38]

Die Wiederherstellung der ursprünglichen Naturgewalt. Wie wird das erreicht? Der Geist der Bewegung, DER UNTERWASSERZIRKUS und die Metamorphosen [darin], as I explained it [wie ich das erklärte]. LE PEAU DE CHAGRIN als handling [Interpretation]. Die jugendliche Erzählung von Napoleon Bonaparte. Animismus und Synästhetik der Bild-Ton-Einheit [in Disneys Filmen] and why funny [und warum komisch]!

Die Attraktivität einer solchen Darbietung liegt auf der Hand. Ich habe dies in einer möglichst reinen, gegenstands- und sujetlosen Form – als erstes Beispiel – angeführt. Das heißt jedoch keineswegs, dass dieses Bild nicht als Stütze für erhabene, belehrende und philosophische Zwecke benutzt werden kann. Ohne etwas von seinem Attraktionscharakter einzubüßen – so nannte ich in meiner Jugend eine derartige Attraktivität, vermittelt es der [trockensten] ethisch-moralischen These eine warme Vitalität und lebendige Ausdruckskraft. Klingt etwa nicht im Schicksal des sich verkleinernden Lederfetzens die Attraktivität derselben Erscheinung an, die zum zentralen Symbol des Balzacschen LE PEAU DE CHAGRIN wurde – ein Symbol von tiefem Ideengehalt und unwiderlegbar attraktiv, aufregend in der Form?

J. Gregor. [39]

Über Verwandlungen bei Shakespeare. Shift und movement [Verschiebung und Bewegung] in Shakespeares Bildsprache nach Spurgeon. [40] Jene Veränderlichkeit nicht nur in der Struktur, sondern auch in Themen.

Alma-Ata, 16.XI.1941

Beginnen könnte man so:
„Das Schaffen dieses Künstlers ist the greatest contribution of the American people to art – der größte Beitrag der Amerikaner zur Weltkultur."
Dutzende und aber Dutzende von Zeitungsausschnitten, die diesen Ausspruch variieren, überschütten den verwunderten Meister. Sie alle entstammen verschiedenen Äußerungen in verschiedenen Zeitungen und verschiedenen Situationen, notiert von verschiedenen Journalisten. Und wurden sämtlich von ein und demselben Mann gemacht. Einem russischen Filmregisseur, der soeben auf dem nordamerikanischen Kontinent landete. Im Übrigen eilten ihm schon aus England solche Bekundungen voraus. Dort hatte er sich gleich nach Betreten britischen Bodens auf die Filme jenes Mannes gestürzt, den er in allen Interviews so leidenschaftlich lobpreiste. Auf diese Weise kamen zwischen dem Lobenden und dem Gelobten freundschaftliche Beziehungen zustande, lange bevor sie sich persönlich begegneten. Zwischen einem Russen und einem Amerikaner, kurzum – zwischen Disney und mir. Zumal er uns durch unsere Filme kannte.[41]

Ein junger Mann mit kleinem Schnurrbart. Sehr elegant. Ich würde sogar sagen – von einer tänzerischen Eleganz, irgendwie auf unnachahmliche Weise seinem Helden ähnlich. Mickey hat dieselbe Anmut, dieselbe gestische Ungezwungenheit und Eleganz. Das ist aber kein Wunder.

Wie sich herausstellte, ist die Methode so: Disney spielt den ‚Part', die ‚Rolle' Mickeys, für den einen oder den anderen Film selbst. Umringt von einem Dutzend seiner Zeichner, die flugs die urkomischen Verrenkungen ihres Modell stehenden und vorspielenden Chefs einfangen. Und schon sind die unendlich vitalen und lebensnahen Vorlagen für die Animation fertig, die nur deshalb wirksam sind, weil sie bei aller Hyperbolisierung der Zeichnung beim lebendigen Menschen abgeguckt wurden. Nicht weniger lebendig ist der Wolf. Oder der Bär. Der Hund, frecher Partner der eleganten Mickey Mouse, ist wiederum nicht zufällig so lebensecht: Für ihn stand Walts Cousin Modell, im Unterschied zu ihm behäbig, grobschlächtig, plump.

Wir schlendern durch Disneys winziges Studio, das in jenen Jahren weit entfernt vom Zentrum der Hektik und Betriebsamkeit Hollywoods lag. Wundern uns über die enorme Produktivität bei so bescheidener Ausrüstung. 52 MICKEYS pro Jahr plus etwa 12 SILLY SYMPHONIES (wozu auch der in seiner Komik unvergleichliche DANCE MACABRE mit Skeletten gehört, die auf den eigenen Rippen Xylophon spielen!).[42] Wir staunen über die eingespielte Truppe. Die eingespielte Technik. Und besonders darüber, dass die Vertonung in New York stattfindet, wohin die nach einer präzisen Musikpartitur präzise markierten Filmrollen mit den zuvor aufgenommenen Animationen geschickt werden. Kein Impressionismus im nachhinein. Die plastischen Visionen Disneys, die den Klängen folgen, stehen vorab fest. In die Zwänge strengster räumlicher und zeitlicher Berechnung genommen. Realisiert. Eingepasst von Dutzenden Händen seines Teams. Aufgenommen als makellose Filme, die den Zauber, das Lachen und das Staunen über seine Virtuosität um den ganzen Erdball tragen.

Grigori Alexandrow, Sergej Eisenstein, Walt Disney und Eduard Tissé, Juni 1930, Disney-Studio, Hollywood

Manchmal habe ich Angst vor seinen Werken, Angst vor der absoluten Perfektion dessen, was er tut. Dieser Mensch scheint nicht nur die Magie aller technischen Mittel, sondern auch die geheimsten Saiten menschlicher Gedanken, Gefühle, Visionen zu kennen. So müssen die Predigten von Franziskus von Assisi gewirkt haben. So fasziniert die Malerei von Fra Angelico. Er begibt sich in den Bereich reinster und ursprünglichster Tiefenstrukturen. Dorthin, wo wir allesamt Kinder der Natur sind. Er arbeitet auf der Ebene der Vorstellungswelt eines Menschen, der noch nicht von Logik, gesundem Menschenverstand und Erfahrung gefesselt ist. So vollführen die Schmetterlinge ihren Flug. So wachsen die Blumen. So staunen die Bäche über ihren eigenen Verlauf. So bezaubern Andersen und ALICE IM WUNDERLAND. So schrieb E.T.A. Hoffmann in lichten Augenblicken. Genauso ein Strom von ineinander übergehenden Visionen. Der Archivarius Lindhorst ist zugleich Elfenkönig usw. Eine der erstaunlichsten Schöpfungen Disneys ist der DER UNTERWASSERZIRKUS. Welch klare, unbefleckte Seele muss man haben, um das hervorzubringen. In welche Tiefen unberührter Natur muss man mit Luftblasen und Kindern, die Luftblasen ähneln, eintauchen, um diese absolute Freiheit von allen Kategorien und Konventionen zu erlangen! Um zu sein wie Kinder.

Die letzte Zeile Gogols lautete: „Wenn Ihr nicht umkehret und werdet wie die Kinder, so werdet Ihr nicht ins Himmelreich kommen." [43]

Auch Chaplin ist infantil. Das ist jedoch ein stetes, quälendes und im Grunde immer tragisches Wehklagen der Sehnsucht nach dem verlorenen Goldenen Zeitalter der Kindheit. Das Epos der Chapliniade beschreibt das Verlorene Paradies des heutigen Tages. Disneys Epos – das Wiedergewonnene Paradies. Eben das Paradies, das auf Erden nicht zu verwirklichen ist. Das lediglich mit Hilfe von Zeichnungen zu erschaffen ist. Es entsteht nicht aus dem absurden Zusammenprall der kindlichen Vorstellungen eines Kauzes mit der erwachsenen Realität, nicht aus der Komik der Unvereinbarkeit des einen mit dem anderen. [44] Es ist nicht die Sehnsucht nach etwas für immer Verlorengegangenem: wie der Mensch seine Kindheit und die Menschheit das Goldene Zeitalter hinter sich zurücklässt, das allerdings nur für jene unwiderruflich verloren ist, die es in der Vergangenheit wiedererobern wollen, anstatt es in einer besseren, sozialistischen Zukunft zu erschaffen. Disney – und nicht zufällig ist seine Welt gezeichnet – bedeutet eine vollständige Rückkehr in das Reich uneingeschränkter Freiheit – einer nicht zufällig fiktiven Freiheit, die an ihrem anderen, ursprünglichen Ende frei von jeder Notwendigkeit ist.

Als unauslöschliches Symbol für sein Schaffen habe ich eine Familie von Tintenfischen vor Augen, die auf vier Beinen stehen und dabei mit dem fünften Bein „Schwanz" und dem sechsten „Rüssel" spielen. Wieviel imaginäre (!), göttliche Allmacht liegt darin! Welche Magie der Veränderung der Welt – nach seiner Phantasie und Willkür! Einer fiktiven Welt. Einer Welt von Linien und Farben. Der du zu gehorchen und sich zu verwandeln befiehlst. Du sagst dem Berg: „Bewege dich", und er bewegt sich. Du sagst dem Tintenfisch: „Sei ein Elefant", und er wird zum Elefanten. Du sagst zur Sonne: „Halt!", und sie bleibt stehen.

Es ist, als ob man der Geburt eines Helden zusieht, der die Sonne anhält unter einem Volk, das nicht einmal in der Lage ist, sich vor ihr zu verbergen, und mit seiner gesamten Wirtschaft ihrer Gnade ausgeliefert ist. Und man begreift, dass die gezeichnete Magie der Weltveränderung nur in einer Gesellschaft, die die Natur vollends unterworfen hat, entstehen konnte – nämlich in Amerika. Wo der Mensch dadurch zugleich noch gnadenloser als in der Steinzeit, noch verdammter als in prähistorischen Zeiten und noch versklavter als in der Epoche der Sklavenhaltergesellschaft geworden ist.

Disney ist ein wundersames Wiegenlied, ein lullaby, für die Leidenden und Elenden, die Erniedrigten und Beraubten. Für all jene, die durch Arbeitsstunden und reglementierte Atempausen – durch die mathematische Genauigkeit der Zeit – gefesselt sind, deren Leben von Cent und Dollar eingeteilt ist. Eingeteilt in Quadrate wie ein Schachbrett, mit dem einzigen Unterschied, dass man hier – egal ob du Springer bist oder Turm, Dame oder Läufer – nur verlieren kann. Denn hier wechseln schwarze und weiße Quadrate einander nicht ab; die einen wie die anderen tarnen sich tagaus, tagein in Grau. Grau, grau und nochmals grau. Von der Geburt bis zum Tod. Die grauen Quadrate der Wohnviertel. Die steinernen, grauen Straßenschluchten. Die grauen Gesichter pausenlosen Gedrängels. Die leeren, grauen Augen jener, die dem erbarmungslosen Wirken der Gesetzmäßigkeiten für immer und ewig ausgeliefert sind, der Gesetzmäßigkeiten, die sie nicht bestimmen und die die Seele, die Gefühle und Gedanken zerteilen, so wie die Fließbänder der Schlachthöfe von Chicago Schweineleiber zerteilen und die Fließbänder bei Ford Einzelteile zu mechanischen Organismen zusammensetzen. Deshalb leuchten Disneys Filme vor Farbenpracht. Wie die Muster an den Gewändern jener Völker, deren Umgebung ihrer Farben beraubt wurde. Deshalb auch ist in Disneys Filmen die Phantasie so grenzenlos, denn sie rebellieren gegen Zerteilung und gesetzliche Ordnung, gegen Leblosigkeit und Fadheit. Doch es ist eine lyrische Rebellion, eine Rebellion im Traum, frucht- und folgenlos. Dies sind nicht jene Träume, die in ihrer Häufung eine Tat hervorbringen und zur Verwirklichung des Traums anspornen. Sondern jene goldenen Träume, in die man versinkt wie ins Jenseits, wo alles anders ist, wo man frei ist von allen Fesseln, wo man scherzen kann, wie die Natur im fröhlichen Zeitalter ihres Werdens gescherzt zu haben schien, als sie sich disneywürdige Kuriosa ausdachte: einen albernen Strauss neben dem vernünftigen Huhn, eine unmögliche Giraffe neben dem wohlgestalteten Kater oder jenes Känguru, das die künftige Mutter Gottes parodiert!

Die Tiere, die Fische und die Vögel Disneys haben die Angewohnheit, sich zu dehnen und zusammenzuziehen. Ihre eigene Form zu verspotten – etwa so, wie der Fisch-Tiger und der Tintenfisch-Elefant aus dem UNTERWASSERZIRKUS die zoologischen Kategorien verspotten. Diese jubelnde Überwindung der Fesseln der Form ist symptomatisch. Diese jubelnde Überwindung jeglicher Fesseln – all dessen, was einen erstarren lässt, reicht vom plastischen Trick bis zum Hymnus der DREI KLEINEN SCHWEINCHEN: „Wir haben keine Angst vorm bösen Wolf."

Mit welch jubelnder Begeisterung schließen sich diesem Chor Millionen Herzen an, die jederzeit den bösen Wolf fürchten. Der „böse Wolf" lauert in Amerika hinter jeder Ecke, hinter jedem Ladentisch, sitzt jedermann auf den Fersen. Da pustet er einem durch die Krise ruinierten Farmer Haus und Habe weg. Hier pustet er den langjährigen Arbeiter von Ford aus dessen gemütlichem Eigenheim, für das die letzte Rate nicht abbezahlt ist. Angst macht er, der böse Wolf der Arbeitslosigkeit: Millionen und aber Millionen schluckt sein unersättlicher Schlund.

Doch von der Leinwand her ertönt übermütig: „Wir haben keine Angst vorm bösen Wolf!" Dieser optimistische Ausruf konnte nur gezeichnet werden. Denn es gibt keinen Winkel der realistisch gefilmten kapitalistischen Wirklichkeit, der – ohne zu lügen – optimistische Ermunterung ausstrahlen könnte. Doch zum Glück gibt es Linien und Farben. Musik und Animation. Disneys Talent und den „großen Tröster" – Film.

*Jongleur de Notre Dame*

Es gibt eine rührende mittelalterliche Legende über den Gaukler der Mutter Gottes. Alle Pilger brachten ihre Opfergaben. Nur er hatte ihr nichts darzubringen. Da breitete er vor der Statue seinen Teppich aus und ehrte sie mit seiner Kunst. Den dicken Mönchen und dem habgierigen Klostervorsteher bedeutete das nichts: Speck und Kerzen, Silbermünzen und Wein wären besser gewesen. Nichtsdestotrotz wurde die Legende von jenem Gaukler sogar von ihnen weitererzählt.

So werden die Amerikaner, wenn sie sich in Zukunft an die Verwirklichung des Goldenen Zeitalters machen, herzlich und dankbar an jenen Mann zurückdenken, der sie in einer Zeit der Unterdrückung mit „goldenen Träumen" erfreut hat.

Der ihnen für einen Augenblick das Vergessen schenkte; der ihnen das eisige Entsetzen vor dem bösen Wolf vertrieb, welcher ihnen, während sie im Kino saßen, Gas und Wasser abstellte; der die Wärme und Nähe zu Grashüpfern und Vögeln, Tieren und Blumen auch jene spüren liess, die durch die Gefängnisse der New Yorker Straßen für immer von allem Fröhlichen und Lebendigen abgeschnitten waren.

Un peu prés ainsi (etwa in der Art), nur weniger sentimental.

Tante Pascha hat mir Tee gebracht. Sie feiert jetzt Ostern. Das Osterbrot ist ihr nicht gelungen. So machte sie kleine Brötchen – in Form des Osterbrots – mit Buchstauben aus Zuckerguss darauf. Sie brachte jedoch die Reihenfolge durcheinander: jetzt steht darauf nicht X. W. [russ. für Jesus ist auferstanden], sondern W. X.

Im Lehrbuch der Pferdekunde: Bei Jagd blinzelt die Stute mit dem Loop. Ein guter Ausdruck: Sadun (Liebhaber).

Alma Ata, 4. XI. 1941

Die neue Situation diktiert einen neuen Modus, in dem ich zu arbeiten habe: Stoff zum Zitieren ist nicht greifbar. Den Modus gibt mir... IWAN DER SCHRECKLICHE vor. Dort ist es so: Eine Episode folgt auf die andere, und das ganze Belegmaterial für die Ideen erscheint als Anhang hinten. Vielleicht ist das ein Ausweg, eine Rettung: In Moskau „ertrank" ich im Zitieren. Vielleicht gelingt es auf diesem „neuen" Weg, in gebührender Weise den Kern der Sache herauszuschälen, sie ausmalen könnte man im Anhang. Komisch, ich schreibe genauso eng wie... im Bürgerkrieg! Die gleiche Situation diktiert... etc? Nein, einfacher: es gibt kein Papier!

6. XI. 1941

Walt Disney's work – the most appealing I've ever met.

Justified to suppose that *this* work has *most* or all the traits of pra-logical attractiveness.

Let's consider the traits caracteristic of his work and decipher them. [Walt Disneys Werk ist das Anziehendste, was ich je erlebt habe. Man kann mit Fug und Recht annehmen, dass dieses Werk die meisten oder alle Merkmale prälogischer Attraktivität aufweist. Betrachten wir nun seine charakteristischen Züge und enträtseln wir sie.]

Zählen wir also auf, was Disneys Filme ausmacht:

a) belebte Zeichnungen,

b) Strichzeichnungen,

c) vermenschlichte Tiere,

d) mehr noch: beseelte,

  (NB. Zweimal animated: als zum Leben *erweckte* unbewegte Zeichnungen und als durch menschliche Züge und Emotionen *beseelte* Tiere. Sozusagen „motorisch" und „seelisch" animated.)

e) absolute Synästhesie (optisch-akustische),

f) Metaphorik auf beiden Ebenen – sowohl im Sujet als auch in der Form, d. h.:

  1) Filme wie UNTERWASSERZIRKUS (Tintenfische, die Elefanten „spielen", ein gestreifter Goldfisch als Tiger),

  2) proto-plasmatisches Element, d. h. [Nutzung] vielgestaltiger Möglichkeiten der Form eines *Gegenstandes*: *Feuer*, das *alle* denkbaren Formen annimmt. Liegt nicht darin die Attraktivität des Feuers und *ein* Geheimnis der Feueranbetung?
  (Mit Gorkis FEUER! rechtfertigen – ebenso wie Feuer bei ihm über Tiergestalten dargestellt wird.)

  3) Dasselbe gilt für die Form an sich: Daher rühren die für Disney typische Flexibilität, der Plasmacharakter des Umrisses.
  (Disney und ALICE – der Hals, die Größe usw.)

g) nicht nur die Tierwelt, sondern auch die der Pflanzen,

Dechiffrierung all dieser einzelnen Charakteristika.

Über das Tierepos. Totemismus. Über die „Rückkehr ins Tier" (das Tier als Kraftideal) über das pars pro toto [ein Teil anstelle des Ganzen] der aufzusetzenden Hörner (alte Rüstungen); dasselbe ironisch – d. h. mit Kehrtwendung um 180° – in den Gehörnten als „Träger" von Impotenz. (NB. Hierzu über Tiernamen als Schimpfwörter – wahrscheinlich eine Umkehrung der früheren magischen Erhöhung per Namensgebung, die eine Qualität beschreibt: coeur de lion [Löwenherz] etc.

Disneys Filme sind vom Stoff her die reinste Ekstase. Mit allen Merkmalen der Ekstase (Eindringen des *Ich* in die Natur, in die Tiere etc.). Cf. Georges Sand [45] u. a. Bei Lapschin in WOPROS[Y] TEORII I PSYCHOLOGII TWORTSCHESTWA, Band № ? [46]

Ihre Komik besteht darin, dass hier die Ekstase – ein *Prozess* – als *Gegenstand* dargestellt wird: buchstäblich, formal.

Also ist Disney ein Beispiel (innerhalb der allgemeinen Formel des Komischen) für *formale Ekstase!!!* (Great! [großartig]) – (von ihrer Wirkung her – *dieselbe* Intensität wie die Ekstase!)

Amerika und *die formale Logik der Standardisierung* mussten einfach Disney hervorbringen – als natürliche Reaktion [Rückkehr] zum Prälogischen.

In der Geschichte von Literatur und Kunst geschieht das nicht zum ersten Mal: Analoge Epochenmerkmale brachten in der Vergangenheit gleiche Phänomene hervor.

So war es bei La Fontaines – ein „Protest" gegen die Logik der Philosophie Descartes'.

Taine demonstriert das glänzend (Les Fables de La Fontaine).

Etwas (weniger Grandioses) gab es in der Epoche der Scholastik – als man einen outlet [Ausweg] aus den Zwängen logischer Ideen ebenfalls auf „tierischen" Wegen [suchte].

Batrachomyomachia.[47]

Kinderspiele mit Tieren – eine Zwischenstation: phylogenetische Wiederholung.

Die *Metamorphose* – als direkter Protest gegen das standardisiert Immuable [Erstarrte].

Die *Strichzeichnung* – eine Zeichnung, die lediglich aus einer Linie, einem Umriss besteht – ist der früheste Typ der Zeichnung, der Höhlenzeichnung.

Nach meiner Ansicht ist das kein bewusster schöpferischer Akt, sondern der einfache Automatismus des „Umrissnachzeichnens". Hier ist es noch das dem Umriss folgende Auge, von dessen Bewegung sich die Bewegung der Hand noch nicht (als eine selbständige) gelöst hat.

Dem geht ein Stadium voraus, in dem der *ganze* Mensch einfach einen Gegenstand *abschreitet* und so mit *seinem Körper* die Zeichnung umreißt. (Etwas davon liegt der Akropolis zugrunde [48]).

Die Silhouettenzeichnung bezieht ihre Attraktivität aus demselben Phänomen (cf. Japanese Silhouettes and them as such [Japanische Silhouetten und Silhouetten überhaupt] in dem Buch über Silhouetten [49]).

Die Flexibilität des Umrisses ist noch eine ‚Bindung' zur Vergangenheit – in dem Sinne, dass eine Zeichnung einst *hauptsächlich* (und fast ausschließlich) einen *Lauf* bedeutete, eine gleichsam nur zufällig zeichnerisch fixierte Bewegung.

Dabei besonders à noter [ist hervorzuheben]: Die norwegischen Höhlenzeichnungen sind ungefähr identisch mit der *natürlichen* Größe von Hirschen und anderen Modellen (also der nicht einmal im Maßstab bearbeitete *unmittelbare* Eindruck!) – vgl. die Angaben dazu im entsprechenden Band der Propyläen-Kunstgeschichte).

Eine belebte Zeichnung ist die unmittelbarste Realisierung des... Animismus! Etwas offensichtlich Totes, die Zeichnung, wurde belebt – animiert – animated.

*Die Zeichnung an sich* ist – unabhängig vom Gegenstand der Abbildung! – zum Leben erweckt worden.

Doch untrennbar davon ist auch das Sujet, der Gegenstand der Abbildung, belebt worden: Tote Gebrauchsgegenstände, Pflanzen und Tiere sind beseelt und vermenschlicht.

Der Prozess einer mythologischen Personifizierung von Naturerscheinungen (Wald durch Waldgeist, Haus durch Hausgeist etc.) – nach menschlichem Vor- und Ebenbild kommt in Gang.

Ein plötzlicher Schreck – der Mensch stößt sich in der Dunkelheit an einem Stuhl – führt dazu, dass er ins sinnliche Denken zurückfällt: Er schimpft den Stuhl aus, als sei dieser ein lebendiges Wesen.

So erlebt, wer den Stuhl als lebendiges Wesen, den Hund als Menschen sieht, den Zustand der psychischen Verschiebung, des Schocks, eines „Wonnegefühls" des sinnlichen Stadiums.

Die optisch-akustische Synästhetik ist offensichtlich und spricht für sich.

SILHOUETTENMASCHINE, Johann Rudolf Schellenberg. Der Silhouetteur beim Abnehmen des Schattens einer jungen Frau am Silhouettierstuhl, Radierung mit Charakterkommentar, aus einer Ausgabe von Lavaters PHYSIOGNOMISCHEN FRAGMENTEN (1778), Band 4

Die Anziehungskraft des Feuers liegt in seiner steten Wandelbarkeit, in Bildern, die, in permanenter Entstehung begriffen, ineinander übergehen.

So scheint das Feuer das Prinzip des ewigen Werdens, den ewig fruchtbaren Schoß und die Omnipotenz zu verkörpern. Darin gleicht es dem Protoplasma, aus dem alles entstehen kann.

Allein die Aufzählung der Merkmale des Feuers als Objekt der Betrachtung zeigt, wie nahe seine Eigenschaften den Prinzipien sind, die den Kosmos regieren – den Prinzipien der Dialektik.

Feuer als Schauspiel, losgelöst von der Frage nach Nutzen oder Schaden, als Gegenstand ästhetischer Betrachtung an und für sich, ist so gleichsam nach dialektischem Vorbild „komponiert" (ähnlich wie ekstatische Kompositionen). In Gorkis Kompendium der Ästhetik des Feuers (FEUER!) sind alle Thesen des ästhetischen Systems Feuer durch einzelne Geschichten belegt:

> von der Voraussetzung, der Loslösung des *Problems* Feuer in einer Schau an und für sich, wo der Bewundere des Feuers ein von moralischen Skrupeln freier Brandstifter ist,
>
> bis zur scharfen Trennung des Naturelements Feuer vom Licht, z.B. in der Erzählung, besser gesagt Allegorie, von jenem eingekerkerten Greis im Kloster und der elektrischen Glühlampe (in die der Feuergott „eingesperrt" war)!

Das erotische Moment des Feuers. Natürlich befassen sich die deutschen Sexologen damit. Statistische Angaben zu Mädchen, die während der Pubertät besonders

Felszeichnungen, Rentiere. Sagelven, Sagfjord, Nordland, Norwegen, Arktische Gruppe. Länge des vorderen Tieres: 2, 77 m
aus: PROPYLÄEN KUNSTGESCHICHTE. Band DIE VORGESCHICHTLICHE KUNST DEUTSCHLANDS von Herbert Kühn, Berlin, Propyläen-Verlag, 1935, S. 229

Tiermalerei auf Fels. Elch. Furuodden, Spind, Sörland, Norwegen, Arktische Gruppe. Länge des Tieres: 2,20 m
aus: PROPYLÄEN KUNSTGESCHICHTE. Band DIE VORGESCHICHTLICHE KUNST DEUTSCHLANDS von Herbert Kühn, Berlin, Propyläen-Verlag, 1935, S. 230

Felsgravierungen. Bogge, Romsdal, Norwegen, Arktische Gruppe. Länge des großen Elchs: 2 m.
aus: PROPYLÄEN KUNSTGESCHICHTE. Band DIE VORGESCHICHTLICHE KUNST DEUTSCHLANDS von Herbert Kühn, Berlin, Propyläen-Verlag, 1935, S. 231

zu Brandstiftungen neigen: „Das *Feuer* der Begierde brennt im Blut" [50], *flammende Liebe* etc.

Ich glaube, sie bleiben – wie immer – auf halbem Wege stehen, und zwar bei der Erotik.

Weil die Erotik das „billigste" und allgemein zugängliche Mittel zur Erlangung der Ekstase ist. Feuer und Eros werden miteinander in Verbindung gebracht, vielmehr, sie sollten in Verbindung gebracht werden; nicht wegen eines direkten Zusammenhangs, sondern über ein gemeinsames Drittes: Extasy as such [Ekstase als solche]. Beiden liegt die Formel des großen Mysteriums der Entstehung zugrunde. Bei totalem Fehlen einer kausalen oder einer genetischen Verbindung etc. Beide zielen, wie vieles andere, auf denselben Kern, und es *scheint*, dass sie in einer *direkten* Verbindung zueinander stehen.

Denselben Fehler begeht Freud, wenn er Flüge im Traum als Merkmal sexuellen Unbefriedigtseins interpretiert, und daraus folgert er dann...

Alma Ata, 17.XI.1941

Unter den sonderbaren Eigenschaften der Bewohner des nordamerikanischen Kontinents gibt es eine, dank der sie sich bestimmte Sterne suchen und diese anbeten.

Gemeint sind nicht Himmelskörper, sondern Filmstars, doch das ändert nichts an der Sache. Dafür ermöglicht dieser Fakt, den Umsatz des Post- und Fernmeldeministeriums durch die endlose Flut von Briefen an die geliebten Stars zu erhöhen.

Die amerikanische Zeitschrift NEW YORKER hatte einmal eine Karikatur veröffentlicht, die sich über diese Eigenart und Leidenschaft ihrer Landsleute lustig machte: Eine ältere Lady aus den oberen Zehntausend, mit einem Diamantendiadem im ergrauten Haar und einem ehrwürdig sich verbeugenden Diener im Hintergrund, tut dasselbe wie eine junge Putzmacherin oder ein Office-Boy: Sie schreibt an ihren geliebten Star...

Doch geht es nicht um den Akt des Schreibens.

Es geht um den Adressaten.

Der Brief beginnt mit der Anrede: „Dear Mickey Mouse!"

Darum geht es.

Um jene gewaltige, allumfassende, internationale und altersunabhängige Popularität dieses kleinen, von dem großen Künstler und Meister Walt Disney gezeichneten Helden, die die eines anderen amerikanischen Walt – nämlich Whitmans – übertrumpft hat.

Tatsächlich: alle Altersgruppen vom Kind bis zum Greis, alle Nationalitäten, alle Rassen und Arten von Gesellschaftssystemen bewundern ihn mit derselben Begeisterung, lassen sich gleichermaßen bezaubern und gleichermaßen von den lebendigen Zeichnungen Disneys (animated cartoons) hinreißen.

Wie kommt das?

Man kann von vornherein sagen, dass in Disneys Werk alle unfehlbar wirkenden Merkmale eines Kunstwerks vereint sind, und zwar offenbar in maximaler Anzahl und Reinheit.

Der Unfehlbarkeit der Wirkung nach zu urteilen, erzielt Disney, zählt man die von ihm eroberten Zuschauer, die meisten Punkte.

Unsere Vermutung ist daher durchaus berechtigt.

Versuchen wir also, die Besonderheiten und Charakteristika von Disneys Arbeit aufzuzeigen und diese Merkmale zu verallgemeinern. Sie erweisen sich für jede Kunst als entscheidend, nur sind sie bei Disney in der reinsten Form vertreten.

Stenogr[amm]. Regress aus dem menschlichen Wesen in den evolutionären [Vorfahren] (Taine, 169). Nostalgie de H. Taine (170, le chat). Descendons d'un degré. Contemplation (173). Plante. St. Francis [Nostalgie von H. Taine, der Kater. Gehen wir auf eine Stufe zurück. Kontemplation. Pflanze. Der heilige Franziskus] und seine Predigten für Vögel. Der intraterine Zustand der Pflanzen (173). Descendons d'un degré. Das Sinnliche Denken. „A la reflexion elles devront s'évanouir" [Die Bilder verflüchtigen sich, wenn die Reflexion ansetzt] (175). Fait et défait (176). [Das Entstehende und das Auseinderfallende], plasma. Pitié des arbres, contre Versaille (179-180) [Das Mitleid mit Pflanzen, gegen Versaille, 179-180]. Menschen-Tiere (cf. Balzac UN ROMAN DANS LE DÉSERT à copier [Balzacs EINE LEIDENSCHAFT IN DER WÜSTE kopieren] [51]). Die Kenntnis der Tiere (p.195). 4 Finger von Mickey Maus. Vergleiche mit Folklore (le lapin [Hase]). Transpose et pars pro toto (pp. 207-208). Taine as stick, also bending to the same law of regress nostalgia of exstasis, France of the XIX siècle, positivist France (nostalgia de l'au de là). [Übertragung und pars pro toto. Taine als Verbindung, seine Bindung an dasselbe Gesetz des Regresses, Nostalgie nach Ekstase, Frankreich des neunzehnten Jahrhunderts – ein positivistisches Frankreich (daher auch die Nostalgie – dahin)]. [52]

[Alma Ata, November 1941]

Der *Totemismus* [durchläuft drei Stadien].

*Das allererste Stadium:*

Die Einheit von Mensch und Tier (in der Evolution begründet). „Faktische" Metempsychose –Seelenwanderungslehre [53].

*Das zweite Stadium:*

Die Einheit von Mensch und Tier (im totemischen Glauben).

*Das dritte Stadium:*

Der Vergleich des Menschen mit dem Tier – metaphorische Ebene.

Siehe Wesselowskis Beispiele aus Homer (S. 193).

Disney verweilt in diesem Sinne auf der Ebene Homers: seine Tiere sind Metaphern für Menschen, d. h. der Vergleich Mensch – Tier wird umgekehrt. Das sind plastische Metaphern *nach Wesensmerkmalen*.

Der Kampfhahn ist eine plastische Metapher für einen Boxer, der sich wie ein Hahn aufplustert. Sie ist umgekehrt und wörtlich.

Die Sache hat freilich noch tiefere Ursachen.

Der Kämpfer wird mit einem Hahn verglichen, weil ein Boxkampf – als Tätigkeit und als Schau (einen prinzipiellen Unterschied gibt es hier nicht: Der Zuschauer kämpft mit dem Boxer mit; noter [hervorheben]: die Ermüdung des Zuschauers beim Boxkampf rührt von der Muskelanspannung her und nicht von angespannter Aufmerksamkeit!) – eine Aktivität auf dem Niveau des Hahns, d. h. auf einem animalisch-sinnlichen Niveau ist.

Letzteres – die „Kampftätigkeit" – geht noch weiter zurück auf:

die erweiterte, ursprüngliche, physiologische, biologische, magnetische usw. Wechselwirkung von Gegensätzen.

Das komische Verfahren der „buchstäblichen Realisierung einer Metapher" beruht auf einem archaischen Ausbleiben der Übertragung und eines übertragenen Sinns, d. h. auf einem vor-metaphorischen (Meta-Phora: Über-tragung) Stadium. (Warum daraus ein komischer Effekt entsteht, dazu gesonderte Ausführung.)

*Das zweite Stadium*

„Ein Märchen aus Annam (wahrscheinlich chinesischen Ursprungs): Eines Tages wollte ein kinderloser Mann einen riesigen Aal essen, der dort lebte, wo sich mehrere Flüsse vereinten. Da erschien ein Bonze und bat ihn, den Aal nicht anzurühren. Als der Bonze sah, dass sein Reden erfolglos blieb, erbat er sich etwas zu essen, bevor er gehen würde, und der Mann gewährte es ihm. Bei der Zubereitung des Aals, entdeckte der Mann in dessen Innerem die Speisen, die er dem Bonzen gereicht hatte. Da wurde ihm klar, dass der Bonze nichts anderes war als eine Erscheinung des Aals." (Wesselowski. ISTORITSCHESKAJA POETIKA, S.533 [54])

Bororo und die roten Papageien. Noch ein oder zwei Beispiele.

[In der Fachliteratur ist zu diesem Thema das Beispiel eines Indianerstammes aus Nordbrasilien besonders populär. Die Indianer dieses Stammes der Bororo behaupten beispielsweise, dass sie in ihrem Menschendasein gleichzeitig eine besondere Art des in Brasilien verbreiteten roten Papageien seien. Wobei sie damit durchaus nicht meinen, sie würden sich nach dem Tode in solche Vögel verwandeln oder ihre Vorfahren seien solche Vögel gewesen. Das verneinen sie kategorisch. Sie behaupten direkt, sie sind in der Realität solche Vögel. Und es geht dabei nicht um eine Ähnlichkeit der Namen oder um Verwandtschaft, sondern gemeint ist hier die völlige und gleichzeitige Identität beider. [55]]

Die nächste Stufe innerhalb dieses Stadiums ist eine Mischung: Es ist kein gleichzeitiges, doppeltes Sein, sondern

1) Abstammung vom Totemtier;
2) Ehen mit Tieren;
3) Tiere als Ernährer;
4) Tiere als Helfer.

(Die Beispiele von Wesselowski, HISTORISCHE POETIK [ISTORITSCHESKAJA POETIKA. Hg., Vorwort und Anmerkungen Viktor Shirmunski. Leningrad, Chudoshestwennaja literatura, 1940], S. 522-524, in der Freizeit herausschreiben.)

Diese vier Fälle in der Abfolge ihrer allmählichen Entfernung von der ungeteilten Existenz.

Schließlich wird das „Tier als Helfer" zur beschreibend-charakterisierenden Hilfestellung - zu Epitheton, Metapher, Vergleich - und leiten damit zum nächsten Stadium über.

*Das dritte Stadium*

Je älter ein Epos ist, desto weniger ist in ihm der Mensch vom Tier zu trennen, desto näher steht der Mensch dem Tier, desto häufiger und opulenter gerät der Vergleich Tier - Mensch.

Ich zitiere die von Wesselowski angeführten Homer-Beispiele nach PSYCHOLOGISCHER PARALLELISMUS UND SEINE FORMEN IN DER WIDERSPIEGELUNG DES POETISCHEN STILS (1898, ISTORITSCHESKAJA POETIKA, S. 192-193).

„Etwas Archaisches atmet der Vergleich Sigurds mit einem Hirsch, Helges mit dem Hirschkalb, das vom Tau benetzt ist und dessen Hörner den Himmel erleuchten, während es selbst alle anderen Tiere überragt... Oder der Vergleich Agamemnons mit einem Stier, ‚der aus den Rindern hervorragt und vor allen wandelt' (ILIAS, II, 480); der beiden Aias' mit ‚zween Pflugstieren" (ILIAS. XIII, 704); der Trojaner, die ihrem Anführer folgen, mit einer Herde, die, ihrem Stier folgend, zur Tränke zieht (ILIAS. XIII, 429); der Vergleich Odysseus' mit einem ‚Bock' (ILIAS. III, 196); der Myrmidonen, die tapfer in den Kampf ziehen, mit Wespen, die einen Knaben verfolgen, der ihr Nest zerstört hat (ILIAS. XVI, 641); der Männer, die um den Leichnam von Sarpedon kämpfen, mit ‚Fliegen im Meierhof um die milcherfüllten Eimer' (ILIAS. XVI, 429 oder II, 469); die Kraft von Menelaos, die ihm Athene verliehen hat, wird mit ‚der Fliege unerschrockener Kühnheit, welche, wie oft sie immer vom menschlichen Leibe gescheucht wird, doch anhaltend ihn sticht, nach Menschenblute sich sehnend' verglichen (ILIAS. XVII, 570); die vor Achilleus zu Xantus fliehenden Trojaner werden verglichen mit einem ‚vor des Feuers Gewalt sich emporhebenden Schwarm Heuschrecken' oder mit ‚Fischen, die vor einem ungeheuren Delphin fliehen' (ILIAS. XXI, 12, 22).

Odysseus wütet gegen die Mägde, die Penelopeias Freier begünstigen: So wie die mutige Hündin, die die zarten Jungen umwandelnd, zum Kampf hervorspringt

(ODYSSEE XX, 15-17). Menelaos bewacht den Leichnam Patroklos' so, wie eine Kuh ihr erstes Kalb umsorgt (ILIAS. XVII, 14). (NB. Achilles?) Die beiden Aias, die Patroklos' Leichnam tragen, erinnern Homer an ein ‚Mäulergespann, das den ragenden Mast des Meerschiffs vom Gebirg' schleppt' (ILIAS. XVII, 743). Aias wich vor den Trojern nur ungern zurück, wie ein ‚Esel am Feld', ‚er frisst eindringend die tiefe Saat, und die Knaben schlagen umher mit Stecken, doch schwach ist die Stärke der Kinder, und sie vertreiben ihn kaum' (ILIAS. XI, 558). Uns wird die Bedeutung dieser Bilder verschlossen bleiben, wenn wir uns nicht vor Augen halten, dass der Esel bei Homer nicht in der uns geläufigen Darstellung auftritt, so, wie wir auch die Gestalten Schaf und Ziege sehen, wogegen in der ILIAS das Geschrei des Trojanischen Heers mit dem Blöken von Schafen in der Herde eines reichen Mannes verglichen wird (ILIAS. IV, 433) und mit meckernden Ziegen, die vor einem Leu erzittern (ILIAS. XI, 383). Die Freude der Gefährten beim Anblick Odysseus, der von Kirke zurückkehrt, wird mit der Freude von Kälbern verglichen, die mit freudigen Sprüngen den Kühen entgegeneilen, welche satt von der Weide zum nächtlichen Stall zurückgehen, und sie mit lautem Muhen umspringen (ODYSSEE. X, 410 ff.).

Rigwede ging noch weiter und verglich die Schönheit eines Liedes sogar mit dem Muhen einer Milchkuh. In einem Vierzeiler von Hâla heißt es, den Blick von einer schönen Frau abzuwenden fiele genauso schwer, wie es einer schwachen Kuh schwerfiele, sich aus dem Schlamm zu befreien, in dem sie steckenblieb. All das war ebenso natürlich wie die Vorstellungen von getöteten oder sterbenden Tieren, die der Tod des einen oder anderen Helden bei Homer hervorrief (ILIAS. XVII, 521; ODYSSEE. XX,...; ILIAS. XVI, 407). Als z. B. des Odysseus Begleiter von der Skylla ergriffen wurden, verglich er sie mit Fischen an ködertragenden Angeln (ODYSSEE. XII, 251). [56]

Etc. ad infinitum. [usw. usf. bis ins Unendliche]

So ist dieses Stadium beschaffen, in dem die „Tierwerdung" des Menschen (ein rückläufiger Prozess im Vergleich zur Menschwerdung des Affen, der sich vorwärtsentwickelt) das sinnliche Denken wiedererstehen lässt – jedoch nicht durch Gleichsetzung (siehe zweites Stadium – Bororo), sondern durch Vergleichen.

Ein sinnlicher Effekt wird lediglich beim sinnlichen ‚sich-Hineinversetzen' in das, mit dem verglichen wird, erreicht.

Das ist das Entscheidende, wenn an die Stelle des Menschen das Tier tritt und anstelle des Tiers der Mensch.

Das Unerwartete dieser für uns „apoetischen" Vergleiche (Kuh, Schaf, Fliege) hängt damit zusammen, dass die Bewertung eines Tiers von dessen ursprünglicher wirtschaftlicher Bedeutung bestimmt wird (Kuh – Nahrung, Schaf – Wolle etc.).

Für eine Gesellschaft mit ziemlich hochentwickeltem Hierarchiebewusstsein – wie bei den alten Griechen – ist das ein offensichtlich überlebtes Stadium, und die Dichtung blieb immer um einen Schritt hinter dem rationalen Denken zurück, während ein derartiges Hierarchiedenken – wie es für Moral, Ästhetik und, wenn man so will, für

Klassen galt – für die Natur fehlte. „Edle" und „nicht edle" Metalle widerspiegeln eine Gesellschaft, die sozial differenziert. „Lasttiere" und der „freie Vogel" ebenfalls.

Dasselbe gilt für die ästhetische Wertung.

Eine Kuh ist in erster Linie Ernährerin; eine ästhetische Bewertung ihrer Grazie, die geringer ist als bei einer Gazelle, ist bislang nicht üblich.

Beim Schaf ist es genauso.

Ein Hierarchiedenken existiert nicht. Jedes Tier wird nach dem unmittelbaren Kennzeichen seiner Nützlichkeit und Brauchbarkeit [betrachtet].

Selbst eine Fliege wird nach jenen Eigenschaften [bewertet], die zur Nachahmung taugen: zum Beispiel nach ihrer Beharrlichkeit – von der Fliege aus gesehen – und nicht nach der Aufdringlichkeit – aus unserer Sicht.

Gänzlich fehlt dagegen die umgekehrte Projektion – die Übertragung menschlicher Züge auf Tiere.

Über „soziale Theorien" wurde bereits gesprochen. Ebenso über Moraltheorien. Wenn einzelne menschliche Züge zwar für den Menschen nicht die einzigen und erschöpfenden sind, jedoch für eine Tierart bestimmend werden: die Kühnheit des Schneeleoparden, die List des Fuchses, die Unsauberkeit des Schweins (obwohl es aus dem Drang nach Sauberkeit und um sich von möglichen Parasiten zu befreien in der Pfütze liegt!), der Starrsinn des Esels, die Dummheit des Schafes.

Dieser Wesenszug der umgekehrten Projektion hat ebenfalls eine Vorstufe in den Mythen von der Verwandlung der Menschen in Tiere. Unmittelbar.

Deshalb liegt dieser Vermenschlichung von Tieren im Moralaspekt der Fabel ein sinnlich gespeister Prototyp zugrunde – der totemische Glaube an die faktische Rückverwandlung in das Tier.

Vgl. Wesselowskis POETIKA SUSHETOW ([POETIK DER SUJETS] 1897-1906): „Die Verwandlung in Tiere und Pflanzen ist in Mythen und Märchen als ein totemischen Vorstellungen gegenläufiger Prozess zu verstehen." (ISTORITSCHESKAJA POETIKA, S. 524)

Durch diese Methode der Vermenschlichung des Tiers verkörpert Disney den Volksglauben der Bororo unmittelbar plastisch und wirksam:

Die Indianer dieses Stammes meinen, dass sie *gleichzeitig sowohl* Menschen *als auch* rote Papageien, ihr Totemtier, sind.

Disneys Pfau und Papagei, Wolf und Pferd, sein Nachttisch und das tanzende Feuer sind in der Tat gleichzeitig *sowohl* mit dem Tier (oder einem Vogel oder einem Gegenstand) *als auch* mit dem Menschen identisch!

Die für den logischen Verstand unbegreifliche Formel der Bororo, wie sie für das sinnliche Denken geläufig ist, wird in Disneys Papagei anschaulich, wirksam, und natürlich zieht sie den Rezipienten völlig in ihren Bann.

*Animismus*

Ich bediene mich der Definition Wesselowskis aus dem Aufsatz Psychologischer Parallelismus und seine Formen im Spiegel des poetischen Stils (NB. Über Parallelismus polemisiere ich gegen Wesselowski an anderer Stelle, hier nutze ich lediglich das von ihm zur Illustration angeführte Faktenmaterial und unstrittige Grundsätze):

„Der Mensch eignet sich die Gestalten der Außenwelt in den Formen seines Bewusstseins an; insbesondere der Urmensch, der sich noch keine Gewohnheiten abstrakten, nichtbildlichen Denkens erarbeitet hat, obwohl auch letzteres nicht ohne einen gewissen Grad der an Bildhaftigkeit auszukommen vermag. Wir übertragen auf die Natur unser eigenes Lebensempfinden, das in Bewegung und vom Willen gesteuerter Kraftäußerung zum Ausdruck kommt; in jenen Erscheinungen und Objekten, in denen der Mensch Bewegung beobachtete, vermutete er Anzeichen von Energie, Willen, Leben. Diese Weltanschauung nennen wir animistisch." (Istoritscheskaja Poetika, S.125)

(Die auf ein partizipierendes Bewusstsein bezogene Definition von Lévy-Bruhl und andere Definitionen, die vom undifferenzierten Bewusstsein ausgehen, das ein undifferenziertes soziales Milieu widerspiegelt, gefallen mir besser. Beispiele anführen.[57])

Diese Betrachtung der Welt „beruht auf dem Vergleich Subjekt – Objekt nach der Kategorie der Bewegung" (NB. Einen „Vergleich" gibt es noch nicht. Weil es noch keine Differenzierung in Subjektives und Objektives gibt. Hierher rührt auch die „Beseelung" der Natur: Ich und die Natur sind *ein und dasselbe*, später *identisch*, noch später *einander ähnlich*. Bis zum Stadium des Empfindens der *Verschiedenheit* wirkt all das auf die Beseelung der Natur, auf den Animismus hin. Diesen Gedanken muss man deutlich herausstellen und prinzipiell ausfeilen.)

„...nach der Kategorie der Bewegung, der Handlung als Merkmal willensgesteuerter Tätigkeit. Als Objekte fungierten natürlich Tiere; sie erinnerten am meisten an den Menschen: Hier liegen die tieferen psychologischen Ursprünge für Tier-Apologs[58]; doch auch Pflanzen wiesen Ähnlichkeiten auf: Sie wurden geboren und verblühten, grünten und beugten sich im starken Wind. Die Sonne schien sich ebenfalls zu bewegen, aufzusteigen und zu versinken, der Wind trieb die Wolken, der Blitz raste, das Feuer umarmte, fraß die Äste usw. Die anorganische, reglose Welt wurde unwillkürlich in diese Reihe einbezogen... sie lebte genauso..." (S.126)

Disneys bewegliche Zeichnung heißt im Englischen... animated cartoon.

In dieser Bezeichnung vereinten sich zwei Begriffe: „Beseelung" (anima – Seele) und „Bewegung" (animation – Belebung, Munterkeit).

Und tatsächlich: die Zeichnung wird „durch Bewegung belebt, beseelt."

Sogar dieser Grundsatz der Untrennbarkeit von Beseelung und Bewegung ist zutiefst „atavistisch" und entspricht ganz dem sinnlichen Denken.

Ich selbst habe, ausgehend von nordischen Mythen, über diese Einheit geschrieben – im Zusammenhang mit den göttlichen Funktionen, die die nordische Welt dem Gottvater Odin-Wotan zuschrieb, jenem Produkt der „Beseelung" der Naturkräfte.

In meinem Aufsatz REALISIERUNG EINES MYTHOS schrieb ich anlässlich der Inszenierung von Wagners WALKÜRE (Zeitschrift TEATR, Oktober 1940, Nr. 10):

> [„Wotan ist das Element Luft überlassen... Doch da die Wahrnehmung dieses Elements nur in der *Bewegung* möglich ist, verkörpert Wotan zugleich auch die Bewegung, *Bewegung schlechthin*. Diese Bewegung umfasst alle Arten – vom leisesten Hauch des Windes bis zum alles vernichtenden Orkan.
>
> Aber die das Mythen hervorbringende Bewusstsein kennt keinen Unterschied zwischen wörtlichem und übertragenem Sinn. Wotan, die Personifizierung der Bewegung schlechthin und vor allem der Naturkräfte, verkörpert gleichzeitig die gesamte Skala der Seelen*bewegungen*: zärtliche Gefühle der Verliebten und die lyrische Inspiration des Dichters und Sängers, der Kampfeifer der Krieger und die tapfere Tollheit der Helden vergangener Zeiten."]

Aus genau demselben Prinzip folgt: *Was* sich bewegt, ist *also* beseelt, das heißt angetrieben von einem inneren, selbständigen Willensimpuls.

Bis zu welchem Grad wir demselben Phänomen – nicht rational-logisch, sondern mit unserem sinnlichen Empfinden – unterliegen, kann man an der Wahrnehmung der „lebendigen" Zeichnungen Disneys ablesen.

Wir *wissen* doch, dass es Zeichnungen sind und keine lebendigen Wesen.
Wir *wissen* doch, dass es die Projektion von Zeichnungen auf die Leinwand ist.
Wir *wissen* doch, dass es „Wunder" und technische Tricks sind, dass es derartige Wesen auf der Erde nicht gibt.

Und davon untrennbar

*empfinden* wir sie als lebendige,
*empfinden* wir sie als handelnde,
*empfinden* wir sie als existierende und sogar denkende Wesen!

Die „Animisierung" von unbeweglichen natürlichen Objekten, Gebrauchsgegenständen, Landschaftslinien usw. hat ihren Ursprung in demselben Vorstellungskreis desselben Denkstadiums.

Das Auge des Betrachters (des Subjekts) überfliegt, „schreitet" das zu Beobachtende (das Objekt) „ab". In diesem Ausdruck ist ein früheres Stadium aufgehoben, als das „Umfassen" eines Gegenstandes mit den Armen und, wenn die Arme nicht reichten, das „Abschreiten" um den Gegenstand mit den Beinen erfolgte. Später konzentrierte sich dieser Prozess im „Erfassen" mit einem Blick, der den Gegenstand überfliegt.

Der Unterschied zu dem vorherigen Beispiel besteht darin, dass hier das Subjekt (Auge), den Umrissen des Objekts (Gegenstand) folgend, sich bewegt, das Objekt selbst (der Gegenstand) sich im Raum jedoch nicht bewegt.

Bekanntlich gibt es auf diesem Entwicklungsstadium noch keine Abgrenzung des Subjektiven vom Objektiven. Die Bewegung des Auges, das die Linie eines Gebirgskamms überfliegt, kann ebenso als Flug dieser Linie selbst wahrgenommen werden.

Der Blick verliert sich in der Weite des Weges, und das wird genauso wahrgenommen wie ein Weg, der sich in der Weite verliert.

Auf diese Weise wird in der sprachlichen Metapher folgender Prozess fixiert, wobei die sprachliche Metapher selbst Produkt dieses Prozesses ist und als Abdruck eines Denkstadiums im Sprachmaterial existiert: In einer Reihe von Fällen werden die Handlungen des eigenen Auges (das im übertragenen Sinn die Handlungen des ganzen Menschen auf sich, also auf einen Teil des Menschen, genommen hat) dem Objekt der Betrachtung „animistisch" zugeschrieben.

Hier ein paar Beispiele von Wesselowski, die ich bei der Hand habe (S. 127):

„...Un parc immense *grimpait* la côte."
(Daudet, L'ÉVANGÉLISTE, ch. VI)
[Ein riesiger Park *erkletterte* den Hügel. (DER EVANGELIST, Kapitel VI)]

„Behaglich *streckte* dort das Land *sich*
In Eb'nen aus, weit, endlos weit...
...
Hier *stieg* es *plötzlich* und *entschlossen*
*Empor,* stets *kühner* himmelan..."
(Lenau. WANDERUNG IM GEBIRGE)

„*Sprang* über's ganze Heideland
Der junge Regenbogen..."
(id. DIE HEIDESCHÄNKE)

„Doch es dunkelt tiefer immer
Ein Gewitter in der Schlucht
Nur zuweilen übers Tal weg
*Setzt* ein Blitz in wilder *Flucht*."
(id. JOHANNES ZISKA)

„*Fernhin schlich* das hagre Gebirg, wie ein wandelnd Gerippe,
*Streckt* das Dörflein *vergnügt* über die Wiesen sich aus..."
(Hölderlin, DER WANDERER)

„Der Himmel glänzt in reinem Frühlingslichte,
*Ihm schwillt der Hügel sehnsuchtsvoll entgegen...*"
(Möricke. Zu viel).

Der Prozess der Metaphernbildung ist ganz offensichtlich.

Das Auge „steigt empor", „streckt sich", „springt über". Der *ganze Akt* des „Emporsteigens", des „sich-Streckens", des „Überspringens" eines *ganzen Menschen* wird nach *einem Merkmal* der Bewegung, nach deren Schema, Rhythmus, Zeichnung, rekonstruiert – nach dem Prinzip pars pro toto.

Dank der Identität zwischen Subjekt und Objekt, dank der Untrennbarkeit des einen vom anderen in diesem Stadium des Denkens, werden all diese Bewegungen und Handlungen der Landschaft, einem Hügel, einem Dörflein, einem Gebirge zugeschrieben.

Eine solche motorische Metapher ist der älteste Metapherntyp, ein *unmittelbar motorischer*, genauso wie Wotan, der Vater der Götter, die Personifizierung der Bewegung war. Die Übertragung ist ein späterer Prozess, der sich nur dank diesem, ihm vorausgehenden früheren Zustand (affektive Identität – Identität im Affekt) verwirklichen und wirksam werden konnte.

Die „Verb"metapher ist *Handlungs*metapher, Prozessmetapher, aber keine Gegenstandsmetapher.

Sie ist nicht objektiv visuell, noch weniger aber will sie, „das eine mit dem anderen vergleichen" (etwa zwei objektive Erscheinungen, was erst in einem späteren Stadium erfolgt), sie ist eher motorisch, subjektiv *spürbar* par excellence.

Das ist so zutreffend, dass beispielsweise Chamberlain (GOETHE) diesen Vergleichstyp „übersieht" [59]. Er meint etwa, für Goethe, für dessen realistischen Genius, sei das Vermeiden metaphorischer Vergleiche charakteristisch. Zum Beweis führt er „Still ruht der See" an und stellt seine nichtmetaphorische Strenge der Üppigkeit metaphorischer Vergleiche eines Wielandschen Sonnenuntergangs gegenüber.

Dabei bemerkt er gar nicht, dass es bei Goethe eine Fülle vor Verbmetaphern gibt. Eine Fülle von ursprünglichen, tiefen und deshalb am meisten sinnlich anregenden, die obendrein wenig objektiv „visuell" sind, eher körperlich, in der Muskulatur über die Nachahmung der Bewegung spürbar werden, also „vorbei" (russ. „mimo") an den visuell wahrnehmbaren (das russische „mimo" bedeutet sowohl „vorbei" als auch „mimisch"). Nebel „schleichen", der See „ruht" etc.

Genau dieser Prozess ist es, den Disney in seinen Zeichnungen spürbar und gegenständlich darstellt.

Das sind nicht nur Wellen, die auf die Bordflanken eines Dampfers faktisch „einboxen" (und der bekannten Formel des Komischen folgend, in ihren Umrissen zu Boxhandschuhen werden!).

Es ist auch das erstaunliche, plastische Spiel der Konturen von Disneys Zeichnungen.

Bei Verwunderung dehnen sich die Hälse.

Bei panischer Flucht strecken sich die Beine.

Bei Angst zittert nicht nur der Held, sein Umriss ist gewellt.

Hier, in diesem Element der Zeichnung, wird das wirksam, was ich mit so vielen zitierten Beispielen belegen wollte.

Das ist eine hochinteressante Erscheinung.

Wenn sich der Hals eines Pferdes oder einer Kuh vor Schreck dehnt, dann dehnt sich die Darstellung der Körperfläche und nicht der Umriss als selbständiges Element!

In einer solchen Halsdehnung fehlt noch das, was über das „schleichende" Gebirge und den „schwellenden" Umriss des Hügels angemerkt wurde.

Erst wenn der *Umriss des Halses* über die möglichen Grenzen einer Halsdehnung hinauswächst, verkörpert er auf komische Weise, wie sich der sinnliche Prozess in den angeführten Metaphern vollzieht.

Die Komik entsteht, weil jede Zeichnung eine Doppelexistenz aufweist: als ein Komplex von Linien und als Bild, das daraus entsteht.

Die grafische Darstellung der Zahlen und Zeiger auf einem Zifferblatt – und das aus ihren bestimmten Kombinationen folgende Bild von der Tageszeit.

Normalerweise existiert beides untrennbar voneinander.

Im Affekt jedoch wird die Verbindung gesprengt. (Wronski schaut auf die Uhr in der Veranda der Karenins, nachdem Anna ihm von ihrer Schwangerschaft erzählt hat, und sieht lediglich das geometrische Schema, ohne zu begreifen, wie spät es ist.[60]

In einer komischen Struktur ist es ebenfalls eine Trennung – allerdings von besonderer Art: Beides wird als unabhängig voneinander und gleichzeitig als unbedingt zusammengehörig empfunden.

Das heißt: es entsteht ein Bild, das *formal-mechanisch* in der Statik den *dialektischen* Grundsatz von der Einheit der Gegensätze reproduziert, in welcher jeder Gegensatz an und für sich und doch in einer Einheit existiert, was nur im Prozess, in der Bewegung, in der Dynamik möglich ist.

(Die Schlange bei den Indern, die sich in den Schwanz beißt, und der Dackel, der sich um einen Telegrafenmast wickelt.)

Auf diesem Prinzip beruht auch ein grandioser Einfall in Chaplins DIKTATOR.

An den Laden des kleinen Friseurs haben die Schläger das schreckliche Urteil „Jude" geschrieben. Der durch Verschüttung geistig verwirrte (!) Chaplin (beachten Sie die tiefen psychologischen Motivierungen dieses Komikers!) wischt das Wort weg, nimmt es für eine Ansammlung abstrakter (und sinnloser) weißer Linien.

Der Mechanismus des Komischen ist offensichtlich: Wesen und Form sind auseinandergerissen. Die Wirkung rührt daher, dass wir beide als unzertrennlich und zusammengehörig kennen.

Die Größe dieses komischen Einfalls besteht freilich darin, dass der Rassismus in seinem Wesen unsinnig ist und Chaplins komische Nummer durch unmittelbare Handlung – in einer Handlungsmetapher – diese Idee materiell darstellt.

Die Komik der sich dehnenden Halsumrisse, eines über alle Maßen hinauswachsenden Halses, beruht bei Disney auf demselben Grundsatz.

Hier ist die Einheit von Gegenstand und Darstellungsform entzwei.

Die komische Wirkung besteht darin, dass ihre zeichnerische Zusammengehörigkeit beharrlich betont wird (man eliminiere das abbildende Moment der Linien, lassen sie abstrakt, grafisch, rhythmisch, „seismografisch" die Emotionen doppeln – dann büßen sie ihre Komik ein und werden zu einem grafischen Äquivalent der Farbphantasien Skrjabins [61]).

(Ein wunderbares grafisches Äquivalent für das Ausrufen – ein Ausrufungszeichen – ist nicht komisch, während ein Mensch, der sich wie ein Fragezeichen krümmt, einen komischen Effekt zeitigt; daran ändert auch die Tatsache nichts, dass die Genesis eines Fragezeichens nicht affektiv-gestischer Natur ist).

Ein sich selbständig dehnender Umriss wird wahrgenommen als ein „außer sich geratener Hals".

Und in diesem Moment verkörpert er auf komische Weise die Formel von Pathos und Ekstase.

Bekanntlich liegen der dynamischen Struktur dieser Formel die Prinzipien der Dialektik zugrunde.

Die Formel des „komischen Pathos'" ist somit die Formel ursprünglicher Komik.

Engels par excellence: Er betrachtet jede Erscheinung in der *Dynamik eines Prozesses des Werdens – sowohl* ein philosophisches System als auch Landschaft.[62] Dabei empfindet er die Einheit des ganzen Weltsystems, die Übereinstimmung und Divergenz seiner Vielgestaltigkeit genauso so intensiv wie ein Dichter. Daraus folgt die besondere Fähigkeit, alles nach dem Merkmal der Bewegung einander gleichzusetzen.

Das Zittern des Umrisses ist das Zittern des Autors = das Zittern des Sichtbaren in reinster Form.

Nun meine Ableitung.

Der „Rhythmus" ihres Empfindens ist Grundlage des Rhythmus' ihrer [künstlerischen] Form.

(Mein Aufsatz Über den Bau der Dinge [63].)

Diese sich dehnenden Hälse etc. Wieder Disney – direkt, ganz unmittelbar.

Noch ein Merkmal ist der Plasmacharakter der Form an sich.

Interpretation dieser Tatsache. Vom schlängelnden Umriss zur Omni-Potenz der Form (Feuer). Abstich zur Pyromanie und Gorki. Von hier aus zur Metamorphose. DER UNTERWASSERZIRKUS. Von dort aus – zu ihren sozialen Wurzeln – in der Standardisierung der US. Zwei Auswege: Die Nostalgie Ovids nach dem Vergangenen. Und Descartes' nach Taine.

Das nächste Stadium der Metapher ist die Übertragung nach Ähnlichkeit der Form und nach der Verwandtschaft des Gegenstandes. Hier ist es nicht mehr eine Projektion des Ichs auf den Gegenstand oder des Gegenstandes auf das Ich, sondern die Übertragung von einem Gegenstand auf den anderen.

Der Prozess verläuft allerdings nicht als Gegenüberstellung und Parallelismus, wie ihn Wesselowski beschreibt, sondern nach den Kanons des sinnlichen Denkens: nach der Ähnlichkeit der emotionalen (effektiven) Wahrnehmung beider und vieler anderer Gegenstände.

Auf diese Weise entsteht „der Hirsch ist Getreide" – nach dem Merkmal dessen, dass beide der Ernährung dienen (Lévy-Bruhl)[64]. Diese Merkmale an sich können von der Bewegung her abgeleitet werden. In diesen Fällen ruft ein gleichartiges Bewegungsschema in der optischen Wahrnehmung der Form (oder die Bewegungen verschiedener Gegenstände) die gleiche Wahrnehmung der Bewegung hervor, und nach dem Prinzip pars pro toto wird ein Gleichheitszeichen zwischen jenen Erscheinungen gesetzt, denen diese Bewegungen bzw. Bewegungsschemen eigen sind.

Das Interessanteste jedoch ist natürlich die „Quasi-Regression" zum Ausgangsstadium, nun auf höheren Stadien.

Mit der Zeit mag das dynamische Bild komplizierter werden, und auf seiner Grundlage können ganze Denksysteme in einem Bewusstsein, das allumfassend (das heißt gleichermaßen logisch und prälogisch-sinnlich) ist, erstaunliche Vergleiche hervorbringen.

Ein solches „synthetisches Bewusstsein" besaßen die Klassiker des Marxismus, die die lebendige Synthese beider Denkweisen in der Dialektik beherrschten.

Der Typ der Fabel vor La Fontaine – das Sujet [kommt] aus der Philosophie par excellence. Äsop. Lessing. Tolstoi. La Fontaine – Krylow: arte + morals. Disney: arte per se.

Natürlich ist jedes Kunstwerk eine Fabel.

Was in einigen die Verkleidung im Sujet ausmacht, wird in anderen dagegen als Verkleidung in *Form* betrieben.

Fabel ist eine *Stufe* der Form.

Fabel und eine Moralzeile (am Ende oder am Anfang) – ist dasselbe. Der Inhalt wird als Bild und als Formulierung gegeben. Cf. Puschkins POLTAWA. Marias Flucht (nach MONTAGE 1938[65]). SCHWAN, KREBS UND HECHT, cf. meine Felsen im II. Akt der WALKÜRE.[66] Ein „angezogenes" Bewegungsschema, doch das Bewegungsschema ist das, wohin die Idee sich unmittelbar vor der Verkörperung im Bild „herunterstürzt". Auf einem bestimmten Stadium in einem bestimmten schöpferischen Akt, das heißt in einem regressiven Zustand, spricht man nicht in Formeln, sondern in Bildern, in Formen. Die Bibel ist kein Chiffre, sondern die Unmöglichkeit, anders zu sprechen, den Begriff vom Bild zu trennen.

Fabel und Commedia dell'arte.

Commedia dell'arte und Disney.

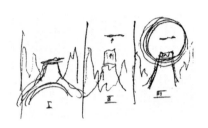

Nicht nur die Charaktere sind fix, sondern auch die Bestandteile für unausweichliche dynamische Verläufe der Handlung (in the same way I plan[ned] for THE MEXICAN the group of spectators par exemple [So plante ich für den MEXIKANER eine Gruppe von Zuschauern, zum Beispiel]: ein Pastor und sein Weib neben dem Zuhälter. Ein Mitglied der Heilsarmee neben einem Gauner.

„Im Herbst wird es regnerisch,

Im Alter werden Menschen geschwätziger..."

Krylows Feuerbeschreibungen lesen.

Die Vermenschlichung des Affen – und die Rolle der Arbeit dabei – ist ein sehr langer und gewichtiger Prozess.

Beim Ausschalten einiger Glieder wird Komik erreicht – ein Affe im Zylinder und mit Handschuhen.

In seinem Aufsatz DIE TYPISCHE ENTWICKLUNG DES RELIGIÖS-MYTHOLOGISCHEN SCHÖPFERTUMS führt J. Kagarow interessante Fakten zur äußeren Gestalt der Seele in den Formen des Volksglaubens an.

„Zu den am meisten verbreiteten Vorstellungen von der äußeren Gestalt der Seele könnte man die folgenden rechnen:

1. Atem, Rauch, Dampf, Wind, Nebel, Wolken...
2. Tiere, besonders *Vögel und Insekten*; unter den Reptilien sind es *Schlangen*. Der russische Wissenschaftler W. P. Klinger beschrieb vor kurzem in seinem Aufsatz TIERE IM ANTIKEN UND IM NEUZEITIGEN ABERGLAUBEN (Kiew 1911) hervorragend die Rolle der Vorstellung von der Seele als Tier im Volksglauben, in den Riten und zum Teil in der Dichtung verschiedener Zeiten, bei verschiedenen Völkern. Der Forscher klassifiziert die Tiere und sucht für jedes von ihnen Motive der Annäherung an die menschliche Seele. Dabei kommt er zu dem Schluss, dass die verbindenden Vorstellungen folgende waren:

*Wind* – als eine der am weitesten verbreiteten Vorstellungen von der Seele (Vögel, Insekten mit Flügeln, schnelle Tiere wie Rehe und Pferde);

*Erde* – als Reich der Toten (Reptilien, Nagetiere, Ameisen);

*Nacht* – als Zeit, zu der die Toten erscheinen (Nachttiere: Wolf, Löwe) und schließlich

*Feuer* – als nicht weniger verbreitetes Bild für die Seele (Hahn und Huhn)."

(WOPROSSY TEORII I PSYCHOLOGII TWORTSCHESTWA [FRAGEN DER THEORIE UND PSYCHOLOGIE DES KÜNSTLERISCHEN SCHAFFENS], Band V, S. 375) NB. Vogel - Himmelsbewohner. Die ursprüngliche Metonymie, die dieser Wortschöpfung zugrundeliegt, ist durchaus anschaulich.

*Feuer als Tier* (im Aberglauben). E. Tylor (PERWOBYTNAJA KULTURA, Moskau: Sozegis 1939 [67]) schreibt dazu:

„Der Feuergott... Nirgendwo kommt seine Persönlichkeit stärker zum Ausdruck als in dem Sanskrit-Namen Agni. Dieses Wort hat seine Bedeutung im lateinischen ignis bewahrt, seine Göttlichkeit allerdings eingebüßt. Der Name Agni ist das erste Wort in der ersten Hymne von Rigwede: ‚Agni, den von Gott ernannten Priester für Opfergaben, bete ich an.' Die Opfergaben für Agni gehen an die Götter über; er ist der Mund Gottes, doch lange nicht ihr Untertan, was man aus den Versen eines anderes Hymnus ersehen kann: ‚Kein Gott, kein Sterblicher obliegt deiner Macht, o du mächtiger, o Agni.'" (S.429)

„Ein Bauer aus Korinth ‚füttert' das Feuer, um es für sich zu gewinnen, er wirft Schweinespeck oder Rindertalg in die Flammen, damit sie nicht sein Haus niederbrennen..."

„Die Einwohner von Böhmen meinen, es sei nicht gut, nach dem Mittagsmal Krümel wegzuwerfen, weil diese dem Feuer gehören." (S.431)

Tiermetaphern zur Beschreibung des Feuers - vgl. Gorkis FEUER!

Sie sind interessant unter dem Aspekt des Übergangs von der „Handlung" - Feuer als Fresser - zur Assoziation der Form („der Fuchsschwanz des Feuers") etc.

Unter den vielen Darstellungen der Feueranbetung in Asien könnte man auf den Bericht von Jonas Hanway (aus seinen REISEN von 1740 [68]) verweisen, die „das unauslöschliche Feuer in brennenden Brunnen bei Baku am Kaspischen Meer" beschreibt. (Tylor, S.429)

Alle Propheten und Religionsgründer hatten ein Urerlebnis: die Offenbarung in Gestalt einer Vision im Feuer.

Mohammed sieht das Feuer,

Moses - den brennender Dornenbusch etc.

Ekstase ist das Gefühl und Erleben der ursprünglichen „Omnipotenz", des Elements des „Entstehens", des „Plasmacharakters" des Seins, aus dem *alles* hervorgehen kann.

Dabei gestalt*los*, gegenstands*los* - ein reines Empfinden.

Um dieses Empfinden zu festigen, sucht der Mensch nach einer Gestalt, die diesem Empfinden, diesem Zustand in bestimmten Zügen nahekommt. Mit dieser Gestalt werden dann die Vorstellung und die verbale Vermittlung, das Erzählen über dieses Empfinden verbunden sein.

Also wird es sich um Erscheinungen vielgestaltiger, sich ewig wandelnder Möglichkeiten handeln: 1. die Gestalt des Feuers (der Dichter Gorki folgt hier dem Propheten Moses!), 2. die plasmaartige unbeständige Form, 3. Wasser (Wasser wird zur Faust eines Boxers), 4. Wolken (All four – alle vier Fälle kommen bei Disney vor), 5. Musik: Das Feuer ist für Gorki auch Musik! 6. In vielem ist die Zauberkraft der Musik gleichsam darin, dass hier die Gestalt *instabil* ist.

Die entstehenden Bilder sind für alle verschieden (bei gemeinsamem Ausgangspunkt), sie sind sogar für ein und denselben Hörer in verschiedenen Verfassungen verschieden, und von der Empfindung dieser Vielgestaltigkeit geht eine der Faszinationen der Musik aus.

So wurden Musik und Feuer vom Feueranbeter Gorki gleichgestellt:

„Groß ist die Verzückung, darein uns die Zauberkraft des Feuers versetzen kann. Ich habe oft beobachtet, wie *selbstvergessen* die Menschen sich dem geheimnisvollen Reiz des bösen Spiels dieser Naturgewalt unterwerfen; auch ich selbst kann mich kann mich ihrer Macht nicht ganz entziehen. Irgendwo auf freiem Felde oder im Wald ein Feuer anfachen zu können, ist für mich immer ein Hochgenuss, und ich kann tagelang, *ohne des Anblicks überdrüssig zu werden,* Feuer betrachten, ebenso wie ich tagelang Musik anhören kann." (M. Gorki, POSHARY. XIX, 1923, S. 9)

„Selbstvergessen" – ist das Hauptmerkmal einer ekstatischen Versenkung.

Im Spiel, das durch Änderungen bestimmt ist.

Musik ist Disneys Element.

So stellt sich heraus, dass der Umriss einer Zeichnung, ihre verallgemeinernde Linie, plötzlich ein Eigenleben bekommt, das von den Figuren, den Gegenständen selbst unabhängig ist.

Bezeichnenderweise hängt auch dieses unwahrscheinliche und unvorstellbare Phänomen mit ganz bestimmten Entwicklungsstadien des prälogischen Denkens zusammen.

Nehmen wir diesmal ein Beispiel aus der Kinderpsychologie. Schließlich durchläuft das Kind kraft des biogenetischen Grundgesetzes nicht nur physisch, sondern auch psychisch und psychologisch Entwicklungsstadien, die den früheren Stadien der Menschheitsentwicklung entsprechen. Die Psychologie des Kindes auf einer bestimmten Entwicklungsstufe entspricht den Besonderheiten der Psychologie jener Völker, die sich im „Kindheitsstadium" der sozialen und gesellschaftlichen Entwicklung befinden.

Beim Blättern in Dr. Georg Kerschensteiners ehrwürdigen Forschungen zu Kinderzeichnungen (RASWITIE CHUDOSHESTWENNOGO TWORTSCHESTWA REBJONKA [69], russische Ausgabe von 1914) entdeckt man inmitten einer Vielzahl interessanter Besonderheiten früher Kinderzeichnungen auch folgenden Fall.

Er steht in dem Kapitel, das sich mit der Darstellung von Pflanzen befasst. Auf der Tabelle 61 (S.197) ist die Zeichnung eines achtjährigen Mädchens, der Tochter eines Mauers, abgebildet, die einen aus dem Gedächtnis gezeichneten Baum darstellt.

Diese Zeichnung fällt dadurch auf, dass hier die Linie der Baumkrone und die Verästelung, deren Umrisse in der Realität, in der Natur, zusammenfallen, unabhängig voneinander existieren, das heißt ein Eigenleben führen.

Das Bewusstsein des Kindes ist noch nicht in der Lage, die Einheit von Allgemeinem und Besonderem zu erfassen – genauso wenig, wie es das Besondere, isoliert vom Allgemeinen, wahrzunehmen vermag.

Mit zunehmendem Alter wird der Blick des Kindes die räumliche Einheit von beidem erfassen können, und in seinem Bewusstsein bildet sich allmählich die Vorstellung von der Einheit des Besonderen und des Allgemeinen heraus.

Dasselbe liegt der Gewohnheit von Kindern zugrunde, einen Kopf im Profil zu zeichnen und in diesem Profil beide Augen en face zu platzieren. Auch hier existieren der allgemeine Umriss des Kopfes und eine Besonderheit auf der Gesichtsoberfläche selbständig, ohne zu der realistischen Einheit eines Bildes zu finden.

Bezeichnenderweise kommt es auf der endlosen Spirale des kulturellen Fortschritts jedesmal, wenn ein schöpferischer Zyklus am Beginn seiner Entwicklung steht, zu analogen Erscheinungen mit besonderen Eigenschaften.

Das gilt vor allem für die Perioden auffälliger Üppigkeit und Wirkungskraft, wie sie für anfängliche Stadien kultureller und künstlerischer Erscheinungen charakteristisch sind. Besonders üppig deshalb, weil diese Erscheinungen in diesen Stadien in ihrer Struktur jene Gesetzmäßigkeiten reproduzieren, die das sinnliche, prälogische Denken auszeichnen.

Wenn wir in der poetischen Rede die Gesetzmäßigkeiten des sinnlichen Denkens reproduzieren, kommt es immer zu einer sinnlichen Bereicherung. Andersen beschreibt in seinem Märchen DIE NACHT eine Mutter, die dem Tod folgt, um ihr verstorbenes Kind zurückzuholen. Sie weinte sich die Augen aus, denn nur um diesen Preis konnte sie den See überqueren. Um die Behausung des Todes zu betreten, gab sie einer alten Totengräberin *ihr langes schwarzes Haar und bekam dafür graues.*[70]

Diese Entzweiung der „Einheit" wirkt genauso stark wie ihr Gegenteil – die gewaltsame Vereinigung von Gegensätzen – besonders dann, wenn es sich nicht einfach um ein brillantes formales Spiel handelt, wenn ihr keine gegenständliche, sondern eine tiefergehende, eine moralische, geistige oder thematische Einheit zugrunde liegt.

Ein faszinierendes Beispiel dafür ist eine Beschreibung von Ambrose Bierce aus seiner Erzählung über den Hauptmann Coulter. Ein Oberst steigt in den Keller eines Herrschaftshauses hinab und sieht plötzlich einen gebückten Menschen mit schwarzem Bart. Es ist Hauptmann Coulter, der auf Befehl seines Generals das eigene Haus unter Artilleriebeschuss nahm. Was als schwarzer Bart erschien, war das Haar seiner während des Angriffs getöteten Frau, die er verzweifelt küsste.[71]

Die Wirksamkeit dieser Beschreibung liegt darin, dass die sinnliche, prälogische Art der Darstellung, welche formal das zusammenführt, was einzeln existiert, gleichzeitig als fassliches Bild für die wahnsinnige Liebe Coulters zu seiner Frau dient, das die Liebenden zu einer Einheit verbindet.

Genauso nimmt ein Kind etwas verbal Beschriebenes wahr. Ich glaube, Werner war es, der in seiner ENTWICKLUNGSPSYCHOLOGIE (1926)[72] das Beispiel eines Kindes anführte, das man dazu aufforderte, mit Spielzeug den biblischen Ausdruck „Komm, Herr Jesu, sei unser Gast" darzustellen. Das Kind setzte nicht eine, sondern zwei Puppen an den Tisch. Auf die Frage, wer denn die erste sei, antwortet es: „Jesus", die andere stelle... den Gast dar. Die Einheit zwischen dem Beständigen und Unveränderlichen („Jesus") und dessen zeitlichem, partiellem Aspekt (die Rolle des Gastes) passt nicht in das Bewusstsein und in die Vorstellungswelt des Kindes. Der Umriss einer Baumkrone ergibt sich nicht aus den Konturen unzähliger Blätter, die die Baumkrone ausmachen. Beides existiert getrennt voneinander. Und zittert auf seine Weise – so, wie die Zeichnung und ihr Umriss bei Disneys Pferden, Kühen, Ziegen, Sträußen und Affen dahin rasen und einander überholen.

Diese Eigenheit ist in den Perioden der auffallenden Üppigkeit und Wirksamkeit verankert, die für archaische Stadien der kulturellen und künstlerischen Entwicklung charakteristisch waren und eine derartige Üppigkeit deshalb besaßen, weil die Phänomene dieses Stadiums strukturell dieselben Gesetzmäßigkeiten reproduzierten, die für das prälogische, sinnliche Denken charakteristisch waren.

Denken wir an zwei besonders „üppige" Etappen in der Geschichte des Theaters: die italienische commedia dell' arte und die frühe Dramatik vor Shakespeare.

In dem einem wie dem anderen Fall dominiert ein unumstößliches Merkmal: die Selbständigkeit einer gezeichneten Figur sowie die Selbständigkeit der Handlung.

Noch fehlt jenes Element, das die Größe Shakespeares oder jedes bedeutenden Meisters realistischer Dramatik späterer Epochen ausmachte.

Noch fehlt jener Grundsatz, nach dem die Entfaltung und Formung eines Charakters durch Handlung bestimmt wird, nach dem jeder entschiedene Handlungsumschwung mit der Offenbarung neuer Charakterzüge einhergeht, nach dem Charakterzüge den Handlungsverlauf bestimmen und umgekehrt – der Charakter einer handelnden Personen von der Handlung modelliert wird.

In der commedia dell' arte gibt es einen bestimmten Vorrat von Figuren, der für unzählige Zwischenspiele und Komödien als Invariante zur Verfügung steht. Diese Zwischenspiele und Komödien ergeben sich nur in den allgemeinsten Umrissen aus dem traditionellen und ein für alle Male festgelegten Schema der Wechselwirkung zwischen den unveränderlichen Funktionen von ein für allemal festgelegten Figuren, die nicht umsonst Masken genannt werden.

Dies sind nicht die einzig möglichen Charaktere in einer einzig möglichen Verknüpfung von dramatischen Ereignissen und Situationen, wie Hamlet oder Othello. Das ist vielmehr ein Kaleidoskop von in sich abgeschlossenen Hieroglyphen, die sich zu beliebigen Mustern willkürlicher Situationen der commedia dell' arte kombinieren lassen.

Genau dasselbe trifft für das Theater vor Shakespeare zu. Noch für Webster war charakteristisch, dass die Zeichnung der Charaktere für sich steht, getrennt von dem ebenfalls für sich stehenden Handlungsverlauf. Hier gibt es einen ähnlichen Vorrat festgelegter Rollentypen, wie den Rächer, der erst in Shakespeares HAMLET eine (für die Traditionen jener Zeit) paradoxe Umdeutung erfuhr und davor in unzähligen Stücken und Schmarren als fertiges Klischee die Zuschauer in Angst und Schrecken versetzte – genauso wie in Italien die Maske des „Capitano" in einer Folge ewiger Intermezzi die Zuschauer zum Lachen bringt. Man braucht sie nur mit ihren Urenkeln zu vergleichen – mit Gautiers KAPITÄN FRACASSE oder Rostands CYRANO DE BERGERAC, um den tiefen Zusammenhang zwischen dem Charakter der handelnden Personen und der Handlung des Stückes zu verstehen, ganz im Gegensatz zu einer früheren Etappe, als die Eigenständigkeit der getrennten Existenz beider unantastbar war. [73]

Ebensolche Peripetien durchlebt eine weitere populäre und unbestrittene Einheit, die „Einheit von Inhalt und Form".

Jenseits der Perfektion klassisch vollendeter Werke erweist sich, dass auch diese scheinbar so wenig zu trennende organische Einheit auseinanderstrebt und zerfällt.

In Zeiten, die vom Stilwandel und der Herausbildung neuer Gesellschaftsordnungen gekennzeichnet sind, kommt es zu einer ungleichmäßigen Entwicklung dieses Paars: Inhalt und Form überholen einander. Darüber schreibt Engels.

[Auslassung].

Für Epochen des Verfalls, das heißt einer regressiven Rückkehr zu früheren Schemen, ist die Entzweiung der Einheit von Inhalt und Form ebenso typisch wie für Epochen, die vor dem Anbruch einer Verschmelzung stehen.

Die Konstruktion wird zum Selbstzweck, die Komposition zum einzigen Inhalt, die Anekdote zum einzigen Wert eines formlosen Werkes.

22.XII.1941

Nach Champfleury und (Fuchs) [74] sind die allerersten Karikaturen... Tiere, die menschlich agieren, interessant!

Ein Löwe und ein Ziegenbock spielen Schach (Ägyptischer Papyrus).

ÄNEIDE-Parodie (Affen).

Das ist sehr genau – und spiegelt eine Erkenntnis wieder: Die Einheit mit Tieren (Tylor) und die „Nicht-Gleichheit" mit ihnen. Die Komik folgt der bekannten Formel (nach S.M. [75]), während die Tendenz – vergegenständlicht im Sujet – dem Merkmal „Lachend verabschieden wir uns von unserer Vergangenheit..." mit deren Überwindung (Karl Marx).

27. XII.1941

*Feuer*

Bezeichnenderweise wird das, was beim Urmenschen im Aberglauben (Agni), beim Dichter (Gorki) in künstlerischen Bildern zum Ausdruck kam, beim Philosophen zu einem Sinnbild, das dieselbe Empfindung, denselben Gedanken zum Ausdruck bringt – nur mittels philosophischer Verallgemeinerung.

In diesem Punkt sind sich drei Philosophen einig. Heraklit, Hegel, der über Heraklit schreibt, und Lenin, der diese Stelle aus Hegels Buch Vorlesungen über die Geschichte der Philosophie konspektiert (vgl. Philosophische Hefte [76]):

„Darüber, dass Heraklit das Feuer für einen Prozess hielt, sagt Hegel: ‚Das Feuer ist die physikalische Zeit; es ist diese absolute Unruhe...'"

Doch was ist dann Zeit? (ebenda): „Heraklit hat gesagt: ‚Die Zeit ist das erste körperliche Wesen.'"

Lenin hält den Ausdruck *körperlich* für ungeschickt, denn die Zeit sei „das erste sinnliche Wesen"...

Über die Zeit sagt Hegel (ebenda):

„Die Zeit ist das reine Werden, als angeschaut..."

Man müsste bei Hegel nachschauen.

Man müsste bei Heraklit nachschauen.

Any how [wie auch immer]:

...Feuer ist ein Prozess...

...Feuer ist die physikalische Zeit...

... euer ist das erste sinnliche Wesen...

...Feuer ist das reine Werden...

There we are [da haben wir's]: *Feuer ist das Bild des Werdens, das sich in einem Prozess entfaltet.*

„Die absolute Unruhe" ist wahrscheinlich als Bezeichnung zu deuten für den Schoß des Werdens, für „alle omnipotenten Erscheinungen und Formen".

Ergo: There is nothing on earth as attractive this [Nichts auf der Erde ist attraktiver als das]!

10. I.1942

Wir beschränken uns bewusst auf drei thematisch und formal vollendeten „Analogien" zu Disney.

Alice – von Lewis Carroll.

Märchen – von Andersen.

Fabeln – von La Fontaine.

Analogien der Wiederherstellung des Natürlichen, Animalischen (nicht im Sinne des Tierischen, sondern „das Animalische" als Antithese):

La Fontaine – XVII (H. Taine).

Andersen – XVIII (Brandes [77]).

ALICE – XIX.

Disney – XX.

NB Rousseau – PAUL ET VIRGINIE [78] – Andersen. Andersen vollendet diese Linie, die Tendenz des ausgehenden XVIII. Jahrhunderts, in reiner Gestalt. La Fontaine wird zum Pionier für das XVII. Jahrhundert.

Lewis Carroll – als Antithese des industriellen, positivistischen Englands (Dickens as well [wie auch Dickens]).

Sie sind interessant in ihrer inneren stufenartigen Entwicklung.

Der A-Moralismus von Carroll (eine reine Phantastik).

Der Halb-Moralismus von Andersen (nicht immer eine reine Phantastik).

Der Moralismus von La Fontaine (eine rationale Phantastik).

Das heißt, das Element des Rationalen und Tendenziellen ist bei ihnen prozentuell verschieden.

Sehr spannend bei Disney, denn er ist wohl noch weiter von der Ratio entfernt als Carroll!

Das heißt, die *Dominanz* der Prälogik (ihre Vertiefung und Ausbreitung) spiegelt genau das Wachstum der entgegengesetzten Tendenz.

Descartes – Voltaire – das industrielle England ([Auguste] Comte) – die industriellen Vereinigten Staaten. Diesem *crescendo* des Rationalen entspricht der Rückfall in das Prälogische. Lafontaine – Andersen – Carroll – Disney. Im Rückwärtsgang verläuft das *crescendo* der reinen prälogischen Methode im Streben nach dem Ursprünglichen.

24. XI. 1943

Bei Disney haben wir – Tiere.

Vermenschlichte Tiere.

Tiens! There we have it! [Da haben wir's!]

Das Thema der „Vermenschlichung des Affen" ist – crucial [entscheidend] in der Evolutionsgeschichte des Menschen (siehe Engels über die Rolle der Arbeit darin).

Disney besingt das in seinem ganzen opus.

Und er besingt das auf komische Weise.

Denn der fortschreitende Prozess der Entwicklung wird durch die Augenblicklichkeit einer Formel ersetzt.

And here we have both [Und hier haben wir beides]: das Geheimnis der Wirkung as I understand it [wie ich sie verstehe] – das zeitlose Sujet und die Mechanik des Komischen.

Nur das ist wirksam, was in Formen seines Ausdrucks (die Vermenschlichung des Tiers ist lediglich eine Hülle – eine Form der Vermittlung bestimmter Inhaltsaufgaben, die sich ein Autor stellt, sei es Goethe in REINECKE [FUCHS] oder die Griechen in BATRACHOMIOMACHIA oder Disney in MICKEY MOUSE) das evolutionär Historische (regressiv) ist; es wirkt komisch, weil der tatsächliche dynamische Prozess durch seine formale (statische) Anwendung ersetzt wird.

20.XI.1943

TUSHMAKER'S TOOTHPULLER [TUSHMAKERS ZAHNZIEHMASCHINE] von John Fenix [79] steht natürlich in der Reihe mit anderen *plasmatic* fancies. (Never observed this before [plasmatischen Phantasien. Ich habe das früher nie bemerkt.] Jetzt las ich Verse zu diesem Thema bei Walter de la Mare im NONSENSE BUS (Constable and Co, p. 234–235):

> He laid forthwith poor Mr. Smith
> Close-clamped upon the table,
> And cold as a stone, took out his bone
> As fast as he was able...
> [Er legte den armen Smith auf den Tisch,
> und kaltblütig holte er seinen Knochen
> so schnell er konnte.]

from STUFF AND NONSENSE AND SO ON. [80]

Also

1) Hals (und Körpergröße) (ALICE IN WONDERLAND).
2) Ein Junge mit einem langen Arm (Trier).
3) Japanische Karikaturen von Hälsen und Armen (par exemple von Geishas, die die Freier nach Yoschiwara ziehen).
4) Etwas davon auch in Grandvilles UN AUTRE MONDE. Dazu kommen jetzt diese „jelly"-Geschichten. [81]
5) Der Schlangenmensch im Zirkus.
6) Der Snake Dancer in Harlems Nachtklubs.

Die Ausbildung des Skeletts (des Inneren beim Menschen, des Äußeren beim Krebs).

Die Verknöcherung des Knorpels (die kindliche Kalotte). Evolutionär ontogenetisch. Eine sehr spannende sporadische *Versteinerung des Gewebes* während der Muskelspasmen.

Mimik (d'après Michelet L'OISEAU, L'INSECTE... [82]).

Von unbeweglichen Gesichtsmasken der Ameise und Schlange zu einem beweglichen Gesicht.

Alma-Ata, in den Bergen, Erholungsheim, 1.XII.1943

Typus von Zeichnungen, when ich psychisch deprimiert bin; überwiegend das Ornamentale, Flächenhafte, Flächendeckende, sich Wiederholende, Bildniß in Linienspiel aufgehend, stofflich ineinander greifend, vom Stofflichen nicht Zusammengehörend (Montage!). Plasma.

Alma-Ata, in den Bergen, Bungalow, 2.XII.1943

*Lawrence*, ST. MAUR

As usual [wie immer]. Es reicht, wenn ich voller Begeisterung bin, und es stellt sich heraus, dass diese außerdem *unweigerlich* in mein Forschungsmaterial fits [passt]. Das ist verständlich. Thrilling [packend] sind für mich Sachen einer bestimmten Art. Sie interessieren mich auch vom Standpunkt der Analyse. Angenehm nur, das this kind of stuff [diese Art von Material] zu mir „par l'amour" [durch Liebe] dringt. That gives it a certain suavity, vigor, emphasis [das verleiht ihm eine gewisse Zartheit, Kraft, Ausdrucksstärke] anstelle der akademischen Trockenheit. Something youthful, not to say boyish [etwas Jugendliches, um nicht zu sagen Bubenhaftes]!

Anyhow bin ich berauscht von D. Lawrences ST. MAWR. [83]

Berauscht von ST. MAWR, diesem Hymnus to the Great God Pan [auf den Großen Gott Pan], der heute nur zu Great Goat Pun [zum großen Ziegenbock kleiner Scherze] wurde. (Je cite l'auteur: the pun about Pan may not be of too high a class - but fitting its purpose. [Ich zitiere den Autor. Das Wortspiel mit dem Pan ist vielleicht nicht erstklassig, doch dient es seinem Ziel].) Irgendwo in the background lures [im Hintergrund lockt mich] - die Erinnerung.

Agnia. Die Proletkult-Zeit. DER GESCHEITESTE. [84]

Horseback riding for all of us [Allen ist Reiten verordnet].

Agnia. With this Dostoevsky name [Mit diesem Dostojewski-Namen]. [85]

Agnia. The first I slept with [Die erste, mit der ich geschlafen habe].

Agnia weaving into the pattern [webt alles zu einem Muster]: Arvatov, [86] Vertoff, [87] myself and a big big... white stallion [mich und den großen weißen Hengst] (in der Manege in der Granatovy [Granatapfelgasse].

Ich habe den Namen dieses großen weisen Hengstes vergessen.

Intimité [die intime Nähe] von Agnia und dem Hengst (dem weißen) war offensichtlich.

Der Rivale versuchte mit seinem heißen Maul ihre kleinen Hände einzusaugen. (Komisch bei dieser Erinnerung, dass mir völlig gleichgültig ist, ob die Hand klein war?)

Arwatow ist verrückt geworden...

Im Wesentlichen meinetwegen.

Der Hengst konnte nichts dafür.

Viele Jahre später.

Das Schicksal wollte es so.

Agnia wohnt (wohnte) in demselben Haus wie Madame [88] – in einem Flügel des Herzen-Hauses. Mit einem Vertreter einer nationalen Minderheit verheiratet.

Hat ein schlitzäugiges Kind mit hervorstehenden Backenknochen. Freundete sich mit Madame an – natürlich meinetwegen.

Der weiße Hengst war hervorragend.

Arwatow tat mir leid.

Agnia versuchte sich zu vergiften.

Ich ging, mit Vera Janukowa. [89]

Aber all das – mit der Ausnahme des Hengstes – hat mit dem Folgenden nichts zu tun.

ST. MAWR geht als Kapitel in mein DISNEY ein.

> Ein animalisches totemistisches Epos von Lawrence. Domesticated and longing (offensichtlich still the peace par excellence) as counterpart to [Ein gezähmtes und nostalgisches [Epos], offensichtlich die Ruhe par excellence als Pendant zu] Lautréamont [90]

und seinem aktiv sadistischen animalischen Epos as opposed [im Gegensatz] zu einer passiven Schnittstelle bei Lawrence.

Á noter außerdem:

Hengst und Feuer.

Eine hochinteressante Wende der Metapher nicht nur vom Menschen zum Tier (und zurück), sondern vom Tier zum Tier, und dadurch seine merkwürdige humanisation [Vermenschlichung]:

St. Mawr springt wie ein Fisch und spreizt die Beine wie eine Eidechse. Pferde gleiten über Felder wie spielende... Schmetterlinge (Á noter: die Ehe zwischen Lou und Rico wird auch mit dem Spiel der Schmetterlinge verglichen. NB. Völlig ohne Beziehung zu und isoliert von diesem image [Bild].)

Das erinnert an Disneys UNTERWASSERZIRKUS mit seinen Tiermetamorphosen. The elephant family [Elefantenfamilie] aus der Tintenfischgruppe, ein Tigerfisch im Käfig, ein Seepferdchenrennen etc...

Und natürlich ein „Einbruch" in die andere Welt des Ursprungs, die spiralartig Kleinkinder in die Unterwassertiefen zieht.

(Cf. Alice und ihr Fall through a Rabbit hole. The White Rabbit – Dean So and So incorporated by Carroll into his person [Vgl. Alice und ihr Fallen durch das Kaninchenloch. Das weiße Kaninchen ist der Dekan Sowieso, den Carroll in diese Figur verkörpert hatte.] SLANG TODAY AND YESTERDAY [91]).

Diese Versenkung in die Welten des Ursprungs wird aus St. Mawrs Perspektive vermittelt, über unzählige Generationen der domestizierten Tiere – eine Schnittstelle zu Disneys Thema (au comique [im komischen Aspekt]) – die Vermenschlichung der Tiere (As I noticed a couple of days ago [wie ich vor einigen Tagen notiert habe]) und… die „Zähmung des Mannes" (nach Lawrence!).

Lawrence and Lautreamont as semi-tragic and tragic counterparts of Disney [als halb-tragische und tragische Analogien zu Disney]?

Natürlich sieht das gesamte opus von Lawrence so aus – animalisé [animalisiert].

Cf. ein Sammelband mit Tiergeschichten – eine unsurpassed [unübertroffene] Darstellung von Tieren.

Die Beispiele sind metaphorisch as well [ebenfalls]. So wird Donald (in WOMEN IN LOVE immer mit einem Stallion [Hengst] (in der Art von St. Mawr) verglichen, und eine Dame wunderbar mit einer Katze verbunden.

Von hier aus a side glance [ein Seitenblick] in die Richtung… Balzac (UN AMOUR DANS LE DESERT [92]), wo wir eine einfache Inszenierung der umgekehrten Metapher avant tout [vor allem] vorfinden: cf. die Beschreibung und die Vergleiche einer Tigerin mit… einer Löwin der Halbwelt (Anyhow fits in quite nicely [so oder anders: es passt hier gut rein]).

Ich muss the most striking [die beeindruckendsten] Zitate aus ST. MAWR herausschreiben.

Les voici [Hier sind sie].

Das Vampire-Thema ist faszinierend gelöst in THE LOVELY LADY [DIE REIZENDE ALTE DAME] – mit allen Zaubertricks der modernen Psychologie, „Ödipus" etc.

3. XII. 1943

Why [warum] heißt das Pferd St. Mawr? Ich weiß es nicht. Aber offensichtlich wird alles Männlich-Sinnliche bei Lawrence durch… den Mohren bestimmt. So hört in THE LOVELY LADY der Liebhaber der Tante Pauline, ein Priester-Jesuit (der Vater ihres zweiten Sohns Robert) und die Verkörperung des Männlichen, auf den Namen – Mauro:

„‚No, Robert dear, you will never be the man you father was' – flüstert zu sich selbst diese auf wundersame Weise jung gebliebene 72jährige Frau, ein Vampir, dem fesselnden Monolog durch ein Abflussrohr lauschend – ‚though you have some of his looks. He was a marvellous lover, soft as a flower yet piercing like a humming-bird. No, Robert dear, you will never know how to serve a woman as Monsignor Mauro did. *Cara, cara mia bellissima, ti ho aspetatto como l'agonizzante aspetta la morte, morte deliziosa, quasi quasi troppo deliziosa per un'anima humana* - soft as a flower, yet probing like a humming-bird. He gave himself to a woman as he gave himself to God. Mauro! Mauro! How you love me!'"

[„Nein, Robert, mein Lieber, so ein Mann wie dein Vater wirst du nie. Etwas Ähnlichkeit mit ihm hast du zwar, aber er – er war ein so herrlicher Liebhaber, zart und leichtbeschwingt und wortgewandt, wie ein Kolibri. Du aber, du wirst es nie lernen, wie man eine Frau glücklich macht. Monsignore Mauro, ja, der verstand sich darauf. *Cara, cara mia bellissima, ti ho aspetatto come l'agonizzante aspetta la morte, morte, morte deliziosa, quasi quasi troppo deliziosa per un' anima humana...* Ja, zart wie eine Blume und dabei zudringlich wie ein Kolibri. Er konnte sich einer Frau hingeben wie seinem Gott. Mauro, Mauro, wie hast du mich doch geliebt!" [93]]

(THE LOVELY LADY, TALES, p. 952)

In ST. MAWR geht es allerdings um ein Pferd (obwohl diese Parabel einen Menschen und nicht ein Tier zu ihrem Gegenstand macht. Genauer genommen, um einen Mann, wie auch im LEINWANDMESSER).

Es wäre mal interessant, beide Erzählungen miteinander zu vergleichen.

Das Interessante ist jedoch, dass bei Tolstoi das Tier auf der Stufe eines archaisch – „sinnlich unmittelbar" – denkenden Menschen steht, bei Lawrence dagegen befinden sich die Tiere jenseits der menschlichen Existenz, in der elementaren Natürlichkeit ihres Daseins.

Bei Tolstoi sind sie domestizierte Diener der Naturmoral, bei Lawrence – die Verkörperung des ursprünglichen Lebensinstinkts, einer Grundlage der höheren, übermenschlichen Moral, Potenz und Kraft, höher als alle menschlichen Glaubenslehren.

NB. Weiter cf. mit METZENGERSTEIN und Tieren bei Poe. [94]

Auch noch bemerkenswert:

...*Moor*

als *background* [Hintergrund] durchgehend übers. für elementare Leidenschaften (ENGLAND, MY ENGLAND). Hier existiert bereits eine Tradition – WUTHERING HEIGHTS von Miss Bronte. [95]

„...'By the way, Belle-Mère!' he said when they joined Mrs. Witt. - she hated being called Belle-Mère and once said 'If I'm the bell-mare, are you one of the colts?'" (p. 583).

ST. MAWR, TALES OF D. H. LAWRENCE, 1934, HORSE FIRE, p. 556-680.

[„Übrigens, Belle-Mere", sagte er, als sie etwas später mit Mrs. Witt zusammensaßen – sie hasste es, Belle-Mere genannt zu werden, und hatte einmal gesagt: „Wenn ich die Beil-Mähre bin, bist du dann eins von meinen Fohlen?" [96] Dt. Übersetzung Gerda von Uslar, zit. nach der Ausgabe: D. H. Lawrence, DER HENGST ST. MAWR. Zürich, Diogenes, 1975, S. 48.]

p. 584: „'Oh, such a hot ride!' he said, as he walked on to the lawn at Carrabach Hall. 'Between the sun and the horse, really – between two fires!'"

> [„‚Das war ein heißer Ritt!' sagte er, als er zu dem Rasenplatz vor dem Herrenhaus hinüberging. ‚Zwischen der Sonne und diesem Pferd – zwischen zwei Feuern!'" DER HENGST ST. MAWR, S. 50.]

p. 564: „She looked at the glowing bay horse that stood there with his ears back, his face averted, but attending as if he were some lightning conductor. He was a stallion. When she realized this, she became more afraid of him."

> [„Sie blickte auf den leuchtenden Braunen, der mit zurückgelegten Ohren dastand. Er hatte den Kopf abgewandt und wirkte doch so gespannt und aufnahmebereit wie ein Blitzableiter. Es war ein Hengst. Als sie es bemerkte, wurde er ihr noch unheimlicher." DER HENGST ST. MAWR, S. 18.]

p. 565-566: „But now, as if that mysterious fire of the horse's body had split some rock in her, she went home and hid herself in her room, and just cried. The wild brilliant alert ahead of St. Mawr seemed to look at her out of another world. It was as if she had had a vision, as if the walls of her own world had suddenly melted away, leaving her in a great darkness, in the midst of which the large, brilliant eyes of that horse looked at her with demonish question, while his naked ears stood up like daggers from the naked lines of his inhuman head, and his great body glowed red with power.

What was it? Almost like a god looking at her terribly out of the everlasting dark, she had felt the eyes of that horse great, glowing, fearsome eyes, arched with question, and containing a white blade of light like a threat."

> [„Aber jetzt war es, als habe das geheimnisvolle Feuer in dem Körper des Pferdes einen Felsen in ihrer Brust gesprengt. Sie ging nach Hause, schloss sich in ihr Zimmer ein und weinte. Der wilde, leuchtende, wachsame Kopf von St. Mawr schien aus einer anderen Welt auf sie herabzublicken. Es war, als habe sie eine Vision gehabt, als seien die Mauern ihrer eigenen Welt plötzlich niedergebrochen und sie läge hier in einem weiten dunklen Raum, aus dessen Mitte die großen leuchtenden Augen des Pferdes mit einem dämonisch fragenden Ausdruck auf sie gerichtet waren, während seine nackten Ohren wie Dolche über den nackten Linien seines grausamen Kopfes aufragten und sein großer Körper eine machtvolle rote Glut ausströmte.
>
> Was war das? Fast wie den Blick eines schrecklichen Gottes, der sie aus dem ewigen Dunkel ansah, hatte sie die Augen dieses Pferdes empfunden; große, glühende, furchtbare Augen, angefüllt mit einer Frage und der weißen Klinge eines Lichts, die wie eine Drohung aufblitzte." DER HENGST ST. MAWR, S. 20-21.]

p. 568: „The horse was really glorious: like a marigold, with a pure golden sheen, a shimmer of green-gold lacquer, upon a burning red-orange. There on the shoulder you saw the yellow lacquer glisten."

> [„Das Pferd war wirklich prachtvoll: wie eine Ringelblume mit einem rein goldenen Schein und einem grüngoldenen Lackschimmer auf einem brennenden Orangerot. Auf der Schulter glitzerte gelblicher Lack." DER HENGST ST. MAWR, S. 24.]

(Wenn „marigold" ein Insekt ist, dann muss das Zitat an eine andere Stelle wandern. Doch „gold" ist „fire" (Feuer), also hier lassen und noch einmal zitieren. [97])

p. 580: „But back of it all was St. Mawr, looming *like a bonfire* in the dark."

> [„Aber hinter alledem stand St. Mawr und strahlte wie ein Leuchtfeuer aus dem Dunkel herüber." DER HENGST ST. MAWR, S. 44.]

p. 556–558: Horse like other animal [Pferd wie jedes andere Tier].

p. 569: „[And] she went and laid her hand on slippery, life-smooth shoulder of the horse. He, with his strange equine head lowered, its exquisite fine lines reaching a little *snake*-like forward, and his lay a little back, was watching her sideways, from the corners of his eye. He was in a state of absolute mistrust, *like a cat* crouching to spring."

> [„Und sie trat näher und legte ihre Hand auf die glatte, lebendige Schulter des Pferdes. Es hatte seinen seltsamen Tierschädel gesenkt, dessen feine Linien wie bei einem *Schlangenkopf* scharf hervorsprangen, und beobachtete mit zurückgelegten Ohren aus einem Augenwinkel heraus Lou von der Seite. Es befand sich in einem Zustand absoluten Misstrauens, *wie eine Katze*, die sich zum Sprung duckt." DER HENGST ST. MAWR, S. 27.]

p. 570: (The old Greek horse): „With their strangely naked equine head, and *something of a snake* in their way of looking round…"

> [(Ein altgriechisches Pferd): „Mit ihren seltsamen nackten Pferdeschädeln, ihren seitlichen Blicken, die ein wenig denen einer Schlange glichen…" DER HENGST ST. MAWR, S. 27.]

(NB. Cf. Gogol, TARAS BULBA: Pferde, wie *Schlangen*…)

„Other world" [Eine andere Welt].

p. 570: „… A battle between two worlds. She realized that St. Mawr drew his hot breaths in another world from Rico's, from our world. Perhaps the Old Greek horses had lived in St. Mawr's world. And the old Greek heroes, even Hippolytus, had known it.

With their strangely naked equine head and something of a snake in their way of looking round, and lifting their sensitive, dangerous muzzles, they moved in a *prehistoric twilight*, where all things loomed phantasmagoric, *all on the plane, sudden presences suddenly jutting out of the matrix*. It was another world, an older, heavily potent world. And in this world the horse was swift and fierce and supreme, undominated and unsurpassed. 'Meet him half-way', Lewis said. But half-way across from our human world to that terrific equine twilight was not a small step. It was a step she knew, that Rico could never take. She knew it. But she was prepared to sacrifice Rico…"

[„...Es war ein Kampf zwischen zwei Welten. Ihr wurde klar, dass St. Mawr seinen heißen Atem aus einer anderen Welt sog, die nicht Ricos, nicht ihre Welt war. Vielleicht hatten die Pferde der alten Griechen in St. Mawrs Welt gelebt. Und die griechischen Heroen, auch Hippolytos, hatten sie gekannt.

Mit ihren seltsamen nackten Pferdeschädeln, ihren seitlichen Blicken, die ein wenig denen einer Schlange glichen, mit ihren sensitiven, gefährlichen, erhobenen Mäulern be wegten sie sich in einem prähistorischen Zwielicht, in dem alle Dinge *in eine Fläche gebannt* schienen, während einzelne Erscheinungen *plötzlich aus dieser Ebene hervorbrachen*. Es war eine andere Welt, eine ältere, von schwerer Kraft erfüllte Welt. Und in dieser Welt war das Pferd rasch, wild und erhaben, ungezähmt und unübertroffen. – ‚Man muss ihm auf halbem Weg entgegenkommen', hatte Lewis gesagt. Aber der halbe Weg von unserer Menschenwelt zu diesem ierschreckenden Zwielicht der Pferdewelt war kein kleiner Schritt. Es war ein Schritt, den Rico niemals tun würde. Sie wusste es. Aber sie war bereit, Rico zu opfern..." DER HENGST ST. MAWR, S. 27-28.]

p. 576: „But in his dark eyes, that looked, with its cloudy brown pupil, a cloud within a dark fire, like a *world beyond our world*, there was a dark vitality glowing, and within the fire, another sort of wisdom."

[„Doch in seinem dunklen Auge, das mit seiner wolkigen braunen Pupille – eine Wolke innerhalb eines dunklen Feuers – aussah, als lebe es in einer Welt *jenseits der unseren*, glühte eine dunkle Lebenskraft, und in dieser Glut regierte eine andere, höhere Weisheit." DER HENGST ST. MAWR, S. 37.]

p. 576: „When he reared his head and neighed from his deep chest, like deep windbells resounding, she seemed to hear the echoes of another darker, more spacious, more dangerous, more splendid *world* than ours, that was *beyond her*. And there she wanted to go".

[„Wenn er den Kopf hochwarf und aus tiefster Brust wieherte, dass es klang, als tönten Glocken im Wind, glaubte sie das Echo einer anderen Welt zu hören, einer dunkleren, größeren, gefährlicheren, herrlicheren Welt, die jenseits ihrer Reichweite lag. Dorthin wollte sie gehen." DER HENGST ST. MAWR, S. 37.]

p. 589 (Man – animal): „...He (Phoenix – servant) took the tray from her hand, and followed her to the house. And as he walked behind her (Lady Carrington) he watched the slim white nape of her neck, beneath the clustering of her bobbed hair, something as a stoat watches a rabbit he is following."

[(Mensch – Tier): „...Er (Phoenix – ein Diener) nahm ihr das Tablett aus der Hand und folgte ihr ins Haus. Und während er hinter ihr herging, sah er auf ihren schlanken weißen Hals unter der Fülle ihres lockigen Haars, beinahe wie ein Wiesel, das hinter einem Kaninchen herschleicht..." DER HENGST ST. MAWR, S. 58.]

p. 592 *(Gegenstand – animal):* (En parodiant SAMSON AND DALILA - *Mrs. Witt unsuccessful Dalila – the groom Lewis does not accept her offer – later on to marry her):*
„...Mrs. Witt, with a terrific flourish of efficiency, darted at the man's black hair, and the thick flakes fell like black snow...

Mrs. Witt stood back to survey her handiwork, holding those terrifying shears with their beaks erect...

...She clipped the back of his neck with the shears, and then, with a very slight hesitation, she said:

'Now about the beard'.

But the man rose suddenly from the chair, pulling the dust-cloth from his neck with desperation."

[SAMSON AND DALILA parodierend: *Missis Witt . eine erfolglose Dalila – Der Pferdeknecht Lewis akzeptiert nicht ihren Vorschlag – später heiratet er sie):* „Mrs. Witt, die sich mit einer schreckenerregenden Geschäftigkeit über das schwarze Haar des Mannes hermachte, so dass die dicken Flocken wie schwarzer Schnee herunterfielen...

Mrs. Witt ein paar Schritte zurück, um ihr Werk zu überprüfen, und hielt die verhängnisvolle Schere mit den Spitzen nach oben empor...

...Sie säuberte ihm den Nacken und dann, nach einem kurzen Zögern, sagte sie:

‚So, und jetzt der Bart.'

Aber da schnellte Lewis von seinem Stuhl auf und riss sich verzweifelt den Umhang ab." DER HENGST ST. MAWR, S.61-63.]

Das ist eigentlich ein SAMSON ET DALILA-Thema - mythological Variation eines Grundmotivs der Novelle. [98]

Man - animal, pp. 556-588, p. 556: „He flirted with other women still, to be sure. He wouldn't be the handsome Rico if he didn't. But she 'got' him. Oh yes! You had only to see the uneasy backward glance at her, from his big blue eyes: *just like a horse that is edging away from its master:* to know how completely he was mastered..."

[„Mann - Tier: „Selbstverständlich flirtete er noch mit anderen Frauen. Er wäre nicht der schöne Rico gewesen, wenn er es nicht getan hätte. Aber sie hatte ihn doch ‚bekommen'. O ja! Man brauchte nur die unruhigen Blicke zu sehen, die er ihr aus seinen großen blauen Augen heimlich zuwarf, genau wie ein Pferd, das von seinem Herrn fortdrängt, um zu wissen, wie völlig sie ihn in der Hand hatte..." DER HENGST ST. MAWR, S. 5.]

p. 562: „He had composed this little *tableau vivant* (NB. *His life, Rico – painter*) with great effort. He didn't want to erupt *like* some suddenly wicked *horse* - Rico was really more *like a horse than a dog*, a horse that might go nasty any moment. For the time, he was good, very good, dangerously good..."

[„Er hatte sich so große Mühe gegeben, dieses kleine tableau vivant zusammenzustellen (NB. *Sein Leben, Rico – ist ein Maler*). Er wollte nicht plötzlich losbrechen wie ein scheuendes *Pferd* –ja, eigentlich ähnelte Rico *mehr einem Pferd als einem Hund*, einem Pferd, das jeden Augenblick bösartig werden konnte. Vorläufig war er gut, sehr gut, gefährlich gut..." DER HENGST ST. MAWR, S. 15.]

p. 566: Rico: „At the middle of his eyes was a central powerlessness, that left him anxious. It used to touch her to pity, that central look of powerlessness in him. But now, since she had seen the full, dark, passionate blaze of power and of *different life in the eyes of the thwarted horse*, the anxious powerlessness of the man drove her mad..."

[Rico: „Mitten in seinen Augen war stets eine Kraftlosigkeit, die hn ängstlich machte. Sonst hatte sie immer Mitleid empfunden, wenn sie diesen Blick der Kraftlosigkeit bemerkte. Doch jetzt, nachdem sie jenes volle, dunkle, leidenschaftliche Leuchten der Kraft und *eines anderen Lebens in den Augen des unheimlichen Pferdes* gesehen hatte, brachte die ängstliche Kraftlosigkeit ihres Mannes sie zur Verzweiflung..." DER HENGST ST. MAWR, S. 22.]

p. 568: Lewis (St. Mawr's groom): „He had pale grey eyes that looked phosphorescent, and suggested the eyes of a *wild cat* peering intent from under the darkness of some bush where it lies unseen..."

[Lewis (St. Mawrs Pferdeknecht): „Er hatte blassgraue Augen, die zu leuchten schienen und an die Augen einer *Wildkatze* erinnerten, die angespannt aus dem Dunkel eines Gebüsches hervor lugt, in dem sie sich versteckt hat...", DER HENGST ST. MAWR, S. 25.]

p. 573: „ 'Don't you think mother', said Lou, 'here is something quite noble about St. Mawr? He strikes me as the first noble thing I have ever seen'.

'Certainly I've not seen any *man* that could compare with him...'

[„ ‚Findest du nicht auch, Mutter, dass St. Mawr tatsächlich etwas Adliges an sich hat?' fiel Lou ein. ‚Er kommt mir vor wie das einzige wirklich adlige Geschöpf, das ich je gesehen habe.'

‚Nun, ich habe jedenfalls noch keinen *Mann* gesehen, der sich mit ihm vergleichen könnte.'". DER HENGST ST. MAWR, S. 33.]

[Alma-Ata], 3. XII. 1942

*Disney*

Natürlich führt kein Weg an BAMBI vorbei.

„BAMBI bedeutet die Rückkehr zur erhabenen, ewigen Ekstase: BAMBIS Thema ist der Lebenszyklus *der sich wiederholenden Lebenszyklen.*

Dies ist nicht mehr das sophisticated smile [intellektuell-aufgeklärte Lächeln] des 20. Jahrhunderts über Toteme, sondern die Rückkehr zum reinen Totemismus und der Rück-Ruck in die evolutionäre pre-history [Urgeschichte].

Das vermenschlichte Reh oder genauer: ein „rückgänglich" verrehlichter Mensch.

BAMBI krönt die Studie über Disney.

Dazu kommt FANTASIA – der Versuch, „Synthetismus" durch *Synkretismus* zu realisieren.

Die Größe Disneys als Meister, der die Methode der Kunst in reinster Form anwendet.

6.XII.1945

Für ihn genauso wie beim Übergang zu Thurber [99] – Steinberg [100].

Citè d'aprés [zitieren nach] CARTOON CAVALCADE, edited by Thomas Craven [New York, Simon and Schuster 1943], page 247, 248.

„Disney's drawings are created of and for the motion picture, and no reproduction of them in the form of still life can give more than a faint idea of their beauty and vitality when seen on the screen. Because he knows this better than anyone else, he does not judge his drawings by the commonly accepted standards of art. He explained the difference to me in a few words: 'How does an artist paint a coat?' he asked. 'Well', he answered, 'that depends on the artist of course. If he is a realist he paints the texture of the cloth, shows how the folds conform to the lines of the body, and maybe, if he is a stickler for details, he paints in the buttons. If he is a Cézanne, he molds the garment to the flesh to make the body solid. But whatever kind of artist he may be, he gives you a piece of tailored cloth hung on the human figure. That's not the way we do it. We put a coat on a man and tell him to get going, and as he walks, we watch for indications of motion. The cloth will wrinkle at the elbows and under the arms, and those wrinkles are the clues. We emphasize and repeat them from drawing to drawing and weave the wrinkles together into a pattern *to create fluidity and rhythm*. Everything we do is directed towards one end – and that end is movement. That's how we draw a coat. And incidentally, *we never draw elbows or joints* – they interfere with the rhythm. *Everything is in a state of flux with us'*..."

[„Disneys Zeichnungen werden aus bewegten Bildern für bewegte Bilder gemacht, und keine statische Reproduktion wird imstande sein, auch nur eine entfernte Vorstellung ihrer Schönheit und Lebendigkeit auf der Leinwand wiederzugeben. Da Disney dies besser als jeder anderer weiß, beurteilt er seine Bilder nicht nach den üblichen Standards. Er hat mir diesen Unterschied kurz erläutert: „Wie zeichnet ein Maler einen Mantel?" fragte er und antwortete gleich selbst darauf: „ Nun ja, natürlich hängt das vom Maler ab. Ein Realist arbeitet an der Textur des Stoffes, zeigt, wie die Falten den Körperformen folgen; wenn er den Details gegenüber aufmerksam ist, wird er auch Knöpfe malen. Wenn der Maler Cézanne heißt, wird er das Gewand als Leib modellieren und als festen Körper gestalten. Doch egal zu welchem Typ der Künstler auch zählt, er wird ein genähtes Kleidungsstück darstellen, in das eine menschliche Figur gesteckt

James Thurber. MÄNNER, FRAUEN UND HUNDE
James Thurber. HAUS UND FRAU

ist. Wir gehen einen anderen Weg. Wir ziehen einen Menschen in einen Mantel und bitten ihn, ein paar Schritte zu gehen; während er läuft, beobachten wir die Zeichen der Bewegung. Der Mantel wirft Falten an den Ellenbogen und unter den Achselhöhlen, und diese Falten geben uns den Schlüssel. Wir verstärken diese Darstellung, indem wir sie von Zeichnung zu Zeichnung variieren; wir weben daraus ein einheitliches Muster, um *Fluidität* und *Rhythmus* zu schaffen. So zeichnen wir einen Mantel. Übrigens, wir zeichnen nie Ellenbogen oder Gelenke. Sie behindern [die Vermittlung des] Rhythmus'. *Bei uns befindet sich alles im Zustand des Fließens.*"]

Das A und O des „Systems" Disney.

Rückkehr in flux [fließenden] Zustand. Selbst in Details ist er „protoplasmatisch", selbst im Sujet, die *Erstarrung [des Gewebes] zu Gelenken* avoiding [vermeidend]! Auf dem Stadium des Fließens, der Bewegung bleibend!

Solchen Linien folgt auch Thurber (und noch pointierter tut es Steinberg).

Hier versucht die Grafik (in der Linienführung und in der Form) mit all ihren Mitteln, *die Statik der Zeichnung* überwindend, dieselbe fluctuation (fluidity) [Bewegung, Fluidität] wiederzugeben: wie die plasmatisch schwebenden Formen von Thurbers Figuren.

*Die fluidity von Thurbers Form geht in die Fluidität der Bedeutungen über* (Übergang: Fluidität der Gestalten, die miteinander verschmelzen: das Haus – in die Frau, HOUSE AND WOMAN, p. 348 CARNIVAL, MEN, WOMEN AND DOGS).

NB. Cf. Analogien in Kinderzeichnungen bei Werner, auf denen zwei Objekte ineinanderfließen.

6. XII. 1945

Diese Richtung nimmt auch die Literatur – bemerkenswert *dramatisch* in Gestalt von Harvey (Mary Chase [101]), es scheint, als ob die ganze Geschichte mit dem Hasen dort by the initial picture of the SEAL IN THE BEDROOM [durch das Einführungsbild aus dem Buch DIE ROBBE IM SCHLAFZIMMER] beeinflusst zu sein scheint. [102]

16. VI. 1946

*Disney*

Genügt es, wenn Lewis Carroll nur in dem Teil über das Tierepos und über distortions [Deformationen bei] erwähnt wird? (Alice's neck [Alices Hals]).

Carroll als Reaktion auf das Viktorianische England von Dodgeson – cf. die ersten Kapitel IN VICTORIA THROUGH THE LOOKING GLASS [THE LIFE OF LEWIS CARROLL] by Florence Backer Lennon [1945]. [103]

Dort ist Carroll als „fire gazer" [ein vom Anblick des Feuers angezogener Mensch] gezeichnet; er verfolgt das Feuerspiel im Kamin, wenn er, wie ein Mädchen sich erinnert, Märchen erzählt.

Von Disney zu Thurber.

Bei Thurber wird *plasmatic distortion* [plasmatische Deformation], die bei Disney im Bereich der sichtbaren Welt bleibt („Hals", cf. Alice), in die Psychologie überführt und somit verständlich gemacht.

Saul Steinberg – next step in regress. Das ist eine parodie of process [macht den nächsten Schritt in Richtung Regress. Den Prozess] *jeder* Schöpfung, bei der die Linie als Gestus *se marie* [sich vereinigt] mit dem dargestellten Gegenstand.

[Kratowo], 8. VII. 1946

Arrives LIFE (March 11, 1946) [LIFE ist eingetroffen].

Wieder ein völlig neuer Disney: MAKE MINE MUSIC. [104]

Traditionell und mittelmäßig (den Zeichnungen nach zu urteilen) ist der Teil nach Prokofiews PETER UND DER WOLF.

Genauso CASEY AT THE BAT.

Erstaunlich jedoch ist WILLIE THE WHALE.

Verblüffend ist, wie er mit zwei weiteren Amerikanern in Beziehung tritt – mit Melville (MOBY DICK) und mit... Edgar Allan Poe (DIE WASSERGRUBE UND DAS PENDEL). Und über den Ozean – mit meinem SCHRECKLICHEN (die Ermordung Wladimirs).

(Eigentlich interpretiere ich WILLIE so, über meinen IWAN gesehen.)

Das beginnt mit einem absurden, unvermittelten „Kick", der einem beim Betrachten der Seite mit den drei Bildern von Willies Auftritt „in the Met" [Metropolitan Opera] versetzt wird.

Mit demselben „Kick", der unbedingt etwas zu tun hat mit den subconcious mechanism'em [Mechanismen des Unbewussten].

Der Kick entpuppt sich sehr schnell: Hier stoßen wir bei Disney wahrscheinlich zum ersten Mal (auf jeden Fall erstmals mit dieser Deutlichkeit) auf *pränatale* Elemente, die nicht *prozessual*, sondern *gegenständlich* ausgedrückt sind.

Gewöhnlich (und hauptsächlich) spricht Disney diesen Bereich über *die Struktur* seiner Werke, über die *Verfahren* und die *formalen Elemente* an.

Zum Beispiel das plasma appeal [die Anziehungskraft des Plasmatischen] :

1. in einem *sich wandelnden Umriss* (sich dehnende Hälse und sich streckende Beine) oder
2. in sich *variierenden Arten* (Tintenfische werden im UNTERWASSERZIRKUS zu Elefanten, gestreifte Fische zu Tigern (siehe auch dasselbe, nur nicht komisch, sondern metaphorisch gemeint, bei D. H. Lawrence, wenn er zum Beispiel in ST. MAWR Pferde mit Schmetterlingen und Fischen vergleicht).

Man könnte dies das *Proteus-Element* nennen, weil der Mythos über Proteus (hinter dem sich wahrscheinlich ein besonders wandlungsfähiger Schauspieler verbirgt) oder, genauer gesagt, the appeal dieses Mythos auf der omni-potence des Plasmas beruht, das im „flüssigen" Zustand alle Möglichkeiten zukünftiger Arten und Formen beinhaltet.

Ein brillanter Beweis dafür, dass dieses für Disney so typische Mittel auch hier benutzt wird; es gehört zu den wichtigsten and most baffling [verwirrendsten]: „...Willie not only sings, but he is capable of singing in any voice range – tenor, baritone, soprano or contralto some times all of them at once."

   [Willie singt nicht schlechthin, er ist bringt es fertig, in allen Stimmlagen – Tenor, Bariton, Sopran oder Alt – zu singen, manchmal sogar in allen auf einmal.]

Die *Wichtigkeit* dieses *Proteus*-Elements, das heißt einer wandlungsfähigen Einheit, wird dadurch hervorgehoben, dass Disney – um diese phänomenale Eigenschaft darzustellen – *nicht eine Gruppe* von Sängern verschiedener Stimmen nimmt (was bei den Musikaufnahmen kein Problem wäre), sondern ihn mit einem phänomenalen Sänger, Nelson Eddy, „synchronisiert", der *allein* in allen Stimmlagen von *Sopran bis Bass* singt (ich habe solche Sänger in amerikanischen und europäischen Music-Halls selbst gehört).

„...Willie is remarkable for his many voices. All of them from soprano to bass, belong to Nelson Eddy. To sing a duet with himself, Eddy would record one part, then sing the other while the first was played back. For the 400 voice AVE MARIA Chorus especial device multiplied 100 times the quartet of Eddy, Eddy, Eddy and Eddy."

[Das Bemerkenswerte an Willie sind seine vielen Stimmen. Sie alle – vom *Sopran bis zum Bass* – gehören Nelson Eddy. Um ein Duett mit sich selbst zu singen, nahm Eddy zunächst einen Part auf und sang dann den anderen, während der erste über

Eine Szene aus Erwin Piscators
Inszenierung STURMFLUT, 1926

Semjon Jefimenkos
Bühnenbildentwurf für
BRÜLLE, CHINA!, 1926

das Play-Back-Verfahren eingespielt wurde. Um AVE MARIA mit einem Chor von 400 Stimmen zu interpretieren, multiplizierte eine spezielle Anlage 100 Mal das Quartett von Eddy, Eddy, Eddy und Eddy]

Bezeichnenderweise wird hier *die Wandlungsfähigkeit* nicht dem Tier selbst, nicht dessen Formen (*Tintenfische* werden zu Elefanten, ein *Hals* dehnt sich aus), *sondern der Stimme* verliehen; dabei bleibt die Form des Singenden unverändert.

Atem, Geist, Stimme sind Symbole der Potenz (cf. Marie Bonapartes Analyse von Edgar A. Poes PERTE D'HALEINE als die Geschichte der verlorenen Potenz [105]).

Deshalb ist das Bild der omnipotence äußerst klar!

Mehr noch – der Held selbst ist maßlos… phallisch: ein Wal!

Ein omnipotenter Wal!

Ein extrapoliertes Theater – der Film!

Und in diesem Film wird darüber hinaus ein extrapoliertes Theater auf der Leinwand präsentiert! Nicht ein real gefilmtes Theater, nicht gefilmte, real auf der Bühne spielende Theaterdarsteller, sondern ein *gemaltes* Theater!

(Das heißt, das Theater ist doppelt extrapoliert – sowohl im Bereich der Technik *als auch* in seiner Gegenständlichkeit), ein *Post-Theater* nach allen seinen Merkmalen.

Und in dieses *Post-Theater* dringt ein Phallus ein, jener Phallus, zu dessen Ehren die Prozessionen veranstaltet wurden, aus denen das Theater „als solches" geboren wurde – the legitimate theatre [das legitimierte Theater]!

Übrigens, er dringt buchstäblich ein: von der Bühne aus drängt der Wal in den Zuschauerraum (NB. „Potemkins" Fahrt auf die Kamera zu und seine in den Zuschauerraum gerichteten Kanonen! Cf. ein deutsches Theater hatte genauso – POTEMKIN folgend und in derselben Spielzeit – Geschützmündungen in den Zuschauerraum bohren lassen – in einem Bernhard-Shaw-Stück (?). Dasselbe wurde in BRÜLLE. CHINA! gemacht. [106]

Das phallische Bild des Wals als eines Urphallos' wurde erschöpfend von D. H. Lawrence im Hinblick auf MOBY DICK in seinem Buch STUDIES IN CLASSIC AMERICAN LITERATURE analysiert (Zitate siehe unten).

(Die *unmittelbare* Verwandtschaft von MOBY DICK und Lewis Carrolls THE HUNTING OF THE SNARK präzisieren – liegt hier vielleicht ein Element der Parodie vor? Oder ist es einfach ein komischer Aspekt derselben Verfolgungsjagd, die Melville tragisch gestaltet?

À noter: Snark: Snake [Schlange] + Shark [Haifisch] – eine *labile* Vorstellung vom Gegenstand, die Disney auszeichnet. Nicht vergessen, dass Alice wie ein „Fernrohr" ist – mal klappt sie zusammen, mal streckt sich ihr Hals!)

Zitate aus Lawrence, STUDIES…, Bowi 1930, pp. 214-215, 123-125, 238-239.

Disney reproduziert hier die besten Traditionen der amerikanischen bildlichen Imagination!

Unter diesem Aspekt lässt sich auch wunderbar das „Phänomen" des vielstimmigen Willie interpretieren!

Der Urphallos beinhaltet alle aus einem Stamm wachsenden Spezies einer Art – weibliche wie männliche – und die vielstimmigen Chöre aller Lebewesen (siehe Zitate oben).

Dieser Inhalt wird durch einen sekundären komischen Aspekt desselben Themas betont.

Eine Schwangere wurde auf den frühen Stufen der sozialen Entwicklung mit der Vorstellung einer sich „vollgefressenen" fest verbunden. Früher hatte man geglaubt, dass Kinder vom Essen kommen. Gargantua wurde geboren, nachdem Mme Grand Gousier („Unersättlicher Schlund") – Garganelle sich „d'un fort plat de tripes" [mit herzhaften Kutteln] vollfraß. In Zolas L'Assommoir [Der Totschläger [107]] lachen alle über die schwangere Gervaise «qui a avalé un melon» [die eine Melone verschluckt hatte]. Vergessen wir nicht, dass die frühen Entwicklungsstufen – auf dem Niveau der Zelle – noch keinen Unterschied machen zwischen diesen beiden Prozessen: Nahrung und Vermehrung.

In der mittelalterlichen Vorstellung erschien das Spermatozoid als ein Miniaturmännlein, und es wurde angenommen, dass Adams Spermien diese Männlein – in zusammenschrumpfender Progression aufeinander gesteckt wie die Stufen einer Rakete – alle zukünftigen Generationen vertreten hatten! (Das war eine bildliche und deshalb ungenaue Vorstellung dessen, was in einem einzelligen Organismus auf der Ebene der strukturellen Prozesse tatsächlich stattfindet.)

Ein walartiger Phallus mit 4 und 400 Stimmen wird sogar hier in einem richtigen vorbewussten Aspekt dargestellt.

Siehe Blakes Stich mit dem Strom der Männchen in Laurence Binyons Buch über englische Aquarelle. [108]

„...Word comes to the musical world of a singing whale. Tetti-Tatti the great impresario of the Metropolitan decides that Willie must have swallowed an opera singer. Having discovered great singers in fish markets, he hopes to find them another star in a whale. He goes after Willie with a harpoon. When he finds him, Willies serenades Tatti with a Trio from Lucia [de Lammermoor], convincing Tetti that Willie is full of singers..." („swallow", „full of").

> [„Nachrichten über einen singenden Wal drangen in die Musikwelt. Tetti-Tatti, ein berühmter Impressario der Metropolitan-Oper meint, dass Willie einen Opernsänger verschluckt hatte. Da er bereits großartige Sänger auf den Fischmärkten gefunden hatte, hofft er nun, noch einen Star im Bauch des Wals zu finden. Er jagt Willie mit einer Harpune. Bei der Begegnung begrüßt ihn Willie mit einem Trio aus Lucia [de Lammermoor] und überzeugt Tetti, dass Willies Bauch von Opernsängern vollgestopft ist..." („verschlucken, vollgestopft").] [109]

Doch Disney assoziiert ein weiteres stereotypisches amerikanisches Bild.

Das Bild von Edgar A. Poe, das am pointiertesten in DIE GRUBE UND DAS PENDEL zum Ausdruck kommt.

Willie „führt" von der Bühne in den Zuschauerraum ein, genauso wie in dieser Novelle das Pendel in die Zelle eines Gefangenen der Inquisition „hineinfährt."

Die Mechanismen dieser Bildvorstellung sind von Marie Bonaparte in ihrer zweibändigen Psychoanalyse von Edgar A. Poe aufgerollt (Titel).

Das ist Mutterleibsversenkung + Vaterleibseindringen (Zitate folgen).

Der Zeugungsakt, im Augenblick seiner Ausführung von innen wahrgenommen.

Dessen Unheimlichkeit (bei Edgar Poe).

Hier auf grotesk komische Weise gelöst.

Ein Beispiel für eine ähnliche „Betrachtung von innen aus": LE VISAGE VU DE L'INTERIEUR [Das Gesicht, von ihnen aus gesehen], ist ein Aufsatz in der Zeitschrift...VERVE № 5-6 (1939) [p. 109-110], die dem menschlichen Gesicht gewidmet war. [110]

Das Paradoxe in dieser paradoxen Fragestellung und in diesem Standpunkt ist, wie wir sehen, durchaus „logisch" (das Zitat folgt - [ich muss es] ausschreiben).

Im tragischen Aspekt löse ich dieses Bild genauso in IWAN DER SCHRECKLICHE.

Moskwin fragt mich, [111] wie die Szene der Ermordung Wladimirs in der Gesamtstimmung zu lösen sei. Wie die Kathedrale für diese Szene zu verstehen sei.

Ich beschreibe ihm das „bildlich": „ Die Kathedrale ist wie ein Mutterleib. Iwan dringt hinein, so wie der Vater die Mutter penetriert."

Genauso baue ich diese Szene im Hinblick auf Farbe und Arrangement.

Zwei *Abwehrmauern* der Opritschniki gehen auseinander, und Iwan tritt durch diesen *schmalen Kanal* ein.

Iwan im Priesterhut ist konisch-phallisch.

À noter! Von ersten Arbeitsschritten - im Spaß - figuriert bei mir Iwan in Gestalt eines... Phallus'. Jung und mächtig erigiert bei seiner Rede in der Uspenski-Kathedrale und dann durch alle Phasen bis zum schlaff gekrümmten Alten. Die gesamte Serie dieser Zeichnungen habe ich für Tscherkassow [112] gemacht und bei ihm aufbewahrt, wir nennen das „Arbeit an der Rolle".

Die Form und der groteske Karikaturcharakter (auch over emphasized [übertrieben] in der Größe!) bedeuten nichts - trotzdem ist die phallische Imagination vorhanden!

Von Wladimirs „Position" aus haben wir die Rückkehr in den Mutterleib - ein unheimliches Labyrinth des Minotaurus à l'envers [umgekehrt] - zum *Ausgang* hin, dem Ariadnes Faden folgend (!?), zum *umgekehrten Eingang*, zum Punkt *Null*: Wladimir wird getötet - auf ein Nichts reduziert.

The usual Son - Father (Oedipus) drama [das übliche Drama Vater - Sohn], das in der Mehrheit meiner Werke durchschimmert (Abraham und Issak in BESHINWIESE - that's why probably chose it and got excited about the stuff [wahrscheinlich deshalb habe ich dieses Drehbuch ausgewählt und war von dem Stoff so hingerissen]. Meine Faszination für DIE BRÜDER KARAMASOW, die ich 1942 (in Alma Ata) verfilmen wollte etc.

Eine neue Seite in „Disneys Geschichte".

In den Kriegsjahren gelangt Disney vom infantilen und vor-human Stadium zur Reife.

Seine Animationen werden zu utilitären *technischen Lehrfilmen*, die „in ihren Themen erwachsen" und fortschrittlich sind (Severskys Buch über die Luftfahrt [113]).

Disney verdient wohl Verehrung, doch für mich ist er nicht mehr interessant (NB. Das ist in Alma-Ata notiert, ich habe dort auch die Zitate herausgeschrieben).

Dann vollzieht sich ein ebensolcher Übergang zum „Erwachsenen" - zum Menschen, formal, in Spielfilmlänge und misslungen: TRES CABALLEROS [DIE DREI CABALLEROS, 1944].

Hier ist der reale dreidimensionale Mensch „im Menschenstadium" mechanisch mit überhöhten, vormenschlichen Wesen aus Disneys Repertoire mixed up [gemischt]. Trash in seiner Prinzipienlosigkeit.

FANTASIA ist ambivalent: Gut, wo das groteske musikalische Element und animated caricatures in Disneys realm [Reich] belassen werden.

Schlecht, wo es ernst und dramatisch wird. (Unter diesem Aspekt ist auch BAMBI *schlecht*. Siehe *Eine nicht gleichmütige Natur* - as to how he ought to have handled BAMBI [wie er mit BAMBI hätte verfahren sollen].)

MAKE MINE MUSIC umgeht das offensichtlich, den Absichten nach zu urteilen.

„...Walt Disney's newest full-length picture MAKE MINE MUSIC is a vaudeville show designed for those who were a little overwhelmed by his high-flown FANTASIA...

...This picture's 'stars' remain in the background only as voices (Nelson Eddy, Jerry Colonna, the Andrews Sisters), as shadows (dancers Tania Riaboushinska and David Lichine), or as tootlers (Mr. Goodman and his men). To spectators MAKE MINE MUSIC may seem either a new art form, or just a collection of good Technicolor cartoons. Not all the acts quite make the grade, but those that do have all the brilliant imagination of the wonderful Walt Disney at his best..."

> [„...Walt Disneys neueste Langmetrage MAKE MINE MUSIC ist eine Vaudeville-Show, bestimmt für jene, die über die Höhenflüge der FANTASIA bestürzt waren.
>
> Die Stars bleiben in diesem Film nur im Hintergrund - entweder als Stimmen (Nelson Eddy, Jerry Colonna, die Andrews-Schwestern) oder als Schatten (die Tänzer Tania Riabouchinska und David Lichine) oder aber als Blasinstrumente (Mr. Goodman und sein Orchester). [114] Die Zuschauer können in MAKE MINE MUSIC entweder eine neue Kunstform oder eine Sammlung guter Zeichnungen in Technicolor sehen. Nicht alle Episoden sind gelungen, doch diejenigen, die es sind, demonstrieren die brillante Phantasie des wunderbaren Walt Disney in seinen besten Qualitäten..."]

Letzteres ist keineswegs erstaunlich, da Walt den entscheidenden plunge [Schritt] in das vormenschliche Stadium macht – ein unerschöpflicher Fundus von *einzig irresistible* [unwiderstehlich] wirkungsvollen Bildern, „wonderful" und „brilliant" in ihrer „imagination".

(„Imagination" – hier sowohl als Phantasie denn auch als Bildhaftigkeit!)

Das geht, wie zu sehen war, in die eigentlichen *Gegenstände* der Bilder über!

So findet er einen Ausweg aus der „Sackgasse", in die er zu Beginn der 40er Jahre geraten war.

Was die Form der Bild-Ton-Synthese und die ihm hier zugänglichen Möglichkeiten angeht, so wird er natürlich immer im Rahmen des cartoon'artigen [trickfilmartigen] Grotesken verbleiben.

Eine tragische und dramatische Auslegung dieser Synthese ist nur in jenem Bereich möglich, in dem ich arbeite.

Hochinteressant! Sowohl er als auch ich nehmen Prokofiew.

Doch es sind *zwei verschiedene* Komponisten: Der Prokofiew von PETER UND DER WOLF (ein Teil von MAKE MINE MUSIC) und der Prokofiew von ALEXANDER NEWSKI und IWAN DER SCHRECKLICHE par excellence.

PETER UND DER WOLF vollführt in der Musik genau dasselbe, was der „richtige" Disney zwischen Musik und cartoon [Animation] erreicht: eine ironische Synthese.

Bei S. S. [Prokofiew] sind die Klangfarben der Instrumente auf komische Weise *nach abbildend-darstellerischen Gesichtspunkten lokalisiert*.

Am Anfang bringt er eine Aufzählung: die quakende Ente, die Katze, den Vogel, den Wolf und Peter.

Exactly [genau] dasselbe tut Disney mit den Zeichnungen in seinen besten Werken in bezug auf Musik: eine abstrakte Entsprechung von Ton und Bild (*die einzig mögliche,* siehe FILM SENSE [115]) wird gewaltsam in gegenständliche Formen gepresst. (Und daher wirkt sie komisch).

Wenn wir in the realm der *Strukturen* bleiben, dann finden wir *keine* illustrative *Entsprechung im Wesen* des Verlaufs von Bildern und Musik mehr.

Zum Beispiel „Ozean – Meer, blaues Meer" [116] – das Orchester als Synthese der Merkmale des Meeres.

Eine Instrumentengruppe spielt die Tiefe des Meeres,

die zweite – das Tänzeln der Sonnenkringel auf seiner Oberfläche,

eine dritte – die uferlose Weite,

eine vierte – das Blau.

(NB. Die ersten zwei Merkmale erwähnte er bei einer Orchesterprobe, die dritte, vierte und viele andere Merkmale kann man leicht heraushören!)

Platt wird es, wenn nur *ein* Merkmal angespielt wird: zum Beispiel die Abbildung der „Brandung".

Etwas ganz anderes ist es, wenn die „Brandung" als Refrain ein vielschichtiges, differenziertes Bild vom Meer à la Sergei Sergeevitch zerschneidet.

Hier haben wir die ganze Ähnlichkeit und den ganzen Unterschied of our slashes von Disney und mir auf derselben Ton-Bild-Ebene.

Dazu eine Antwort an [Georges] Sadoul, der da schreibt:

„...IVAN LE TERRIBLE d'Eisenstein... est une œuvre grandiose. L'admirable musique de Prokofief sert de fond á un contre-point d'images que traversent certaines fromes visuelles répétées comme des leitmotivs; le film est aux films ordinaires ce que l'opéra est au théâtre courant, et les recherches d'Eisenstein, par tous autres moyens et dans tous autres buts esthétiques, se trouvant rejoindre certaines préoccupations de Walt Disney dans FANTASIA..."

[„...Eisensteins IWAN DER SCHRECKLICHE ist ein grandioses Werk. Prokofiews wunderbare Musik dient als Kontrapunkt zu den Bildern, die von ganz bestimmten visuellen Formen durchdrungen sind, welche sich wie Leitmotive wiederholen; der Film setzt sich zu gewöhnlichen Filmen heute ins Verhältnis wie die Oper zum gegenwärtigen Sprechtheater, und Eisensteins Suche – mit anderen Mitteln und nach anderen ästhetischen Zielstellungen – trifft sich mit bestimmten Bestrebungen Walt Disneys in FANTASIA..." (FRANCE – URSS. Numéro spécial: LE CINÉMA SOVIETIQUE, 1er avril 1946)] [117]

Das Sujet von WILLIE, HUNTING OF THE SNARK und MOBY DICK ist im Grundmerkmal ähnlich – *the hunting* [Jagd] und der Versuch, *to capture* the Whale (the sperm-Whale! [den Wal zu fangen, den Spermwal], wie ihn die Amerikaner nennen und Melville throughout [durchgehend]!). [118]

Lawrence interpretiert dieses Thema als recapturing [Rückeroberung] der sexuellen Potenz.

Im privaten Drama von Carroll ist das sehr plausible (Yo probably tambien! [plausibel, wahrscheinlich wie auch bei mir!]). Und bei Melville tambien [ebenso]. Bei Disney ist es nicht so personal, aber in die Gegenwart [projiziert], die wie in einem Zerrspiegel eingefangen ist:

Lawrence urteilt über das Amerika von gestern aus der Sicht des Amerikas von heute.

Die einleitenden Überlegungen sind pamphletartig und Disneys Thema ähnlich.

Ein Wal wurde mit einer Harpune getötet und erlebt die Himmelfahrt – die Desexualisierung, Kastration etc.; im Grunde sind es Lawrences tragische Thesen, hier komisch dargestellt, und komisch sind sie nur, weil basic.

Im Übrigen ist es ein nicht weniger starkes indictment [Anklage] Amerikas wie in den Schriften von Lawrence.

Sehr schön natürlich ist das Paradies gestaltet, das durch „Tötung des Fleisches",
Askese und Kastration des phallischen Elements zu erreichen ist.

Die Strandung des Wals – als Verbindung zu Evolutionsphantasien. (Siehe № 1 und 2 in der Liste von Beispielen für regress-Thematik in Werken der amerikanischen Literatur.) Bezeichnenderweise lautet die Zeitungsüberschrift in WILLIE: „Melodious Mammal seen again" [Wieder ein musikalisches Säugertier gesichtet].

Aus der unendlichen Thematik des „Evolutionsmysteriums".

Regressive Tendenzen in American literature:

1. ARCHY AND MEHITABEL (Autor).
   Direkt über die Metempsychose.
   Wiedergegeben als unbroken flow [unaufhörlicher Fluss], als komischer counterpart [Analogie] zum Monolog von Mrs. Bloom in ULYSSES.
   Ohne Kapitälchen und Interpunktionszeichen – komisch motiviert dadurch, dass „Archy" – ein Kakerlaken – mit Kopf auf die Schreibmaschinentasten einschlägt und nicht im Stande ist, den Wagen zu ziehen. [119]
   Eine rhythmische Gliederung ist allerdings durch die Zeilentrennung gegeben.

2. Abenteuer von M-t'a [unleserlich], der zu... Fisch wird. Autor. Titel. Jahr. Dort eine Zeichnung: vom Fisch zum Menschen und zurück zum Fisch. Plasma further [weiter] – für alle Formen und Bedeutungen. Back-Rabbit [ein regressives ‹Carroll› Kaninchen].

3. Thurber.

4. Saul Steinberg ganz und gar regress. Die gesamte frühe „Thematik" in Formen und Sujets. Strichmännchen и etc.
   Alles Verknöcherte wird hier zum fluid [Fließenden], mit dem wie mit einem solid[120] [Festkörper] verfahren wird – man bricht es in eine Zeichnung.

5. Rückkehr zum *Physiologischen* bei Thurber.
   Arpeggio A 99 YEARS LICENSE [EINE 99-JAHRE-LIZENZ], die sich an die Oberfläche durchfrisst.

Par excellence ist das bei William Steigs About People zu finden. Duell Sloan, 1939.[121]

The indignant one [Der Entrüstete] (65).

The proud one [Der Stolze] (70).

The ceremonious one [Der Manierierte] in der reinen Gestalt (71).

The coy one [Der Schüchterne] (72).

The sly one [Der Listige] (73).

The sycophant one [Der Schmeichler] [77] etc. etc.

Auch THE LONELY ONE [DER EINSAME] – dieser Physiognomismus, der gewaltsam in ein alltägliches Bildmaterial eingeführt ist.

Man hatching a plot [Der eine Intrige Ausbrütende] (54).

Persistent thought [Ein beharrlicher Gedanke] (44).

Self satisfaction [Selbstbefriedigung] (37) etc.

Und natürlich wie immer:
Zufällig kommt Arthur Aksjonow nach Kratowo.[122]
Mit einem Stapel zufällig zusammengepackter Zeitschriften und Bücher.
Unter ihnen zufällig LIFE vom 11. März 1946 (oder war es vom 4. oder gar 18. März?).
Und ausgerechnet darin zufällig etwas über WILLIE,
und *wie* passend,
und *wie* nötig!

## [Disney und der Totemismus] [123]

Alma-Ata, 5.I.1944

*Disney und das Totem*

Mickey verkörpert plastisch das Bororo-Ideal – ist sowohl Mensch als auch – Maus!

(NB. Und stets komisch! Da diese Einheit nicht dynamisch ist.)

Alma-Ata, 2.VI.1944

Im Zusammenhang mit Disney – über das Selbstporträt in my scheme [meinem Schema folgend].

Gut in my scheme ist das Bild der ursprünglichen Entzweiung der Tendenzen – *Selbst*verkörperung und die Verkörperung der objektiven Welt. In *jedem* Werk...

Wenn Zolas Formel „une réalité vue à travers un tempérament" [Wirklichkeit, durch das Temperament gesehen] the top [die Spitze bildet], so existiert es „unten" getrennt – réalité und temperament; „ich" in der peruanischen Plastik – auf den Vasen – und auf griechischen Vasen. Hier ist die Vase – selbstbildnerisch, die Zeichnung darauf ist objektiv-darstellend.

Die „Vase als Tatsache" ist noch nicht in das Abbild der Realität gegossen.

On existe côte à côte [Sie existieren nebeneinander].

In der „Literatur" besteht dieses Stadium im kollektiven „Mit*heulen*" – einer Vorstufe des „Nach*gesangs*", d. h. einer emotionalen Intonation, die jenseits der Erzählung angesiedelt ist – im Rudiment des zukünftigen Refrains (am Ende oder am Anfang).

Alle diese „hoj da, lado", „lariri" usw. sind natürlich dasselbe wie der Topf unter der Figur in der Plastik der Peruaner.

Daraus wächst dann der Refrain.

Und dann kommt die Intonation – d. h. ein individuell-emotionales Element plunges into the tale [taucht in die Erzählung ein]. Eine Komposition mit Refrain, z. B. ST. NICOLAS von Yvette Guilbert – eine „objektive" Erzählung im Couplet und ein sich scharf ändernder Kommentar bei der Interpretation des Refrains. Das wirkt so großartig, so... unsterblich, denn es ist die rekonstruierte *Geschichte* des Werdens ihrer späteren, uns ebenbürtiger Formen – einer Etappe dieser Geschichte!

Hier liegt eine der tiefsten, primär psychologischen Anziehungen besides pure ритмикал [rhythmical] pleasure [neben dem rein rhythmischen Genuss] und der Einheit in der Vielfalt des Refrains (Great [Großartig]!).

Das gilt auch für Mickey als Selbstportrait Disneys, in dem die gestische Selbstverkörperung (as base [als Basis] jeder Verkörperung) auch gestalterisch-körperlich verarbeitet wird! (And that's why funny [und deshalb so komisch ist]). Die *Selbst-Verkörperung im Tier*, d. h. die ganze Kette der Inkarnationen von Jupiter bis Kipling (MOWGLY) [wird wiederbelebt].

Emphasize the importance of the fact that Mickey is a self portrait of Disney [Die Bedeutung der Tatsache, dass Mickey ein Selbstportrait Disneys ist!].

Hierher auch *Digression* o *self-portraiture* [eine Abschweifung über das Selbstportrait] als erste *Etappe der Verkörperung einer objektiven Welt, die noch nicht von der subjektiven Welt getrennt* ist – pottery primitive [archaische Keramik]. An den Griechen und Peruanern zeigen, dass bei ihnen *gegen Ende* alles bereits *getrennt* dargestellt ist: das Subjektive (le pot [der Topf]) und das Objektive (the drawn or plastic fugures upon the pot [die darauf gemalten und geformten Figuren]), und deshalb von einer derartig hohen Objektivität durchdrängt (Peru).

2. VI. 1944

Disney und [DIE] ALTNORDISCHE KUNST. [124]

Disneys Film über Moskitos. Die Moskitos sind die ganze Zeit über als *Schwarm* dargestellt, als vereinter kollektiver Körper.

Am Ende knäulen sie sich zu einem schwarzen Fleck mit einem Umriss in der Form eines einzelnen kleinen Moskitos, d. h. sie werden zu einem großen Moskito!!! [125]

Das hat eine feine Vorstadie in der ALTNORDISCHEN KUNST, Scheltema, Seite 193.

[„...dieses Ziel ‹konnte› in eigenartiger Weise erreicht werden durch die ‚ornamentalen Tierscherze', wie Salin sie nennt, wobei z. B. zwei in Profilstellung gegebene Tiere derart zusammengelegt werden, dass sie zusammen ein in Oberansicht dargestelltes Tier oder einen großen Tierkopf darstellen, dessen Augen durch die birnenförmigen Schenkel gebildet werden. Ohne Salins Analyse würde man kaum erkennen, dass der Kopf (Abb. 40) aus zwei Tiergestalten zusammengesetzt ist, von denen eine noch einmal in schematischer Zeichnung abgebildet ist: wir erkennen das gleiche Tier mit dem stark stilisierten ‚Greifkopf' wie in Abb. 39, den, nachher als Auge verwendeten, Schenkel mit Kreis und den Fuß mit drei langausgezogenen Zehen. Die beiden isolierten Gestalten verschmelzen zu einem einzigen, symmetrisch gebauten Gesamtorganismus."]

„Ornamentale Tierscherze" (eine von Salin gegebene Bezeichnung). [126]

Das wiederholt sich an der Schwelle zur Renaissance – [bei] Dante im PARADIES formen die Seelen der Zaren (?) die Konturen eines Adlers. [127]

In einer japanischen Karikatur erscheint ein gewaltiger Katzenkopf, der aus Katzen besteht. Ein Menschenkopf – aus Männlein etc.

Hierher das Portrait von Nik. Nik., dem Obersten Befehlshaber von 1914,[128] das sich aus den Gesichtern... deutscher Generäle zusammensetzt.

Raymond Bishop: JOB, 1933

Der Kopf Satans aus Frauenleibern. Ein amerikanischer Job, der aus winzigen Menschenkörpern zusammengelegt wird etc. [129]

Urge [Impuls] – bedeutet, offenbar, „die Rekonstruktion" der Zellenförmigkeit – Zellen eines lebendigen Organismus – an der unteren Schwelle und... des sozialen Organismus an der oberen. (Nation als Körper und Zar – Führer als [Umriss], der die Nation in sich aufnimmt.)

Nationen, die durch *eine* Person dargestellt werden: John Bull für England, Onkel Sam für die USA (ein historischer Kommentar zu Onkel Sam geben, habe das irgendwo: U. S. - Uncle Sam [130]).

Russland auf dem Logo der Singer GmbH. [131]

Interessant, dass Nationen auch noch ihr Totem haben: der britische Löwe, der französische Hahn, der russische Bär.

Scheltema, S. 193.

1. Von der Tierform in die pflanzlich-lianenartige - de rhythme pure [ein reiner Rhythmus].

   Vgl. auch Kretschmer und die Rückkehr in die Pflanze. [132]

2. Übergang des Tierischen [in] das Ornamentale. Danse macabre. [133] Das Gericht in WHO KILLED COCK ROBIN. [134] Ein Tiger. Katzen irgendwo.

   Und überhaupt, der Sprung in „das Ornamentale in der Form - das Tierische im Inhalt."

   In all diesem Aufeinenanderreihen des Gleichen.

16.I.1944

Das Ornamentale in seinem „rhythmisch-refrainartigen" Element.

Vorstufe „reminiscence" [Erinnerung] an das *Pflanzliche*.

Cf. Scheltema S. 187.

> [„Übergang zum späteren Stil. Organisation der tierischen Form. Bandformung und Bandverschlingung. Was dieser nordischen Kunst daran gelegen sein könnte, nach der restlosen Zerstörung der unbrauchbaren naturalistischen antiken Tiergestalt diese wieder von neuem herzustellen, wäre unerfindlich. In Wirklichkeit handelt es sich denn auch keineswegs um das Wiederaufleben der alten, abgebauten Tiergestalten, sondern, wie zu vermuten, um die altbekannte organische Zusammenfassung der isolierten Elemente, d. h. der Tierfragmente aus der ersten Stilphase zu höher gegliederten ornamentalen Organismen. Dass dabei die Tiergestalt zu vermehrter Geltung gelangen musste oder konnte,

ist klar [...] Bei näherer Betrachtung dieses Tierornaments [...] zeigt sich nun [...] nicht mehr ein stückweises Nebeneinanderlegen der einzelnen, kurz abgehackten Tierfragmente, sondern die Bildung länglicher, bandförmiger Körper, die sogar das Bestreben haben, sich jenseits der oft wiederholten Unterbrechung durch andere Bandkörper fortzusetzen, d. h. sich zu verflechten."]

Diese Elemente historisch entwicklerisch.

Disney und

1) ALTNORDISCHE KUNST.
2) Film und ALTNORDISCHE KUNST.

Plasmatische Hälse bei Disney (Alice - Japs - Trier).

Eine direkte Verkörperung im Prozess der Bewegung dessen, was das statische Abbild eines Tiers in der *zweiten* Phase nach Scheltema (S. 188) erlebt.

Schlangenartiges, in ein Band ausgedehntes Tier, S. 189-192.

[S. 187: „In einer Beziehung ist uns aber die Bezeichnung ‚Schlangenornament' von Bedeutung, denn sie zeigt, dass wir hier zum dritten mal in der altnordischen Kunstentwicklung der Bandformung als Symptom der zweiten Stilphase begegnen: in der Steinzeit handelte es sich um die tote, mechanische Form des Zickzackbandes, in der Bronzezeit um das vegetabilisch belebte Wellenband, jetzt um das animalisch belebte ‚Schlangenornament'."

S. 189: „Mit diesem neuen, willkürlich verlängerten und stark S-förmig gekrümmten Körper konnte man nach Belieben jede Fläche überziehen. In ihm liegt der Hauptakzent der Bewegung, die nun aber von den anderen Körperteilen zum Teil aufgenommen, zum Teil auch durchkreuzt und durch Kontrastwirkung betont wird, wobei sich zugleich die Möglichkeit ergab, die übriggebliebene Grundfläche auszufüllen. [...] Hier bekommt nun in der Tat das morphologische Detail stilistische Bedeutung, und so ist es zu erklären, dass diese Köpfe der zweiten Stilphase mit dem stark betonten Auge, der nach vorne gerichteten Augenleiste und dem stark verlängerten, geöffneten und V-förmig geschwungenen Schnabel zu einem ganz besonderen, immer wiederkehrenden Typus gehören: in ihnen soll die Bewegung ausklingen und das Zielstrebende, der Sinn dieser Bewegung betont werden."

S. 190: „...das sechste Jahrhundert löst aber, wie wir gesehen, das Flechtband auf, wie es die Tier- und Menschengestalt, die Pflanzenranke und den Pflanzenwirbel in einzelne Teile auflöste. Erst in der zweiten Entwicklungsphase der nordischen Tierornamentik tritt die Formverflechtung und Formverschlingung als geistiges Besitztum der nordischen Kunst auf, und zwar, wie die Entwicklung zeigt, als völlig selbständige Errungenschaft. Denn die ersten Keime dieser Verflechtung liegen nicht etwa in den aufgelösten Flechtbandformen der ersten Stilphase, sondern in der einfachen Schlingenbildung z. B. der Tiermäuler jener früheren Zeit. In der zweiten Phase wird die dreidimensionale Verschlingung aber zum Prinzip erhoben. Es könnte scheinen, dass das Streben nach durchgehenden Linien und nach einer plötzlich veränderlichen, heftigen Bewegung zwangsläufig zu dieser Verwicklung der Formen führen musste. In dem Fall hätte man diese aber doch möglichst vermieden, während ein Blick auf die Kunst der zweiten Phase lehrt, dass man in solchen Verschlingungen geradezu schwelgte. In der Tat handelt es sich denn auch um ein höchst willkommenes, positiv künstlerisches Mittel, nicht nur um die Teile des einzelnen Tieres und, wie wir sehen werden, der Tiergestalten unter sich zu ‚verflechten' und damit wieder jedes Für-sich-Sein aufzuheben, sondern auch um die Grundfläche und damit die materielle Körperfläche des Trägers in einer ganz neuen, und ich möchte sagen geistvolleren, Weise zu verneinen, als es bei der einfachen Ausfüllung mit Ornament oder der kerb-schnittartigen Austiefung des Grundes geschah. Denn durch das wiederholte scheinbare Verschwinden der Form hinter der Fläche und ihr Wiederauftauchen in einiger Entfernung wurde die Illusion geweckt, als hätten wir es mit räumlichen Gebilden zu tun, nicht nur mit einem Nebeneinander, sondern auch in einem Hintereinander von Formen, d. h. mit einer Dreidimensionalität..."]

Und das ist ein plasmatisch-lianenartiger urge.

15.I.1944

NB. Fishes [Fische]! Cf. Ferenczi. [135]

Tintenfische: Most plasmatic [am meisten plasmatisch].

DER UNTERWASSERZIRKUS.

Ein Tiger – wie ein Goldfisch.

↓

Lawrence.

↓

Pferde wie Schmetterlinge.

St. Mawr als Fisch.

↓

Grandville – nicht fusion, sondern Zusammenkleben – Doppeltiere.

↓

DIE INSEL DES [DR.] MOREAU, Wells. [136]

↓

Das Ornament der Merowinger – *eine Montage* aus Teilen der Tiere. [137]

Ein im Ornament stilisiertes Tier ist in die plastische Form der Pflanze durch seine Form zurückversetzt.

15.I.1944

Grandville. UN AUTRE MONDE

Die Strichzeichnung [bringt] im Ergebnis: Regress-üben (wie im Logarithmus: Multiplikation → Addition).

*Die Dreidimensionaliät des Tiers, der Naturraum* – [deutet] *eine Richtung* [an], aber auch eine Prozessualität: von einer flachen tierischen Form – in die *lianenartige* Linie der pflanzlich knochenlosen und – in den *Strich* der see-weed Firmity [algenartigen Festigkeit] der Pflanzen, die das Wasser verlassen hatten und Festigkeit erlangten. *Die Flucht der Linien* – [kommt von] Algen.

Das zerhackte Tier der ersten Periode, wieder erlebend in den Karikatur[en] Grandvilles.

Grandvilles Tier-Menschen als Vorgänger Disney's.[138]

Tierverschmelzung: Disney, Zirkus, Lawrence, ST. MAWR, das Pferd als Schmetterling.

Scheltema, Seite 187 ff.

Tierzusammensetzung.

Grandville AUTRE MONDE, planche entre p. 104-105, 116-117.[139]

[LES] DOUBLIVORES, p. 112 (zweiköpfige Tiere).

Disney et Grandville. Binyon [FLIGHT OF THE DRAGON?], p. 120.[140]

A l'envers [umgekehrt]:

LES OMBRES FRANÇAISES, p. 176.[141]

After exposing all the facts note [nach der Darstellung der Fakten anmerken]:

Es geht nicht (nur) um Disneys Reproduktion der früheren Formen (p[ar] ex[ample] Dehnung) der Kultur (oder der Felsenzeichnung), sondern darum, dass er vor *the fore-cultural urge* [einem der Kultur vorausgehenden Trieb] strotzt, der immer jeder Epoche *underlies* [zugrundeliegt]: plasmatic, physioplastics, animism, totemism.

Dokument - Film.

(Die Linke Front - Fakt.[142])

Eine eidetische Periode.

Fels - Physio - Kunst (Revival of that) [deren Wiedergeburt].

Warum muss man in DISNEY Scheltema[s] ALTNORDISCHE KUNST zitieren?

Weil hier – *ein nicht komischer* Disney [zu finden ist].

*Alle* Disneyschen Elemente und Tendenzen [sind da], aber diesen dynamischen abstrahierten Tendenzen wird *kein* komischer Zwang – die gegenständliche Abbildhaftigkeit – oktroyiert (very important!).

Auch deshalb, weil Film as such [als solcher] – und besonders seine Entwicklung – in Gänze *eine* prähistorische (nordische) Tendenz wiederholt, und in diesem Sinne wiederholt er *jedes* prähistorisches Stadium der Kunst.

Eine montageartige Fragmentierung – Brechung des Ganzen – willkürliches Zusammensetzen – the Urge of it [der Drang danach] und die Begeisterung darüber (meine Exzesse).

Clash [Zusammenstoß]: Eisenstein und Pudowkin. Japanese Film. [143]

Das Fließen aus einem Stück in das nächste (Pudowkin) as opposed to my clash theory [im Gegensatz zu meiner Theorie des Konflikts].

The panning camera [eine schwenkende Kamera] und Band-Tendenz.

Interessant [ist] Dreyers cloisonné (Zwischentiteleinrahmung – gros plan – Zwischentiteleinrahmung). [144] Unreine Einführung eines anderen Elements in Massenszenen – St. Joans Hinrichtung – meine Meinung über Joan in La Sarraz 1929 [145]). Hat ein Gegenstück, Scheltema S. 206, der „Dritte Stil".

> [„Das flächenbedeckende Muster aus den Tierfragmenten der ersten Phase erkannte die gegebene Fläche an, indem es sie ausfüllte, es fügte sich nach ihren Grenzen und betonte in der streng symmetrischen Komposition den Bau des Trägers. Das Tiefornament der zweiten Phase bildet sogar aus sich heraus eine Formgruppe, das geometrische Riemselwerk, das den strengeren ornamentalen Dienst gewissenhaft erfüllte. Die besprochenen Kompositionsformen und namentlich der Tierwirbel bedeuten wohl die höchste Steigerung individuellen Lebens unter frei gewollter Anpassung an die gegebene Grundfläche. Dagegen sind die umrahmten „Tafeln" der dritten Entwicklungsphase ein vollständiges Novum in der Geschichte der nordisch-ornamentalen Kunst. Es sind keineswegs höher geartete Grundformen, die von neuem gruppiert werden und eine neue Beziehung zum Träger eingehen, sondern ganze, aus der älteren Tierornamentik entnommene Formkomplexe, deren Wiedervereinigung keinen Sinn mehr hätte, denen aber durch die isolierende Umrahmung ein neuer Wert beigemessen wird, der gar nicht vorhanden ist."]

17.I.1944

Disney. Last objects on the subject [letzte Fakten zum Thema].

THE DISNEY STUDIO AT WAR by Thornton Delehanty, [146] THEATRE ARTS, January 1943 [volume XXII, no 1, pp.31–39, p. 38].

„...Disney's association with governmental agencies began with the South American trip, launched under the auspices of Nelson Rockefeller's group...

One of the major results of the South American venture came about by chance. Until this trip, Disney was not what could be called a travelled man... South America afforded him his first panoramic glimpse of air travel... Disney was enchanted with this new world of flying... The result was that by the time Disney had returned to the United States, having covered some 20,000 miles by air, he was extravagantly air-minded.

Back at his studio, and with the South American pictures well under way (SALUDO AMIGOS), Disney got to thinking about the possibilities of a film on aviation. It was to be a sort of pictorial survey, sketching not only the background of airplane development but its present uses in war and peace and its future possibilities...

...It was at a time when Disney was casting around for an aviation expert to act as technical adviser that Major Seversky's Victory through Air Power was published. Disney read it and was impressed. Seversky was the man he wanted... Disney is careful to point out that Victory through Air Power is not intended to be a fantastic concept of aerial locomotion... Disney hopes through his picture to point on to the responsibilities as well as the opportunities which will fall on man *when he is truly freed from the earth*..." ‹1›

["Disneys Studio im Krieg"

„...Disneys Kontakte zu Regierungsbehörden begannen mit seiner Reise nach Südamerika, die unter der Schirmherrschaft der Nelson Rockefeller Group organisiert wurde...

Eine der wichtigsten Folgen dieses südamerikanischen Abenteuers kam durch einen reinen Zufall zustande. Davor konnte Disney kaum als erfahrener Reisender gelten. Doch bei dem Trip nach Südamerika erlebte er zum ersten Mal eine Panoramasicht aus der Luft. Von der neuen Welt des Fliegens war Disney begeistert... Nach der Rückkehr in die USA hatte er 20.000 Meilen zurückgelegt und wurde zum begeisterten Anhänger des Fliegens.

Während im Studio die Produktion der südamerikanischen Filme auf Hochtouren lief (Saludo Amigos [147]), erwog Disney die Möglichkeiten eines Films über die Luftfahrt. Es wollte nicht nur die Geschichte der Aeronautik darstellen, sondern auch das Bild ihrer gegenwärtigen und der zukünftige Nutzung für militärische und zivile Zwecke vermitteln...

...Während Disney einen technischen Experten für den Film suchte, kam das Buch von Major Seversky Entscheidung durch Luftmacht heraus. [148] Disney las es und war sehr beeindruckt. Seversky war genau der Mann, den er wollte. Disney betont, dass [seine Verfilmung von] Sieg in der Luft nicht als eine Fantasie über Luftfahrt konzipiert war... Er hofft, mit seinem Film auf Verantwortung und Möglichkeiten hinzuweisen, die sich dem Menschen eröffnen, wenn er sich tatsächlich von der Erde befreit..." ‹1›]

Scheltema, Altnordische Kunst, 1923, Seite...

[Zitat] „...Victory through Air Power belongs in the category of those Disney films made solely for the public and for profit ‹Also: through *inner urge*›.

It is propaganda only insofar as it visualizes its author's ideas. In this respect it marks a *radical departure from the purely escapist* fare of the pre-war period. It would not surprise those close to Disney if it marked *the end of such pictures as* Snow White and Bambi. Disney is concerned now with *social ideas*, and he is applying to their visualization the extraordinarily apt technique which he and his associates have developed in his win-the-war films." ‹2› [pp. 31-32] „Studio production records show that Disney is now devoting virtually ninety percent of the plant's output to films for the Navy, Army and such other Governmental agencies as the Department of Agriculture, the Treasury Department and the Coordinator of Inter-American Affairs...

...The war effort program at Disney's falls into two classifications, one under outside contract and the other in routine production. Disney on his own is making pictures highly tinged with the war. The most ambitious of these is his animated version of Seversky's VICTORY THROUGH AIR POWER."

[„...DER SIEG IN DER LUFT gehört zu jenen Filmen Disneys, die ausschließlich für das Publikum und aus Profitgründen produziert wurden ‹SME: Aber auch aus innerer Notwendigkeit›.

Dieser Film ist nur in dem Maße propagandistisch, in dem er die Autorenideen bebildert. In diesem Sinn markiert er einen radikalen Abschied *von den rein eskapistischen Produktionen* der Vorkriegszeit. Die Disney nahestehenden Menschen würden sich nicht wundern, wenn dieser Film *das Ende solcher Arbeiten wie* SCHNEEWITTCHEN und BAMBY bedeuten würde. Jetzt bemüht sich Disney um *soziale Ideen*, und er wendet für ihre Visualisierung dieselbe angebrachte außergewöhnliche Technik an, die er und seine Mitarbeiter für die Kriegsfilme über den Sieg entwickelt hatten..." ‹2›

„Nach Studioangaben widmet jetzt Disney fast 90% seiner Produktion den Filmen für die Kriegsflotte, die Armee und für Regierungsbehörden wie das Landwirtschaftsministerium, das Finanzministerium und die Verwaltung der Süd- und Nord-Amerikanischen Angelegenheiten...

...Der Beitrag des Disney-Studios zum Mobilisierungsprogramm wird auf zweierlei Art realisiert: die eine besteht aus Auftragsfilmen, die andere schreibt sich in die laufenden Produktionen ein. Jene Filme, die Disney für sich dreht, sind genauso stark vom Krieg gefärbt. Der ambitionierteste unter ihnen ist seine Verfilmung von Severskys ENTSCHEIDUNG DURCH LUFTMACHT als Trickfilm"]

Also Übergangsthema - aviation.

1) Luftfahrt-Komplex
2) Vorbild wie ein fundamentaler urge den Übergang von Kunst zu Technik aus wirkt und die ganze Schar der Exempel hierzu!

Daneben - rein konstruktive Überlegungen, d. h. die Technik[-geschichte] *shortly* [in Kurzform].

[p. 32] „...In the war bracket the Navy is Disney's biggest customer. The studio is working on an elaborate series of pictures aimed to instruct ‹ganz und gar technisch angewandtes› fliers in the problem of fog, wind currents, ice formations and other barometric hazards. It will be produced under the general title of AEROLOGY and was made at the suggestion of Admiral John H. Towers, at the time chief of the Naval

Bureau of Aeronautics in Washington. It... will be invaluable not only for combat fliers but for commercial and civilian pilots after the war..." ‹3›

[p. 32-33] „...Food Will Win the War was made at the behest of the Department of Agriculture. This is a one-reel subject, vividly portraying the tremendous importance of food in nourishing the cause of the democracies. It was made under the supervision of the Department and is aimed to accomplish two purposes: to advise the friendly nations of the greatness of our agricultural resources and to impress American farmers with the necessity for increased crop production in order to carry out the provisory of the Lend Lease Act...

Disney's efforts on behalf of the Treasury Department originated when Secretary Morgenthau requested aid in placating the country on the payment of the income tax. Disney's response was The New Spirit, which was subsequently seen by 26,000,000 people, 37 percent of whom in a Gallup Poll admitted that the film had a direct effect on their willingness to pay their taxes. Negotiations have already begun between the studio and the Treasury for another such picture for 1943 consumption...

...Under the Office of the Coordinator for Inter-American Affairs, which sponsored the tour last year of Disney and a group of his artists..., the Studio is preparing a series of short subjects, largely educational, to acquaint South Americans with various problems and products of North America, mainly agricultural. There is also a series on such menaces to public health as the housefly, the mosquito, the hookworm, and polluted water, supervised by experts in tropical medicine..." ‹4›

[„...In Kriegszeiten ist die Kriegsflotte Disneys bester Kunde. Das Studio arbeitet an einer Serie von Lehrfilmen, die Flieger detailliert mit solchen Problemen vertraut machen ‹SME: ganz und gar technisch angewandtes› wie Nebel, Luftströme, Eisbildung und andere barometrische Gefahren. Sie wird unter der Gesamtbezeichnung Aerologie nach der Anweisungen des Admirals John H. Towers produziert, des ehemaligen Chefs von Washingtons Verwaltung des See-Luft-Wesens. Die Filme werden wertvoll nicht nur für Militärflieger, sondern auch für Piloten der Handels- und Zivilliftfahrt nach dem Krieg..." ‹3›

„...Der Film Brot wird den Krieg gewinnen wurde auf Geheiß des Landwirtschaftsministeriums hergestellt. Das Sujet, eine Filmrolle lang, demonstriert lebhaft die enorme Wichtigkeit von Lebensmitteln bei der Unterstützung der Demokratie. Der Film entstand unter der Aufsicht des Ministeriums und diente zwei Zielen: den befreundeten Nationen die Größe unserer landwirtschaftlichen Ressourcen zu demonstrieren und amerikanische Farmer von der Notwendigkeit zu überzeugen, den Ernteertrag zu steigern, um die Bedingungen des Pachtgesetzes zu erfüllen...

Disneys Arbeit im Auftrag des Finanzministeriums begann, als Minister Morgenthau[149] das Studio um Hilfe bat, das Land zu überzeugen, Einkommensteuern zu zahlen. Disney antwortete mit Dem neuen Geist, den später 26.000.000 Menschen gesehen hatten: 37% davon gaben im Gallup-Bericht zu, dass der Film ihre Bereitschaft, Steuern zu zahlen, direkt beeinflusst hatte. Verhandlungen zwischen Studio und Ministerium über die Produktion eines ähnlichen Films für 1943 hatten bereits begonnen...

...Unter der Leitung der Verwaltung für Süd- und Nordamerikanische Beziehungen, die die Reise Disneys und seiner Künstler finanziert hatte, bereitet das Studio jetzt eine Serie kurzer Lehrfilme vor, um die Südamerikaner mit verschiedenen Problemen vertraut zu machen und ihnen die landwirtschaftlichen Produkte des Nordamerikas vorzustellen. Unter der Kontrolle von Spezialisten in Sachen Tropenmedizin wird eine andere Serie gedreht – über jene Gefahren, die Fliegen, Moskitos, Bandwürme und das verschmutze Wasser für die Volksgesundheit darstellen..." ‹4›]

Also... Disney klinkt sich in den nächsten Zyklus der Entwicklung ein – den Übergang aus der zauberhaften, sinnlichen, eigenartigen, unwiederholbaren Welt in den Bereich der angewandten, dienenden Kunst.

Er wiederholt die „Kreise" der Kunstgeschichte und [die] primäre Umwandlung...

Interessanterweise vollzieht sich der Übergang von der poetisch ernsten Luftfahrt – als Verkörperung des eigenen urge [Triebs] – VICTORY THROUGH AIR POWER (1,2) – zum technischen Film AEROLOGY (3) („When man is truly freed from the earth"). Und dann kommt es zu allen möglichen Lehrfilmen (und einem Staatsauftrag aus Washington) (4).

Übergang zu social ideas (2).

Damit kann anschaulich illustriert werden, dass der technische Erfindungsgeist einen sinnlichen prälogischen Ursprung hat (ein technischer Lehrfilm in Disneys Schaffen ist einer Entdeckung auf technischem Gebiet adäquat). In diesem Fall besonders interessant – intra uteraler Schwebezustand als solcher und Freiheit vom Gewicht („truly free from the earth")

Bei Disney besonders elegant, denn [es gibt] sowohl Severskys *Poem* als auch einen *Lehrfilm* AEROLOGIE.

Transition [der Übergang] vom Zauber des Regresses in die bildliche Imagination – und zum Ernst des technischen Fortschritts (a deep, deep sigh [tief Aufatmen]) and „the end of such pictures as SNOW WHITE and BAMBI" mark the element of the essay on Disney and the interest in him." [„dieser Film bedeutet *das Ende solcher Arbeiten wie* SCHNEEWITTCHEN *und* BAMBY" und des Interesses an Disney]... Womöglich wird er das Idiogramm zum Bildlichen zurückführen. My experience with the OCTOBER Gods [meine Erfahrung mit Göttern in OKTOBER [150]].

Interessant, dass der latente urge zum Schweben und zur Gewichtsbefreiung – durch den starken unmittelbaren Eindruck des Fluges im Flugzeug eingeschaltet wird: die Bestätigung des schlummernden urge.

Hier klingt sich das Thema der technischen Erfindung ein (Übergang zur höchsten Form der Kreation – dem sozialen Schaffen) beides en passant... with reference [mit Verweis] auf ein Kapitel aus der METHODE und irgendeiner kommenden Arbeit.

Über Luftfahrt selbst ausführlich.

Refutation of [Widerlegung von] Freud: das Fallen und Fliegen im Traume als ungesättigte Sexualität.

Nein! Als Intra-Uterine Tendenz - urge, welche im Sexualakt beseitigt wird, also Streben nach Intra-Uterus und Sex nur als Mittel (billigstes!!), dieses zu erreichen.

1) Malraux und Luftfahrt. [151]
2) Leonardo, Böcklin, Tatlin in der Technik, bei allen drei shift [Verschiebung] vom künstlerischen Schaffen [zur Erfindung]. [152]
3) In der Malerei Schwebefiguren Michel Angelo's, Rodin's Zeichnungen (und alles mögliche in der Skulptur gemachte - Bauhaus schwebende hängende Plastik). Schwebecharakteristik in meinen Zeichnungen.
4) Elevation bei der Ekstase. The Saint feels. Tells [Ein Heiliger spürt. Erzählt weiter]. Die Nachfolger verstehen das *buchstäblich*, und nicht als Gefühlsbezeichnung oder Redensart -Himmelfahrt Christi. Oder der Gottesmutter. Mein Wunder bei Ste Thérèse de Lisieux[153]:

Als unser Kraftstoff zu Ende ging, „neigte" sich die Straße, „bog nach unten" und wir rollten zur Tankstelle; so erreichten wir die heilige Stätte. Natürlich - ontogenetisch und phi[y]logenetisch Vorstadie der Schwimmtiere vor seinem Heranmüssen von wegen des Eintrocknen der Seen.

Die Geburt der geschlossenen Form auf der Fläche aus einer Linie.

Scheltema, S. ...

Das „Rokoko" der prähistorischen Kunst - dynamische Linien, in die das Tier (die Abbildung des Tiers) zerfiel; sie verlaufen sich auf der Fläche so, dass ihr Zusammenhalt verloren ist und „tote Räume" dazwischen in den Vordergrund preschen.

Dann erreicht ihre Eigenständigkeit die Stufe von cloisonné und eingefügten Platten mit Bildern.

Bezeichnend: der Mythos von der Ochsenhaut und dem Boden, der von dieser Ochsenhaut bedeckt ist, reproduziert das ebenfalls.

Das Tier - seine Form - die Haut - wird in Bänder zerschnitten (Band - Tendenzphase - „der zweite Stil" der Eisenzeit, Scheltema).

Das Bacchanal der Bänder - ein Stück Erde wird von ihnen umfasst, und es entsteht ein neuer valeur [Wert]: des durch den Band abgegrenzten Bodens (vom Tier zur Erde!)

Interessant: mein Ditto in Bezug auf das Szenenbild im Film - „wichtig ist nicht das, wie viel gebaut wird, sondern das, wie viel Raum durch die Bauelemente erfasst (eingenommen) wird."

Hier wird ein bereits bekanntes Phänomen des Umgangs mit der Fläche reproduziert – und auf den Raum und die Verfahren dessen Erfassung übertragen. Schon dem *Prinzip* einer solchen Raumverzierung liegt „die große Reproduktion" der einmal historisch gemachten Erfahrung zugrunde, mehr noch: *die Wahrheit* hinsichtlich der Tatsache, dass alles nach der immerwährenden, einheitlichen und allgemeinen Formel des Werdens verläuft.

NB. Vermutlich gibt es in der Geschichte der Malerei und Architektur solche Fakten. Die Architektur der neuesten Zeit ist so! In der Malerei ist die Geschichte der Dreidimensionalität und des Raums spannend.

Ib. 199 Birth and re-birth [Geburt und Wiedergeburt].

Myth in TYPEE [Mythos in TAIPI]. [154]

Verbindung mit „retournons" J. J. Rousseau. [155]

P. 214 „Moby Dick, or the White Whale. A Hunt. The last great hunt..." [Moby Dick oder der Weiße Wal. Jagd. Die letzte große Jagd.] (Noch einmal der Instinkt eines Tiers als Jäger.)

(Melville) „He was a futurist long before futurism found paint..." [Er war ein Futurist, lange bevor der Futurismus sich in der Malerei fand], p. 216.

Ein Indianer im Frack ist ein Symbol für Amerika. „His ideal frock-coat just hides his skirt-tails and prevents us from seeing his bare posterior as he salaams while his ethical silk hat sits correctly over his brow the while. That is so typical American...", p. 217.

   [„Sein idealer Frack verdeckt den Saum seines Knierocks und erlaubt uns nicht, seinen nackten Hintern zu sehen, während er uns beugend begrüßt; sein Zylinder dagegen sitzt auf seiner Stirn makellos. Das ist so typisch Amerikanisch..."]

„The voyage of the soul yet curiously a real whaling voyage too" [„Die Reise der Seele, und doch ein ganz realer Ausflug der Walfänger"], p. 219.

MOBY DICK (p. 232).

Das Kapitel THE CASSOCK [DAS PRIESTERGEWAND].

He ends with an injunction  
to all men, not to gaze  
on the red fire...  } zu DISNEY  
It seems to him that this  
Gazing on fire evoked this  
Horror of reversion, undoing.

   [Er endet mit der Vorschrift für alle Männer, nicht in das rote Feuer zu blicken. Ihm scheint, dass die Betrachtung des Feuers schreckliche Visionen der Umkehr, der Annihilation hervorruft.]

P. 234 Ahab – fireworks [Feuerwerk].

„Life reverted" [Das Leben, zurückgedreht].

Vor „Last fight" [der „letzten Schlacht"].

„Hither and thither, on high, glided snow-white wings of small unspecked birds; these were the gentle thoughts of the feminine air; but to and fro in the deeps, far down in the bottomless blue rushed mighty leviathans, sword-fish and sharks; and these were the strong, bled, murderous thinkings of the masculine seas..."

> [„Hier und da glitten in der Höhe schneeweiße Flügel kleiner, nicht gefleckter Vögel; es waren zarte Gedanken der femininen Luft; doch in der bodenlosen Tiefe hetzten riesige Leviathane, Schwertfische und Haifische auf und ab; es waren starke, blutende, todbringende Gedanken des virilen Ozeans."]

Melville like [ist wie] Ahab:

„Not so much bound to any haven ahead, as rushing from all havens astern", THE REVERSION, p. 238. [„Nicht so sehr zu Häfen hin, sondern von jedem Hafen weg eilend." – DIE UMKEHR]

MOBY DICK, 1851.

Nach Lawrence ist „MOBY DICK ein ur-phallischer blood [blutiger] Ursprung und „Jesus". [156]

Ishmael.

Er rettet sich beim Schwimmen im Sarg, der für (später genesenden) Queequeg gemacht wurde. [157]

BILLY BUDD lesen. [158]

ASPECTS OF THE NOVEL by Forster. [159]

STUDIES IN CLASSIC AMERICAN LITERATURE. [160]

*Grundproblem*

Very important [Sehr wichtig]!

„We are divided in ourselves, against ourselves. And that is the meaning of the cross-symbol." [„Wir sind innerlich entzweit, und diese Hälften kämpfen gegeneinander. Darin liegt der Sinn des Kreuzsymbols."]

D. H. Lawrence, p.126, STUDIES IN CLASSIC AMERICAN LITERATURE.

[„There is a basic hostility in all of us between the physical and the mental, the blood and the spirit. The mind is 'ashamed' of the blood. And the blood is destroyed by the mind, actually. Hence pale-faces.

At present the mind-consciousness and the so-called spirit triumphs. In America supremely. In America, nobody does anything from the blood. Always from the nerves, if not from the mind. The blood is chemically reduced by the nerves, in American activity.

When an Italian labourer labours, his mind and nerves sleep, his blood acts ponderously.

Americans, when they are *doing* things, never seem really to be doing them. They are 'busy about' it. They are always busy 'about' some thing. But truly *immersed* in doing something, with the deep blood-consciousness active, that they never are.

They *admire* the blood-conscious spontaneity. And they want to get it in their heads. 'Live from the body,' they shriek. It is their last mental shriek. *Co-ordinate*.

It is a further attempt still to rationalize the body and blood. 'Think about such and such a muscle,' they say, 'and relax there.' And every time you 'conquer' the body with the mind (you can say 'heal' it, if you like) you cause a deeper, more dangerous complex or tension somewhere else.

Ghastly Americans, with their blood no longer blood. A yellow spiritual fluid.

The Fall.

There have been lots of Falls.

We fell into knowledge when Eve bit the apple. Self-conscious knowledge. For the first time the mind put up a fight against the blood. Wanting to UNDERSTAND. That is to intellectualize the blood.

The blood must be shed, says Jesus.

Shed on the cross of our own divided psyche.

Shed the blood, and you become mind-conscious. Eat the body and drink the blood, self-cannibalizing, and you become extremely conscious, like Americans and some Hindus. Devour yourself, and God knows what a lot you'll know, what a lot you'll be conscious of.

Mind you don't choke yourself.

For a long time men believed that they could be perfected through the mind, through the spirit. They believed, passionately. They had their ecstasy in pure consciousness. They believed in purity, chastity, and the wings of the spirit.

America soon plucked the bird of the spirit. America soon killed the belief in the spirit. But not the practice. The practice continued with a sarcastic vehemence. America, with a perfect inner contempt for the spirit and the consciousness of man, practises the same spirituality and universal love and KNOWING all the time, incessantly, like a drug habit."]

[„Es gibt in uns allen eine grundlegende Feindseligkeit zwischen dem Körperlichen und dem Rationalen, dem Blut und dem Geist. Der Verstand schämt sich für das Blut. Und das Blut wird eigentlich durch den Verstand zerstört. Deshalb die Bleichgesichtigen.

Zurzeit triumphieren der Verstand und der so genannte Geist. Allen voran in Amerika. In Amerika lässt sich niemand vom Blut leiten. Immer von den Nerven, wenn nicht vom Verstand. Im amerikanischen Tun wird das Blut chemisch durch die Nerven gezügelt.

Wenn ein italienischer Arbeiter arbeitet, schlafen sein Verstand und seine Nerven, doch sein Blut arbeitet schwer.

Wenn Amerikaner Dinge *tun*, machen sie nie den Eindruck, dass sie sie *tun*. Sie sind „damit beschäftigt". Aber sie sind nicht wirklich fähig, mit dem tiefen Bewusstsein des Blutes in das Tun zu versinken.

Sie *bewundern* die blut-bewusste Spontaneität. Und sie möchten diese in ihre Köpfen bekommen. „Lebe Deinen Körper" schreien sie. Der letzte Schrei ihres Verstandes. Koordinieren.

Es ist ein weiterer Versuch, Körper und Blut zu rationalisieren. „Denk an diesen oder jenen Muskel", sagen sie, „entspanne sie". Und jedes Mal, wenn sie den Körper mit dem Verstand bezwingen (man kann auch sagen „heilen", wenn man will), verursachen sie eine noch tiefere, gefährlichere Spannung oder einen Komplex an anderer Stelle.

Gespenstische Amerikaner, ihr Blut ist nicht mehr Blut. Sondern eine gelbe geistige Flüssigkeit.

Der Fall.

Es gab viele Fälle.

Wir verfielen der Erkenntnis, als Eva in den Apfel biss. Eine selbstbewusste Erkenntnis. Zum ersten Mal zettelte der Verstand einen Kampf gegen das Blut an. In dem Wunsch ZU VERSTEHEN. Das Blut zu intellektualisieren.

Das Blut muss vergossen werden, sagt Jesus.

Verschütten Sie es auf dem Kreuz unserer gespaltenen Psyche.

Verschütten Sie das Blut, und Sie werden Verstandes-bewusst. Essen Sie den Körper, und trinken Sie das Blut, verzehren Sie sich selbst, und Sie werden extrem bewusst. Wie die Amerikaner und einige Hindus. Verschlingen Sie sich, und Gott weiß, was Sie alles wissen werden, wessen Sie sich alles bewusst werden.

Passen Sie auf, dass Sie sich ja nicht verschlucken.

Für eine lange Zeit glaubten die Menschen, dass sie durch den Verstand und den Geist vervollkommnet werden könnten. Sie glaubten daran – leidenschaftlich. Sie hatten ihre Ekstase im reinen Bewusstsein erlebt. Sie glaubten an Reinheit, Keuschheit und an die Flügel des Geistes.

Amerika rupfte bald den Vogel des Geistes. Amerika tötete bald den Glauben an den Geist. Aber nicht die Praxis. Die Praxis fuhr mit einer sarkastischen Vehemenz fort. Amerika, in seinem Inneren den Geist und das Bewusstsein vollkommen verachtend, praktizierte die Vergeistigung, die universelle Liebe und das WISSEN, immerfort, unaufhörlich, wie ein Drogenabhängiger.]

Aus dem Kapitel HAWTHORNE AND THE SCARLET LETTER, p. 123-124, alles.

(as hatred [wie Hass] der beiden Elemente –

ein Beispiel für das Maß des Zerfalls der bürgerlichen Ära.)

[„You must look through the surface of American art, and see the inner diabolism of the symbolic meaning. Otherwise it is all mere childishness.

That blue-eyed darling Nathaniel knew disagreeable things in his inner soul. He was careful to send them out in disguise.

Always the same. The deliberate consciousness of Americans so fair and smooth-spoken, and the under-consciousness so devilish. *Destroy! destroy! destroy!* hums the under-consciousness. *Love and produce! Love and produce!* cackles the upper consciousness. And the world hears only the Love-and-produce cackle. Refuses to hear the hum of destruction underneath. Until such time as it will *have* to hear.

The American has got to destroy. It is his destiny. It is his destiny to destroy the whole corpus of the white psyche, the white consciousness. And he's got to do it secretly. As the growing of a dragon-fly inside a chrysalis or cocoon destroys the larva grub, secretly.

Though many a dragon-fly never gets out of the chrysalis case: dies inside. As America might.

So the secret chrysalis of THE SCARLET LETTER, diabolically destroying the old psyche inside.

*Be good! Be good!* warbles Nathaniel. *Be good, and never sin! Be sure your sins will find you out.*

So convincingly that his wife never saw him 'as in time.'

Then listen to the diabolic undertone of THE SCARLET LETTER.

Man ate of the tree of knowledge, ashamed of himself.

Do you imagine Adam had never lived with Eve before that apple episode? Yes, he had. As a wild animal with his mate.

It didn't become 'sin' till the knowledge-poison entered. That apple of Sodom.

We are divided in ourselves, against ourselves. And that is the meaning of the cross symbol.

In the first place, Adam knew Eve as a wild animal knows its mate, momentaneously, but vitally, in blood-knowledge. Blood-knowledge, not mind-knowledge. Blood—knowledge, instinct, intuition, all the vast knowing that goes on in the dark, antecedent to the mind."]

> [„Sie müssen die Oberfläche der amerikanischen Kunst durchbrechen und die innere Diabolik deren symbolischer Bedeutung erblicken. Andernfalls ist es alles Kinderei.

Dieser blauäugige Liebling Nathaniel wusste von widerlichen Sachen in seinem Inneren. Er wollte sie umsichtig entsorgen – getarnt.

Immer dasselbe. Das behutsame Bewusstsein der Amerikaner ist so gerecht und großspurig und das Unterbewusstsein – so diabolisch. *Zerstören! Zerstören! Zerstören!* summt das Unterbewusstsein. *Liebe und erzeuge! Liebe und Zeuge!* gackert der Verstand. Und die Welt hört nur das Liebe-und-Zeuge-Gegacker. Weigert sich, das Summen des Unterbewusstseins von der Zerstörung wahrzunehmen. Bis die Zeit kommt, wenn es erhört werden muss.

Der Amerikaner muss zerstören. Es ist sein Schicksal. Es ist sein Schicksal, den ganzen Korpus der weißen Psyche, das weiße Bewusstsein zu zerstören. Und er muss es heimlich tun. So geheim, wie der heranwachsende Schmetterling seine Puppe oder ein Kokon die Larve zerstören.

Allerdings verlassen viele Schmetterlinge niemals ihren gläsernen Sarg: sie sterben darin. Und so kann es Amerika ergehen.

Die geheime Schmetterlingspuppe des SCHARLACHROTEN BUCHSTABEN zerstört die alte Psyche diabolisch im Innern. ‚Sei gut! Sei gut!' trällert Nathaniel. ‚*Sei gut und sündige nie!* Deine *Sünden* verraten Dich'.

So überzeugend, dass seine Frau ihn nicht rechtzeitig erkannte.

Lauschen Sie den diabolischen Unterton des SCHARLACHROTEN BUCHSTABEN.

Man aß vom Baum des Wissens, beschämt über sich selbst.

Denken Sie, Adam hätte hatte nie mit Eva vor dieser Apfelepisode geschlafen? Natürlich hatte er. Als wildes Tier mit seiner Spezies. Es wurde zur ‚Sünde', als das Gift der Erkenntnis dazukam. Dieser Apfel von Sodom.

Wir sind innerlich entzweit, und diese Hälften kämpfen gegeneinander. Darin liegt die Bedeutung des Kreuzsymbols.

Zunächst erkannte Adam Eva – wie ein wildes Tier sein Weibchen, augenblicklich, aber vital, im Wissen des Bluts. Blut-Wissen, nicht Verstandeswissen. Blut-Wissen, Instinkt, Intuition, die enorme Erkenntnis, die in der dem Verstand vorausgehenden Dunkelheit geschieht."]

Lawrence, p. 124: „The sin — was self-watching, self-consciousness. The sin and the doom. Dirty understanding.

Nowadays men do hate the idea of dualism.

It's no good, dual we are. The Cross. If we accept the symbol, then, virtually, we accept the fact. We are divided against ourselves.

For instance, the blood hates being KNOWN by the mind. It feels itself destroyed when it is KNOWN. Hence the profound instinct of privacy.

And on the other hand, the mind and the spiritual consciousness of man simply hates the dark potency of blood-acts: hates the genuine dark sensual orgasms, which do, for the time being, actually obliterate the mind and the spiritual consciousness, plunge them in a suffocating flood of darkness.

You can't get away from this.

Blood-consciousness overwhelms, obliterates, and annuls mind-consciousness.

Mind-consciousness extinguishes blood-consciousness, and consumes the blood.

We are all of us conscious in both ways. And the two ways are antagonistic in us.

They will always remain so.

That is our cross."

Lawrence, STUDIES IN CLASSIC AMERICAN LITERATURE, pp. 122-123.

[„Sünde war die Selbstbeobachtung, das Selbst-Bewusstsein. Die Sünde und das Verhängnis. Schmutziges Wissen.

Heutzutage hassen Menschen die Idee des Dualismus.

Es kommt nichts Gutes dabei heraus, dass wir dual sind. Das Kreuz. Wenn wir das Symbol annehmen, dann akzeptieren wir im Grunde diese Tatsache. Wir sind innerlich entzweit, und diese Hälften kämpfen gegeneinander. Zum Beispiel Blut hasst die Erkenntnis durch den Verstand. Es fühlt die eigene Zerstörung in dieser Erkenntnis. Daher der tiefe Instinkt der Intimität.

Andererseits hasst der Verstand und der Geist des Mannes einfach die dunkle Kraft der Blut-Taten: hasst die echten dunklen sinnlichen Orgasmen, die immer den Verstand und den Geist zeitweise völlig ausschalten und in eine erstickende Flut der Finsternis eintauchen.

Sie können diesem nicht ausweichen.

Das Blut-Bewusstsein überwältigt und annulliert das Verstandesbewusstsein.

Das Verstand-Bewusstsein löscht das Blutbewusstsein aus und verbraucht das Blut.

Wir sind uns dieser beiden Arten bewusst. Und sie sind in uns antagonistisch.

Sie waren immer so. Und werden immer so bleiben.

Das ist unser Kreuz."]

Melville „Back... Back..." [Zurück... Zurück..."] (Über ihn auf der Grundlage von Lawrence- Zitate [schreiben]).

Ausführen:

D. H. Lawrence. STUDIES IN CLASSIC AMERICAN LITERATURE. New York, Thomas Seltzer, 1925 [p. 195].

„Melville was a northerner, sea born. So the sea claimed him. We are most of us, who use the English language, water-people, sea-derived.

Melville went back to the oldest of all oceans, to the Pacific. Der Große oder Stille Ozean."

"There is no folly of the beasts of the earth which is not infinitely outdone by the madness of men…"

„There are some enterprises in which a careful disorderliness is the true method…"

[„Melville war ein Nordländer, am Meer geboren. So forderte das Meer von ihm seine Rechte. Wir – die meisten von uns, die die englische Sprache verwenden – sind Seeleute, Nachfahren des Meers. Melville kehrte in den ältesten aller Ozeane zurück, in den Pazifik. *Der Große oder Stille Ozean.*

„Es gibt keinen Unsinn unter den Tieren der Erde, der vom menschlichen Wahn nicht übertroffen wurde…"

„Es gibt einige Vorhaben, deren wahre Methode ein sorgfältiges Chaos ist."]

Moby Dick, p. 523

*Über den Totemismus*

Sowohl in *Disney*.

Als auch in *Meinem Epos*.

Und *überhaupt*.

16.I.1944

*Das Geheimnis des Totemismus*

Also regress zurück in das Tier.

Master Frazer zeigt, dass die Lehre der Herkunft des Menschen vom Tier bei den Barbaren noch raffinierter als in der Metempsychose und zu 50% „Fore runner [Vorläufer] Darwins" ist (Creation and Evolution in Primitive Cosmogonies [London, Macmillan and Co., Limited, 1935, pp. 3–34]).

Der prähistorische Mensch ist instinktiv bereit, dieses Verständnis anzunehmen (die Erinnerung funktioniert über das „Vorgedächtnis")…

Die nächste Phase wurde von den Beziehungen Tier-Mensch her in der „*Vor-Werkzeug-Periode*" anscheinend richtig bestimmt: vom „das Tier bezwingt den Menschen" zu „Der Mensch bezwingt das Tier". In der Periode der Erfindung des *Werkzeugs* (vorerst als *Waffe*) kommt es zu einer entgegengesetzten Verschiebung – im Bewusstsein.

Die Episode mit der kleinen Warja (Phylogenese). Ich als Tier. Ihre Angst. Der Umbruch zur Aggression ihrerseits.

Gewöhnlich [kommt der] Umbruch (bei vollständiger Ablauf), nach dem ich sie symbolisch verschlinge. Paroxism der Angst und des Lachens (à noter: ich bin *sowohl* ein Tier *als auch kein* Tier).

(Dann über den „kritischen Punkt" hinweg, als das zu geschehen habende Verschlingen *nicht* stattfindet.)

Das Auffressen – Verschlingen – ist doch gewiss, allgemein gesprochen, die Mutterleibsversenkung durch einen „anderen Eingang" – über das Maul!

NNNB! Nicht *Umschreibung* des sexuellen Aufnehmens, wie Freud es sagen würde, [das kommt] aus der viel früheren Synthese des undifferenzierten Fressen-Kopulierens (wie aus dem gegenseitigen Verschlingen der Zellen die Prokreation – die Zellenteilung – resultiert).

Es gibt sogar die *totale* Übereinstimmung, wenn Essen und Befruchtung in ihrer Form absolut identisch sind – besonders, wenn es nicht über das pars pro toto geschieht ([der] penis dringt ein, Teile des Gefressenen werden verschlungen), sondern in der Totalität:

*Verschlingen* eines Frosches, eines Hasen etc. durch die Schlange;

*Befruchtung* der Würmer (ein Wurm steht der Schlange nahe, als Erstlingsform);

oder wenn ein Männchen ganz in die Vulva des Weibchens versinkt. (Manchmal sind es mehrere, und ein Teil von ihnen *stirbt* nach der Abgabe des Lebenssecret (cf. A. Gide, CORYDON [161]).

Paroxism *der Angst* ist hier mit Verschlingen verbunden, und gerade das ist ein pars pro toto der sexuellen Komponente des Auffressens (cf. eine ganze Serie der ähnlichen Beispiele im Buch PARS PRO TOTO [162]).

Höchste Stufe der Angst – die Ejakulation.

(Hunde in Mexiko: ein Hund hatte Angst vor dem anderen, und wenn dieser sich ihm näherte, warf er sich auf den Rücken und ejakulierte. Beide waren... Rüden. Auf der Farm der Hacienda Tetlapayak.)

Danach Auflösung der Angst und Übergang... in das Gegenteil – in Angsteinjagen als Antwort.

Wie auch immer, eine Identifikation mit dem Tier ist vorhanden. Regress in das Tier. In der totalen Übereinstimmung mit dem sexuellen Versinken im Mutterleib.

Jona und der Wal (À noter – fish! [Fisch]!).

Mit einem tödlichen Ausgang allerdings.

Aber – das Versinken in Regress!

(Daher auch Totem – Vater-Imago???!)

Also Verschlungenwerden – [ist] Vorstufe der Rückkehr über den sex. Act in den Mutterleib. Und nur deshalb kann es zum Ersatz oder Deckbild für den sex. Akt werden.

„Püppchen... zum Fressen gern."

Ein Weib mit Kind auf dem Arm.

Begegnet einem Popen.

„Hei, Pope! Du fickst mich doch zu Tode!

„Wo denkst Du hin, Liebchen, du hast ja ein Kind auf dem Arm!"

„Das Kind kann man ja danebenlegen!"

Die ewige Formel: sowohl Angst, als auch Lust – sowohl Freude als auch Horror.

Im sex. Akt ist der Horror bedingt und minimal.

In der animalischen Phase, im Stadium des Verschlungenseins steckt nur Horror und ein Minimum an Lust!!!

Auch Opferbringungen bekommen einen ganz anderen Sinn.

Das Opfer (früher aus dem *eigenen* Stamm und *kein* Gefangener) ist doch ein pars pro toto des ganzen Stamms.

Bei der Verbrennung des Opfers (bei dessen Verschlingen durch das Feuer) lässt sich der Stamm vom eigenen Gott auffressen, er versinkt in ihm.

Nur *später* wird das Opfer zum Mittel des sich-Freikaufens, der Erlösung (scape goat [Sündenbock]).

In Jesus, einer rituellen Figur, haben wir es mit der zweiten Stufe zu tun – scape goat.

Aber! Die wirkungsvolle Praxis des Christentums fordert das *Miterleben* der Passion!

„Were you there when they nailed him to the tree" [Warst Du dort, als er an den Baum genagelt wurde?] – wird im Spiritual der Schwarzen gesungen.

Loyolas Übungen [sind] Mittel und Methode dazu: am Karfreitag sterben (siehe MANRESE), in die Hölle hinabsteigen etc. [163]

Zusammen mit dem „Stellvertreter" verschlungen zu werden – zunächst von Baal, dann von Hades und dann durch das Grab (gemeinsam mit Christus).

Die Verlagerung des Akzents (auf der ersten Stufe wird ein gesamter Stamm vom Tier verschlungen; dann ein pars pro toto, ein einzelnes Opfers; dann entwickelt sich ein ganzes Systems des Freikaufs, der Erlösung mittels eines Opfers vom Gotteszorn) bedeutet ja die Verschiebung von Stadien der Eroberung mit Waffen zum System des Tauschhandels! Natürlich! (Austausch, Um-Tausch, Ersatz, Übertragung).

Der Ersatz eines Stammesopfers durch einen Gefangenen ist die erste Stufe der Aneignung der Übertragung (der Metapher): resultant im Bewusstsein der Übertragung körperlicher Funktion auf Werkzeuge.

Wahrscheinlich ist der Platz*tausch* zwischen einem *König und einem Sklaven* in einem Übergangsstadium angesiedelt: ein buchstäblicher sinnmäßiger Ersatz ist ohne eine magische Übertragung oder einen physischen Akt noch nicht möglich.

Die Anthropologen fangen beim „erlösenden" Opfer an und lassen die Verschmelzung (durch Versinken) mit dem Gott (einem Tier) des ganzen Stammes mittels eines Opfers außer Acht (d. h. sie beginnen mit der zweiten Stufe).

Der Schlüssel liegt natürlich hier.

Also, die Stadien des Totemismus Δ:

1. Tier as such als alles auffressendes, verschlingendes, vernichtendes [Wesen]. (As well as Verschlungenes – nach der Formel MANAO TUPAPAU.[164])

   Das stimmt, denn eine voreheliche Form der Versenkung in das Tier (!) entspricht einer früheren *polygamen* Form der Ehe.

2. Dann tritt ein *Einzelner* hervor, auch das eigene Totem (lokal alltäglich, maximal handhabbar) ~ [was ungefähr] der Stufe der *monogamen Ehe* [entspricht].

   Mit der entwickelten Ritualistik kommt es zum shift [zu einer Verschiebung] in der ambivalenten [Sinngebung] des Akts: das Verschlungensein durch das Totemtier wird zum *Verschlingen* des Totemtiers.

   (Auf der ambivalenten Stufe ist das ein und dasselbe = die Vereinigung mit dem Totem geht voran. Non important [unwichtig] wer wen! Die führende Rolle übernimmt praktisch das Verschlingen, und dann wird nur die Aktion selbst beibehalten, wie bei B. S. [Bisexuellen] as opposed to H. S. pure [im Gegensatz zu rein Homosexuellen]!)

[3.] Später – mit der Herausbildung der Beziehungen unter den Stämmen (*exogame* Stadie of intermingling [der Vermischung]) – kommt es zur Zentralisierung des Pantheons.

Cf. Die Altarwand der Uspenski-Kathedrale nahm lokale Heilige der feudalen Fürstentümer in dem Maß, wie sie sich Moskau angeschlossen hatten, auf.

Einzelne Toteme werden dann als individualisierte Gesichter eines einheitlichen, sich herausbildenden und transfigurierten Supertotems in der Art Jupiters gesehen. Später werden sie zu seinen… Assistenten (kleineren Göttern nach dem Muster der irdischen Familie mit Bediensteten. Dieser Standpunkt ist sehr unterhaltsam bei… A. Lang dargelegt, in CUSTOM AND MYTH [165]).

7.I.1944

*The secrets of totemism* [Die Geheimnisse des Totemismus]

Natürlich!

Die ersten Opfer wurden… für Tiere erbracht.

All diese Drachen, die das Tribut in Form von Horden jüngerer Burschen und Mädchen forderten.

Und dann wird einer oder eine zu Auserwählten: „einer für alle". Sabawa Putjatischna, Theseus, Andromache [166] und etc. etc.

Auf diesem Stadium sind es Zarentöchter, die ersten Schönheiten.

Minotaurus.

Übrigens ist der Minotaurus auch hier ein notweniger link [Verbindungsglied]! – schon Otto Rank bestimmte das „Labyrinth" als Bild des Weges… in den Mutterleib. (NB. Dasselbe ist ebenfalls kein schlechtes Bild der… Magenröhre und des Darms).

Hier sind das verschlingende *Tier* und der Mutterleib identisch. Interessant: Das Tier sitzt in der *tiefsten Tiefe* des Leibes und verschlingt.

Diese Auslegung des Totemtiers wird durch den *Totem-Baum* unterstützt, dort haben wir im Bauopfer dasselbe Bild – das *Einmauern* oder Vergraben des menschlichen Opfers (Cf. das empirische, beschreibende, keineswegs erklärende Material in Dimitri Selenins TOTEMBÄUME [in SAGEN UND RITEN EUROPÄISCHER VÖLKER, Moskau], Akademie der Wissenschaften, 1937). Wenn wir in einem gewissen Maß Eckhard von Sydows Annahme folgen, die er in PRIMITIVE KUNST UND PSYCHOANALYSE geäußert hat (über die Entstehung des Bildes vom beschützenden Haus als einem künstlich – aktiv – nachgebauten Uterus, nach der passiven Suche dieser Form in der *Grube* und *Höhle*) [167] – dann the links do meet [treffen sich die Verbindungsglieder]!

(Überhaupt ist das „Einmauern" als Mutterleibsversenkung gut am Beispiel von Edgar A. Poe zu sehen, wenn wir mit Einschränkung Marie Bonapartes EDGAR POE folgen. DAS FASS AMONTILLADO, DIE SCHWARZE KATZE etc. [168] „Vergraben" und Begräbnis nach Otto Rank – TRAUMA DER GEBURT – ist auch Mutterleibsversenkung. [169])

Also die Theorie des „Freikaufs" [ist primär], „animistische" Interpretationen sind viel spätere „Motive".

Der erste Urge [Trieb] – der primäre – ist die Mutterleibsversenkung – das ist ein einfacher Trieb, der selbst einen Hund zwingt, sich wie ein Foetus einzurollen, um in den Schlaf zu versinken.

Blumen zwingen ihre Blätter, sich nachts zu schließen.

À noter, der Akt des Schließens wird as we know [wie wir wissen] aus der organischen Mechanik der Bewegung (die ich aus Prämissen der Biomechanik entwickelt hatte) so, und nicht so gemacht.

Nach dem Prinzip des „In-sich-Hineinziehens".

Nach dem Prinzip eines auf dem Kopf gestellten Baggers.

(À noter: das ist eines der ausgeklügeltsten technical devices [technischen Geräte] – denn [es] nutzt voll und ganz die genuinen Besonderheiten der Natur.)

Bei Pflanzen mehr entwickelt als bei Tieren oder Menschen, denn von Willkür bei Blättern kann man ja nicht ausgehen.

Streng genommen, ist die Mechanik hier – in der Pflanze – noch tiefer verankert: von der Kälte schrumpft sie, zieht sich zusammen – und zieht sich damit ein. Chemismus als Vorläufer des zukünftigen Mechanismus – die Biomechanik reduziert die Organik der Prinzipien, die weiter – in der Mechanik – abstrakt werden.

Die Bewegung der sich zusammenziehenden Mimosa (über die Bewegung der Pflanzen nach Boas [170]).

Die Antike strotzt vor [Geschichten über] Kopulation mit Bäumen. METAMORPHOSEN. Als Vorgefühl der pflanzlichen Evolution.

Niemand kann sagen, in welchem Umfang wir uns unbewusst erinnern können, denkt man an vererbte Triebe und Impulse!

In allen Variationen und überraschenden Regress-Zuständen dorthin.

POTEMKIN.

A) Einer für Alle – Rekonstruktion des *Opfers!* („Opfert sich.")
B) Potemkin begibt sich in das *Maul* der Flottille.

D. h. zwei ursprünglichen Elemente [sind da]: pars pro toto und das *Versinken im Maul.*

C) Dazu ein Totem-Mechanismus (Ship [ein Schiff]) sondert sich aus dem Ganzen ab (der Flottille) und wird von ihr zurückverschlungen.

Daher die Angst bei der gegenseitigen Annährung.

D) Triumph – Wechsel in die andere Dimension, auf eine andere Stufe, die *Vereinigung* ist qualitativ anders als das Verschlingen (Sex oder Verschlingen), d. h. nicht sexuell biologisch, sondern sozial: kollektivistisch, gemeinschaftlich.

Wahrscheinlich vollzieht sich hier – in der Geschichte des urzeitlichen Alltags – eine Substituierung: des Tiers durch den Vater, des Vaters durch die Sippe, der Sippe durch die Gemeinde und der Gemeinde durch den Staat (Mutter Heimat – Mutter Russland, Vaterland, Patrie – wo liegt hier shift [die Vierschiebung] von einem zu [allen] anderen, von der Mutter zum Vater?), derentwegen man bereit ist, *sich zu opfern!*

NB. Interessant: Das ist eine direkte *Rück*projektion eines Werkes – POTEMKIN – auf die Denkstrukturen des urzeitlichen Daseins, die dessen Komposition hervorgebracht haben (hier POTEMKIN als... Folklore. Das beibehalten!!! Für die Analyse).

Eine folkloristische „Projektion" von POTEMKIN durch einen Hinweis auf ~ DIE NIBELUNGEN begründen.[171] Zwanzig Jahre später: THEATRE ARTS behandelt POTEMKIN als erste Ausgabe von HAMLET oder das Original des Unabhängigkeitserklärung![172]

Aber wo, wo nur liegt hier der Übergang zum Vater?

Es gibt noch ein Epos von mir – IWAN!!!

Und *dieses* ist gerade darin!!!

POTEMKIN war – das Sich-Auflösen in der Allgemeinheit. À noter: Das wurde in der ersten Version des Motto[s] (siehe unten) eines verbotenen Autors ausgedruckt:

„Der Einzelne löste sich in der Masse auf, die Masse löste sich im Aufschwung auf" (1905).[173]

Also Auflösung in der Mutterschaft – à noter, das Urelement von POTEMKIN – *Wasser und Meer!*

Es gibt jedoch eine andere Kopplung zwischen der Gesellschaft und einem Einzelnen.

Ein Einzelner löst sich von der Gemeinschaft der Gleichen und *lässt sich nicht wieder verschlucken*, im Gegenteil – er unterdrückt alle anderen. *Er selbst verschluckt sie – nicht wie eine Mutter, sondern wie ein Tier.*

Und das ist gerade... Iwan... ein Vater!

Kurbski entstammt historisch „einem tierischen Zeitalter" (alle animalischen Definitionen bei K. herausschreiben).

*Kurbski im Drehbuch* [über Iwan]:

„Ein Tier, Basilisk."

*Philipp im Drehbuch* [über Iwan]:

„Deine Taten sind die eines blutrünstigen Tiers."

Iwans Element: Festland. (Mon Dieu [Mein Gott]! Und all das wurde unbewusst gemacht!)

„Nur in einem vereinten Staat kann man nach außen *Festigkeit* zeigen!"

Importance of [die Bedeutung von] „Sei *fest*" (zweimal).

„Wie Zebaoth schwebt er über das Meer von Blut

Und aus diesem Blut erschafft er *Festland*."

Den Konflikt „Iwan – Jefrossinja" bestimme ich als Verdrängung des Matriarchats durch das Patriarchat!

Und nun ganz glänzend – Iwans urge nicht nur zur Einheit, sondern auch zum... Meer!!!

Von der Kindheit an!

Motherland [seine Heimat, wörtlich: Mutterland] – Vater. Mutterless child [ein mutterloses Kind] – die gewaltsame Trennung von der Mutter (in der Dunkelheit!) im Prolog und im Grunde von der ersten Szene an Urge zum Meer. Bezeichnenderweise „Ozean" und nicht das Meer. Das Lied selbst „Ozean – Meer" wird zum Nux des Werdens (das Männliche) und der Auflösung (das Weibliche).

Am Ende [des Films] – erreicht er das Meer und vereinigt sich mit ihm, dem besiegten – *das Meer* leckt seine Füße.

Weiter (nicht im Drehbuch fixiert, sondern in der darstellerischen Umsetzung gedacht): er *versinkt* die Hände im Wasser und benetzt damit seine Stirn.

(Das Amüsanteste dabei: Folklore und Epos helfen stets, totemistische Bergriffe als solche zu analysieren. Für den gegeben Fall finden sich zwei... *Epen*, ausgerechnet von *mir* gemacht und *tatsächlich* hilfreich für die Analyse!)

Die Rolle des Vaters in IWAN ist besonders schön in Fedka's Drama: Der Übergang vom blutsverwandten Vater (physiologisch-physisch) zum sozialen (gesellschaftlichen) Vater, dem Zaren. Von dort aus Regress (in der letzten Szene, als die Stimme des Blutes über die Stimme des Bewusstseins und der Pflicht die Oberhand gewinnt) – zur Hinrichtung und zum Untergang.

Eisenstein: Skizze für
IWAN DER SCHRECKLICHE

Alexej Basmanow – [verkörpert] die Sippe, den biologischen Staat, Iwan dagegen – den sozialen.

Spannend wird es bei Pimen. Höchstwahrscheinlich [ist er] ein „Ödipus", aber sehr voilé [verschleiert]. Seine Verbindung mit Jewfrossinja, der Urmutter. Ein gewisser Urvater (ein tatsächlicher *Patri*arch!), der als ein älteres, obsoletes Stadium vom aufsteigenden Sohn vernichtet werden muss. Pimen – ein Urvater in der Art von Saturn.

Die Formel des Übergangs von POTEMKIN zu IWAN liefert the clue [den Schlüssel] zum Totemismus.

À noter in IWAN [gibt es] bereits einen Menschen, in POTEMKIN dagegen noch keinen Menschen, sondern ein Schiff und eine Flottille.

*Einschub*

Ein Epos dazwischen ALEXANDER NEWSKI.

Im ersten Epos gibt es eine Szene des *Hinaustretens auf das Festland* – eine Gegenreaktion auf das ekstatische Eindringen der Jollen ins Meer, in den Panzerkreuzer: die Vereinigung mit der Treppe (über den Körper Wakulintschuks, des Märtyrers und Erlösers, der aus dem Wasser auf das Festland hinausgetragen wird).

Und das Scheitern, weil in das Meer zurückgeworfen. (Eigentlich hatte Axjonow die Rolle des Wasserelements bei mir in POTEMKIN nach dem Modell der Elisabethaner beschrieben! [174])

In NEWSKI ist die erste Erscheinung von Alexander ganz merkwürdig: er t*ritt aus dem Wasser heraus* (der Fischfangszene im Perejaslawsker See).

Die Schlacht führt Alexander auf der See, der... zum Festland wurde – auf der *gefrorenen* Oberfläche des Peipus*sees*.

Auch im Text gibt es einen Hinweis: „Findest Du etwa nichts, wo Du *fest* auftreten kannst?" sagt Alexander zu Buslaj.

Das regressive Element – das Rittertum (der Faschismus). À noter, das individuell *Gesichtslose* in Helmen und *undifferenziert*, aber einheitlich in Gestalt und Umriss... eines Schweins. (Analog zum *urzeitlichen Dasein*, das an den Grenzen des ihm zugewiesenen Entwicklungsstadiums festklemmt. Deshalb *pathologisch*, wie die Arunda-Klumpen bei Strehlow.) Es *bricht* durch das Eis ein – und zurück, in das wohlverdiente Element des Wassers, versinkt in Eislöchern, denn die Zeit der Amphibien ist vorbei, die Körper sind bereits fest geworden wie crustada in der Rüstung, und man läuft auf Beinen so, wie es kein Wasserwesen fertigbringt.

NB. Sehr passend Revival POTEMKIN (cf. A CLASSIC REBORN [WIEDERAUFERSTANDENE KLASSIK], in THEATRE ARTS, 1943, June [175]).

Alles, was theoretisch damit zusammenhängt, wird aus dem Staub der Vergangenheit hervortreten. [Den Film] sehen auch heutige Zuschauer, nicht nur die, die [ihn] vor 20 (!!!) Jahren [gesehen haben].

Eindach toll – sonst wäre alles mit ihm verbundene nun dead foliage [abgefallene Blätter]!

**Bosley Crowder in** TIMES: „Wir raten allen, die POTEMKIN nicht kennen, diesen Film zu sehen. Wir raten ihn auch jenen, ihn sich anzusehen, die POTEMKIN bereits kennen."

**Ralph Barnes in** HERALD TRIBUNE: „POTEMKIN ist heute genauso großartig wie damals." Nach RUSSKI GOLOS, 16. VIII. 1943. [176]

„Ein Meerestier" – der Fisch!!!

À noter: der Panzerkreuzer wurde und wird stets als ein *einheitlicher Organismus* (Körper) with the crew [zusammen mit der Mannschaft] gesehen, dessen *Herz* bei der Begegnung mit der Flottille *klopft!*

Shift [Verschiebung] hier von „sich-Auflösen im Kollektiv, woher er auch kam" zu – „das Kollektiv absorbieren, aus dem er sich abgesondert hatte."

Mutterleibsversenkung → Vaterwerdung.

Einschub.

NB. *Sehr wichtig, grundsätzlich wichtig:*

Die Frage der Mutterleibsversenkung total de-sexualisieren. Als Urtrieb, der dem einfachsten *physischen* Gesetzt Kraft – Gegenkraft unterliegt: das Heraus will Hinein.

Wie Heimweh. Regressiv, jedoch gleichzeitig ekstatisch-asketisch und in jeder Form und Gestalt. Fortschrittlich beim Aufbau der Gesellschaft. (Whitman – THE CITY OF DEMOCRACY. [177] Familie als Völkerfamilie etc.)

Die einfachste, zugänglichste und biologisch zweckmäßigste Variante [desselben Triebs] stellt für Tiere wie für Pflanzen der Geschlechtsverkehr dar, eine Befriedigung des urge im Elementarsten *ohne* Beiprodukte außer der Fortsetzung einer Kette von Artgenossen („Dazu fehlt keinem der Verstand", sagt Tschazki zu Moltschalin über das Kindermachen [178]). Bei allen Abweichungen oder Versuchen, diesen primären urge in anderen Bereichen zu befriedigen und nicht den biologischen und physiologischen Bedürfnissen anzupassen, [kommt es zur] Erschaffung der fortschrittlichen, gesellschaftlichen, baulichen Phänomene, what not [was auch immer]. Und... *der ganzen Kunst*, denn die *Tendenz zum Regress*, die mir heute noch unbegreiflich bleibt und ohne die es keine *Form* und kein Kunstbild gibt, genauso wie ohne die *Tendenz zum Progress* kein *Inhalt* zustande kommt, ist wahrscheinlich die Applikation des abstrahierten Prinzips dieses urge, dessen Befriedigung durch Wahrnehmung besonderer, künstlich erschaffener Phänomene erfolgt. Diese sind genauso zwingend wie die Notwendigkeit einer Familie, eines Heims, eines Vaterlands, einer copulation etc., notwendig für die Befriedigung des urge, der bei Regression bösartig wird (z. B. eine *a*normale, *nicht* reproduktive Sexualität, die zurück zur biologischen Fortpflanzung führt). Allerdings werden oft andere Möglichkeiten der Prokreation gerade dank einer gewissen Gehemmtheit dieses einfachsten sex Antriebs erreicht. Die wirklich großen include [beinhalten] the omniforms of [vielfältige Formen der] Befriedigung des urge in sex, they may be B.S. but important [des sexuellem Triebs, sie können bisexuell sein, dennoch wichtig]: Sie schließen auch die ganze Schar asexueller Arten der Befriedigungen of the urge [des Triebes] ein.

In der Mutterleibgeschichte, die selbst eine *ontogenetische* Reproduktion der *phylogenetischen* primären Etappe des Werdens eines Individuums darstellt, gibt es zwei Punkte von grundsätzlicher Bedeutung:

der Punkt der Befruchtung

(in der „dreifältigen" Einheit des Vaters und der Mutter, befruchtet mit dem Kind im sexuellen Akt, dem *Punkt der Ekstase* in der ontogenetischen Reihe, wenn man psychologisch bis *dahin* versinkt),

und der Punkt des Hinaustretens in die Welt *(das* Trauma der Geburt*)*, der Punkt der „Vertreibung aus dem Paradies", aus „Eden".

I. Dann wird der Zyklus wiederholt: von der Kindheit des Säuglings, das von der Brust getrennt wird, bis zur Pubertät ~ mit selbständigem Eindringen oder Verschlingen, Gebären ~ Geboren werden (das Männliche und das Weibliche sind hier prinzipiell undifferenziert; man sagt doch „Abraham *gebäre* Isaak..." etc.)

II. Dann wird der Zyklus noch einmal wiederholt - von der Pubertät bis zum Tod. Zum Punkt der toten Null. Der Rückkehr in die Erde, aus der alles Lebendige wieder- ja, „zurück"- geboren wird, als Nichtorganisches beginnt und dann in die organische, tierische, menschliche Natur übergeht (über den Tod, sowohl nach Ferenczi *als auch* nach Rank).

III. Als dritte - Vertiefung in den Mutterleib.

III. 1. Das Drinsein. III. 2. Durch Auflösung im Sexuellen. III. 3. Durch Vergehen im Tode.

So [sieht es aus] entlang der biologischen Linie.

Dasselbe in der zyklischen Wiederholung der sozialen Spiralen.

Der primäre soziellе Klumpen - die Herde *ohne Anführer*. (Fischschwarm. Beim Austritt auf das *Festland* erscheint das Leittier.)

Ein Bild davon ist erhalten in Legenden der Asanta nach Carl Strehlow: (Bilz: Pars pro toto).[179]

„...Es interessiert uns zu hören, dass die Aranda an den Anfang ihrer Entwicklung nicht das Einzelwesen oder ein Stammelternpaar stellen, sondern ein Menschensynzytium, ein Geflecht von zusammengewachsenen Wesen. Carl Strehlow berichtet uns unter dem Titel Die Urzeit (Strehlow, C. Die Aranda- und Loritja-Stämme in Zentralaustralien, I. Teil: Mythen, Sagen, Märchen. Frankfurt a. M., 1907, S. 2 ff):

Die Erde war zunächst von einem gewaltigen Meer bedeckt, aus dem einige große Berge aufragten. Einer von ihnen hieß Eralera, das bedeutet ‚der feste'. ‚Am Abhang dieses Berges befanden sich viele unentwickelte Menschen, rella manerinja (manerinja = zusammengewachsen, zusammenklebend, rella = Mensch, Menschen) [genannt, weil ihre Glieder zusammengewachsen waren]. Ihre Augen und Ohren waren geschlossen (manta), an Stelle des Mundes befand sich eine kleine runde Öffnung, die Finger sowie die Zehen waren zusammengewachsen (manerinja), die zusammengeballten Hände waren an der Brust angewachsen (turba oder innoputa) und ihre Beine an den Leib gezogen. Außerdem waren diese hilflosen Wesen in Menschengestalt aneinander gewachsen, weshalb sie auch als rella intarinja (aneinandergewachsenen Menschen) bezeichnet werden...' Ein Totemgott trieb dann das Meer nach Norden zurück, und es wurde das Festland sichtbar. ‚Die rella manerinja (zusammengewachsenen Menschen) lebten längere Zeit, nachdem die Erde trocken geworden war, in ihrer hilflosen embryonalen Lage weiter, bis ein Mangarkunjerkunja (Fliegenfänger), der Totemgott einer fliegenfressenden Eidechsenart, vom Norden kam und ihr Los verbesserte. Mit einem Steinmesser (banga) trennte er zuerst die einzelnen Wesen voneinander, schlitzte ihnen Augen, öffnete ihnen die Ohren, den Mund und die Nase, trennte die einzelnen Finger und die Zehen voneinander und beschnitt sie mit einem Steinmesser...'"

Er gab ihnen Feuer. Er gab ihnen Waffen, die Eheordnung etc.

I. ~ Genesis – Entstehung des organischen Lebens aus dem unorganischen. Das aquatische Stadium (~ intra uterin).

II. ~ Trauma der Geburt – Austritt auf das Festland (Kiemen → Lungen).

III ~ Pubertät – vom Affen zum Menschen.

~ Tod – Geburt des Sozialen (Ende des Einzelwesens – „Tod" als „Tod des Korns" – Einschalten eines neuen Milieus, des Lebenszyklus einer früchtetragenden Pflanze).

Und weiter – das eigentliche Soziale.

~ Genesis – und der ganze vorherige Zyklus.

I. ~ Vom Punkt der Entstehung des organischen Lebens bis zum Primär Sozielle[n] Klumpen (Arunta) ~ das Trauma der Geburt – die Loslösung von der urzeitlichen *Vorklassen*gesellschaft und

II. ~ Die Teilung in Klassen (Sklaverei etc.). (Engels erkennt diese Periode an.)

III ~ Pubertät – von der Teilung in Klassen zur Selbstbestimmung und zum Bewusstwerden des geführten Kampfes als Klassenkampf mit Gesellschaftsideal: einer klassenlosen Gesellschaft; programmäßig und real *vorne*, nicht utopisch, d. h. regressiv, rückwärtsgewandt. (More, Campanella, Rousseau, Fourier etc.) Z. B. in den Formulierungen von Morgan, Marx etc. [180]

~ Tod des Zyklus' – Ende der Klassengesellschaft – Sozialismus, Kommunismus oder New democracy [neue Demokratie]. Der Anfang einer neuen Ära.

*Noch zu IWAN.*
Gliederung: Prologe [aus dem] I. Teil in den II. Teil – völlig richtig.
1) O → ich werde Zar. Verlust der Mutter – Vater.
2) Entschluss – werde Zar, d. h. werde Vater.
   Der sexuelle Zyklus: Mutterersatz – Anastasia. Bemächtigung – Verlust und zweiter Vater werden – Gott Allmächtiger werden.
3) Vom Verlust, vom Kuss auf den Mund der Toten zur sozialen Tat, der Liquidierung des Feudalismus, und dann zur Vereinigung mit der Mutter – zur Eroberung der See. „Ozean – See" ist kein Programm, sondern eine *Tat*. (NB. In einer Version stürzte die Kavallerie direkt ins Meer!) Vereinigung Iwans, des Ozeans, mit der See.

Von Mutterverlust über den Mutterersatz (Gemahlin) zu Mutterwiederfund, der sozial erlangten (!) See. (Great!)

Die Dreifaltigkeit an sich entspricht Δ [der dialektischen] Formel, egal, ob es sich um einen *Augenblick* der Ekstase handelt (d. h. unit of opposites [Einheit der Widersprüche] mit der Schaffung von Neuem) und etwas anderem.

Alles kann hier mit Definitionen aus Hegel, Band II, illustriert werden.

(DIE NATURPHILOSOPHIE, „Bereits bei Hegel..." etc.).

Par exemple selbst die Trennung.

I. Kapitel: Die Physik der allgemeinen Individualität.

II. Kapitel: [Die Physik der] besonderen [Individualität].

II. Kapitel: [Die Physik der] totalen [Individualität]

IV. Die geologische Natur.

V. Die vegetabilische Natur.

VI. Der tierische Organismus

Und weiter die Philosophie des Geistes mit demselben.

Gut ist bei Hegel die Stelle über *Zwitter*, S. 511. [181]

Und: Zeugung ist auf diese Weise nichts anderes als Entstehung von Totalität, der „einheitlichen Vorstellung", S. 512.

Weiter in diese Richtung ausführen.

Frazer führt auch als Beispiel dieselben Aranda an (er nennt sie Anida) nach Spencer und Gillen, nur tauchen hier zwei Gottheiten auf, die dann zu einer fliegenfressenden Eidechse werden. [182] Allerdings hat er das Wichtigste, das Detail über Primär Klumpen, fallengelassen; hier leben die Embryonen bereits getrennt. Es gibt aber eine Ergänzung: Bei der Evolution durchlaufen sie die Stadien verschiedener Tiere. Im Allgemeinen ist [Frazers] CREATION AND EVOLUTION IN PRIMITIVE COSMOGONIES (London, 1935) natürlich die wertvollste Fundgrube der „Lehren" über die Genesis der Urvölker. Ein Teil davon berichtet (nach dem Muster [des ersten Buches Moses] der „Schöpfung") über die Erschaffung [der Menschen und des Lebens] aus Asche, Erde, Lehm. Die anderen sind rein evolutionär, [präsentieren] verschiedene Tiere als Ahnen, als „vergötterte" Toteme.

(À noter: totemistische Rudimente in solchen Erscheinungen wie Le Bruns Physiognomie mit seiner Typisierung der Menschen nach Ähnlichkeit mit diesem oder jenem Tier.[183] Das XVII. Jahrhundert und später. Vgl. bei mir zu Hause das Reprint von Le Bruns Buch. Die sexuelle Typologie in der indischen Erotik nach der Größe der Genitalien, die [Menschen] den Tieren angleicht: Hase, Hengst etc. „Elephantenkuh" (BEITRÄGE ZUR INDISCHEN EROTIK[184]). Nicht zu vergessen die Seelenwanderung, Metempsychose, als Vorgefühl *der Dynamik* von Darwins Evolutionstheorie.

Der verbindende link zwischen Totem-Bäumen und fleischfressenden Tieren - *insektenfressende Pflanzen* (auch bei Darwin in einer speziellen Untersuchung[185]).

Ein ähnliches Trauma wie das der Geburt ist *die Entstehung der Klassentrennung*. Das Bild des verlorenen Paradieses ist für diesen Augenblick nicht weniger pointiert und anschaulich. Das ist das stärkste Trauma sowohl biologisch als auch sozial. Mittel, die uns auf diese einander spiegelnden Stufen versetzen (beide *vor-gattungsmäßig (!)*, Vorgeburt und Vorklassengesellschaft), sind besonders intensiviert.

Weiter spiegelt sich diese Dreifaltigkeit in *Bewusstsein*layer [-schichten] und mündet in einer dreifachen Formel mit zwei Bewusstseinsschichten, die zu einer Einheit verschmelzen.

Der Augenblick der „kreativen Befruchtung"; dieses Wortbild ähnelt der Kopulation des Männlichen und Weiblichen, die in orgiastischer Ekstase neues Leben zeugen - wie der Augenblick künstlerischen Schaffens.

Ein Kunstwerk ist ein angehaltener Moment der Ekstase (die Fusion zweier Bewusstseinsschichten) nach der Formel „Verweile doch, Du bist so schön". Der Abdruck des ekstatischen Augenblicks in performance [in der Tat]: Where from [woher] auch die Faszination.

Als eine der Einführungsthesen muss ich wahrscheinlich die sexuell abstrahierte Vorstellung von der Bedeutung der Mutterleibsversenkung präsentieren.

(Vielleicht ist meine persönliche «Reinheit» das, was mir die Möglichkeit gibt, dieses im wissenschaftlichen Vorteil so Wichtige[s] durchzuführen - diesen Grundbegriff zu desexualisieren und Sex als eines der und nicht als primär einziges darzustellen.)

À noter:

Ich bin berechtigt POTEMKIN, ALEXANDER und IVAN als Vater-Epen aufzunehmen.

„Durch mich" redet in drei Stufen mein Volk.

Diese Filme waren im Auftrag der Regierung und des Zentralkomitees [der Kommunistischen Partei] entstanden. Das Zentralkomitee vermittelte als Sprecher des Volkes, der Volksmassen der UdSSR, in jedem historischen moment donné [Augenblick] das Spitzenproblem und das Thema.

Sein Auftrag war ein sozialer, rationalisierter, formulierter Auftrag.

7.I.1944

*Disney – Totem*

Der „Organismus" von POTEMKIN ist ganz archaisch! Der Umriss eines Schiffs-Fisches, der aus Einzelwesen zusammengefügt ist. POTEMKIN als ein synthetischer Mensch aus der Myriade von Männchen (Sergej Tretjakow sprach vom POTEMKIN-Drama wie von einer Dreiecksgeschichte: er – sie (die Treppe) – ein Bösewicht (Soldaten, wieder ein kollektiver Organismus, aber kein organischer, sondern ein mechanischer).[186] Nach dem Typ der Moskitos bei Disney, Opera Dante[s] oder Job, Animaculisten, oder ornamentale Tierscherze.[187]

7.I.1944

*Totem*

Der Stierkampf ist gleichsam eine Vereinigung mit dem Totem – zunächst im Akt von dessen Tötung (und dem anschließenden Verzehr im Restaurant!), begleitet vom *gleichen Risiko* des Getötet-Werdens.

Also sieht der Stierkampf im Umbruchsmoment eines vor: den Übergang vom Verschlingen zum Verschlungen-Werden.

Der nächste Schritt also folgt nach der kollektiven Opferung, wenn sich ein Stamm dem Drachen Smej Gorynytsch zum Fraß anbietet.

Ein paritätischer Zweikampf.

Die Vereinigung mit dem Ochsen selbst in der Kampftechnik:

Dort muss ein Augenblick des *gegenseitigen aufeinander-zu*-Strebens eintreten (entweder der Matador steht – der Stier läuft auf ihn zu, oder der Stier steht – und der Matador läuft auf ihn zu), sonst... reicht die Kraft nicht aus, um [den Dolch] bis ins Herz zu stoßen.

NB. Wie spürbar, ja *physisch fühlbar* ist bei diesem Spektakel *die Einheit* des Matadors und der Masse: der unmittelbare Affekt, die Rufe und Reaktionen, die die Entfaltung des Matadors begleiten. (Eine Reihe: animalische Metapher, Sodomie etc.)

14.I.1944

*Totem*

Mickey als Ekstatiker. Stierkampf.

Das Durchbohren des Tieres durch den Speer des Jägers ist gleichfalls ein[e] mystische Vereinigung. Ein ritueller Moment hier + ein praktischer. Man kann sagen, dass der erste (rituelle Moment) in *dieser* Form und im Stierkampf überlebt hat.

Auch deshalb, weil der Speer wahrscheinlich ein Ausdruck des Phallos in der allgemeinen Geschichte der Entstehung der Geräte ist, als Ausdruck des Gleidesmaßen [der Gliedmaßen].

(Die Frage nach der Herkunft der Technik hatte wohl zum ersten Mal Ernst Kapp aufgeworfen, GRUNDLINIEN EINER PHILOSOPHIE DER TECHNIK, 1877; Scheltema schreibt ihm das jedenfalls zu, ALTNORDISCHE KUNST, S. 29. [188])

Natürlich wird hier von Psychoanalytikern die übliche Übertreibung ins Spiel gebracht, par exemple Hanns Sachs und Otto Rank über den omniphallischen und sexuellen Ursprung aller Werkzeuge nach Sadger (DIE BEDEUTUNG DER PSYCHOANALYSE FÜR DIE GEISTESWISSENSCHAFTEN). [189]

Die Tradition dieser wahrscheinlich *richtigen* Auslegung erstreckt sich bis in die jüngste Vergangenheit und wird nicht nur auf verflossene Erscheinungen angewendet, sondern auch *operativ* benutzt – als Grundlage für die Interpretation neuer Gebiete. Hier sind die „ästhetische" Übertreibungen interessant, die daraus folgen.

Das neueste Gebiet ist der Film, und in seiner kämpferischen Phase sind zwei ähnliche Beispiele kennzeichnend. Beide sind *radikal* – eins ist extrem low belted [unter der Gürtellinie], der andere – *high brow'ich* [intellektuell].

Der inzwischen verstorbene Gan, [190] der Ko-Theoretiker von Wertows FILM-AUGE, begründete die Filmästhetik so: „Film ist ein Auswuchs des Auges", so kam er zur Methode des „überrumpelten Lebens" als Arbeitsweise.

Die enge methodische Reduktion auf ein technical device [technisches Gerät] ist offensichtlich.

Ein anderes Extrem – eine übertriebene Verallgemeinerung – strebte eine andere Theorie dieser Sturm und Drang-Periode an, und zwar meine eigene.

Zunächst als MONTAGE DER ATTRAKTIONEN; dort ist alles latent vorhanden, was sich später als Programm des „intellektuellen Films" entfaltet. Darin (DIE MONTAGE DER ATTRAKTIONEN – 1923; „der intellektuelle Film" und die Schlussfolgerungen daraus – 1927/29) wird formuliert, dass ein Auswuchs *des Denkprozesses und von dessen Gesetzmäßigkeiten* der filmischen Komposition *zu Grunde* liegt (die Überspitzung bestand darin, dass es *sowohl* zum Inhalt *als auch* zur Form erklärt wurde). [191] Bei der Bestimmung des Formkanons wurde kein prinzipieller Unterschied dazu gesehen, wie z. B. die Urform des Gefäßes entsteht – als Auswuchs des Leibes, des Magens, eines Behälters. (Dies wurde in der Gestaltung des peruanischen Geschirrs beibehalten; ein Gefäß als Abdruck der Busen von Marie-Antoinette; ausführen sowohl am Beispiel der Fotografie als auch der englischen Karikatur; ein charakteristischer „Regress" für die Etappe der puren sozialen Dekadenz... am Ende des... XVIII. Jahrhunderts, in der Periode der „des faulenden Absolutismus'" in Frankreich).

Befreit von der übertriebenen *Abbild*funktion, werden diese Grundsätze heute nicht nur als Struktur der Filmform verstanden, sondern auch als Schlüssel zum Verständnis (ja, zur Konstituierung) der Methode von Kunst überhaupt.

Die *Bewusstseins*struktur ist in ihrem Aufbau so organisiert wie meine Formel der Zweifaltigkeit, die dem dialektischen Bild zugrunde liegt. [192]

(NB. „Die Abbildübertreibung" ist so zu verstehen, wie, sagen wir, die Beibehaltung der Form der Klaue bei der „Klaue" oder der naturalistischen Darstellung des... Kniegelenks in einer Kurbelwelle. All diese wörtlichen Bezeichnungen sind Spuren der Entstehung, „Stigma der Vererbung"; die Prinzipien dagegen sind abstrahiert unter der Beibehaltung dieser verallgemeinerten organisch-physiologischen Voraussetzung. Die Zwischenstadien enthalten noch bildliche Momente: die Enden der Rammböcke werden weiter in Gestalt eines Rammbockkopfes geformt (wie wir sehen, nicht alles kommt vom Menschen!), den Enden einer Belagerungstreppe (die Hacken, die sich an die Wand heften) wird die Form einer Hand mit sich festklammernden Fingern gegeben (siehe die Belagerung Kasans im Schrecklichen. Das ist ~ wie „intellektueller Film" und „innerer Monolog", noch bevor deren Methoden zur Formel „abstrahiert" wurden (vor 1935 [193]).

À noter: in beiden Richtungen – sowohl im „Auge" als auch im „intellektuellen Film" – deren außerästhetischen Anspruch [betonen].

Daher ist Mickey „ekstatisch" und nach dem Dionysischen Kanon ~ rituell!

Mickeys Mysterium ist komisch, aber es gibt auch ein reines Mysterium – Bambi!

(NB. Bezeichnend ist, dass es in diesem Fall um einen Gehörnten geht!!) Doch Ekstase bedeutet intensivste Wirkung. Mickey [demonstriert] ein slowed down [verlangsamtes] *Prinzip* der Ekstase. Eine andere Ekstase, eine formelle und komische. À noter: Bambi ist prozessual. Das Werden.

Letzter Auswuchs des Prinzips einer Dionysischen Verschmelzung mit dem Tier (wie auch mit dem Pflanzenreich, dem aquatischen Element und der aktiven pantheistischen Landschaft).

Hier liegt natürlich einer der tiefsten layer [Schichten].

Genauer gesagt, diese Orgiastik fasziniert, weil die Ekstase durch Einbeziehung die dialektische Entwicklung des Kosmos miterleben lässt.

À noter: Saturn, der seine Kinder verschlingt, wird endlich verständlich. In den bekannten Beispielen des Auffressens eigener Welpen durch Tiere (Spinnen und andere) und in der Wiederspiegelung dieser Stufe im Mythos vom Saturn (Chinesen töten eigene Kinder, es gibt auch etwas über das Känguru nach dem Biologen Wagner[194]), also in dieser Rückführung in sich selbst des von diesem Selbst bereits Ausgesonderten liegt offensichtlich ein nux'artiges Stadium begründet, das sich später im Leben entfaltet und mit der Rückführung in den Tod, ja im Versinken endet.

In der ALTNORDISCHE KUNST (cf. *das Material* von Scheltema) kommt zu einem ähnlichen intermarriage [Mischehe] zwischen dem Tier und seinen *Urahnen*, den Pflanzen, im stilisierten vegetativen Tier des nördlichen Ornaments, wie in meiner Aufstellung vom Totem zu Mickey.

(Eine plastische Metapher des Tiers, das durch pflanzliche Elemente verkörpert wird, so wie bei Lawrence Menschen als Tiere oder Pflanzen dargestellt oder verschiedene Tiere durch andere animalische Stufen vermittelt werden: der Hengst St. Maur als Fisch, Pferde wie Schmetterlinge, Disneys UNTERWASSERZIRKUS; Pferde wie Schlangen in TARAS BULBA.)

Vielleicht ist das *Prinzip der Verzierung des Metalls* (und früher des Steins!!) selbst durch *Bilder von Pflanzen* oder Tiere an und für sich dasselbe *Prinzip Intermarriage* von zwei in der Evolution nahen und in der erreichten Entwicklung polaren Stadien??? Intermarriage von Blake[s] MARRIAGE OF HEAVEN AND HELL. Swedenborg.[195] El Mismo cosmique [Auch kosmisch].

Ein Stein wird vom pflanzlichen Ornament verziert, durchgestaltet.

Ein Tier wird auf dem Metall durch vegetative Formen stilisiert.

Ein Mensch wird metaphorisch mit dem Tier verglichen.

(Lawrence – Mickey)?

Ist intermarriage ihrem Wesen nach die Wiederspiegelung des gleichen Prinzips, das marriage selbst durch die vollzogene Handlung reproduziert – eine aktive Rückkehr zu dem überholten Stadium, das biologisch als urge „zurück in den Mutterleib" existiert (in der Kunst wiedergespiegelt und unabwendbar wirksam gefestigt) und nun über die Verschmelzung, die Schaffung des Neuen erreicht wird (die neue Qualität entsteht durch die Einheit der Gegensätze, die im gegenseitigen Durchdringen miteinander verschmelzen)?

Kann man so grundsätzlich über *diesen urge* sprechen? Ist es etwa eine *keineswegs objektive* Hervorhebung eines, wer weiß warum, für mich wichtigen subjektiven Prinzips, genauso wie Freud aus subjektiven Gründen durch den Ödipus-Komplex verblendet wurde? (Wo übrigens die Ehe mit der Mutter als der deutlichster Mutterleibsrückgang genauso figuriert, wenngleich nicht so betont im Vordergrund steht wie bei ihm! Ist es nichts weiter als Verblendung, wie bei Freud?)

19.I.1944

Für METHODE.

Anyhow [Wie auch immer] – das letztendlich Wichtigste hieran ist, dass sogar das älteste Ornament nach meiner Formel komponiert wird:

der Inhalt (das Sujet) ist hier das Tier,
die Form (die Gestaltung) dagegen [folgt]
*dem Prinzip* der Pflanze!
D. h. die Form ist eine Phase älter als der Inhalt!!
Great – physisch lowest [am niedrigsten]!
Wissenschaftlich der Form nach, sozialistisch im Inhalt – [196]

The highest point on my line [der höchste Punkt in meiner Linie]!!!

20.I.1944

Die Beziehung mit dem Totem – der *vom Urahnen aufgefressen wurde* – sehen genauso aus... In der Tierwelt bei vor-carnivoros [vor-fleischfressenden] Tieren (wahrscheinlich sind sie älter als carnivoros [Fleischfresser]; wie und was Gemeinsames es hier mit Menschen gibt, Übergang zur Fleischkost – Ökonomie der Energie): Tier *isst* Pflanze. D. h. eine höhere Stufe verspeist die niedere.

Bourgeoisie – Proletariat??? Nach der progressiven Absonderung des dritten Standes?

Hier, Gott sei Dank, ist das Phänomen vollständig desexualisiert!! Ganz und gar auf dem Fress-Stadium!

À noter: es gibt auch ein umgekehrtes Phänomen, die tierfressende Pflanzen (NB. Nicht zufällig schreibt gerade Darwin darüber seine scheinbar erste oder eine sehr frühe Arbeit, noch vor ORIGIN OF SPECIES!)

Das Ornament (ALTNORDISCHE KUNST) schließt dies in seine Ästhetik ein: eine frühe Metapher des Tiers ist die Pflanze.

Das Tier wird stilisiert, gestaltet durch vegetative Formen, cf. Scheltema.

D. h. vollkommen ◎ genauso, wie der Mensch, der auf Mickey projiziert wird, oder Lawrences Metapher.

„Lianenartige Hälse"– bedeuten das Durchdringen in den dritten Zyklus: Mensch – Tier – Pflanze.

Carnivoros [fleischfressende] Tiere stehen bereits höher auf der [Evolutions-]Treppe: *der Pelikan* isst Fisch, genauso „vergleicht" Lawrence den Hengst St. Mawr *mit einem Fisch* (Disneys UNTERWASSERZIRKUS). À noter: *Unterwasser – Wasser*. Von der Wasserfläche verschwinden die Kinder in der Tiefe. Ein langes spiralförmiges Versinken – Versenkung.

Auch umgekehrt: *ein Reptil*, die Schlange, verschlingt ein *Säugetier*, ein Kaninchen.

À noter: Die Umkehr einer Evolutionsordnung wird von einem Horrorgefühl beim Wahrnehmenden begleitet. Wenn wir das Kaninchen essen, ist es nicht „amoralisch" und „tut nicht leid". Wenn die Schlange das tut, dann ist es mies und kriminell. Blumen essen Insekten – furchterregend! Wenn Schwalben das tun, ist es nicht schlimm! Angst vor der regressiven Versenkung.

Von hier aus kann man vieles in Bezug auf das Totem [r]ückkorrigieren – das Tier steht jenseits vom Sex!

Mickey.

Hier natürlich im Akt der Verschmelzung von Mensch und Tier nach einem besonderen Schema:

Der Mensch verspeist rituell das Totemtier.

Der Mensch durchbohrt das Tier bei der Jagd (verschlingt es oder wird von ihm verschlungen).

Der Mensch kämpft mit dem Tier bei der Corrida.

Der Mensch kopuliert mit dem Tier.

Der Mensch verkleidet sich als Tier (beim Karneval oder den Dionysien).

Der Mensch in Gestalt des Tiers – literarisch metaphorisch (Lawrence).

Der Mensch in Gestalt des Tiers – komisch verschmolzen (Mickey Mouse).

Der Einheit der Gegensätze – einem *immer ekstatischen Moment* – liegt ein genauer Mechanismus zugrunde, der allen Regeln des Kanons „Die Schlange beißt sich in den Schwanz" folgt. Das heißt

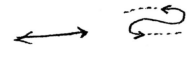

1. die Gegensätze sind *unbedingt* stadial (das heißt transitorisch fortschreitend entlang der Evolutionslinie; eine passiv evolutionäre Einheit);
2. polar wie die „Enden" einer (jeder) Linie, die unbedingt, unausweichlich in verschiedene Richtungen streben;
3) willensstark aktiv, „revolutionär" aufeinander zustrebend bei gegenseitiger Durchdringung.

So ist die Einheit der sexuellen Gegensätze (nach Hegel, nicht nach Freud).

Das Männliche und das Weibliche sind stadial in Bezug aufeinander, wachsen nach rechts und nach links aus dem ursprünglichen Androgyne. Evolutionär passiv gesehen, ist es eine *ununterbrochene* Reihe. In einem aktiven Zustreben aufeinander sind sie konträr.

So ist die Einheit der Gegensätze im Bewusstsein. Aus dem sinnlichen Denken erwächst das logische Denken, die im Akt gegenseitiger Durchdringung, revolutionärer *Simultaneität* (und nicht passiv konsekutiv), ein dialektisches Bild hervorbringen. Sozial ist es ein föderativer Staat mit der definitiven Abgrenzung des nationalen Elements etc.

19.I.1944

*Die Hervorhebung der Nahaufnahme* ist interessanter- und bezeichnenderweise ein Zug der ursprünglichen *Individualisierung*; das passiert auf den frühesten Stufen der Kunst, im letzten Stadium (der III. Periode) der Evolution der verzierten Hauptbedeckungen... der Eisenzeit, das heißt gegen Ende der Periode zwischen cirka 1000 J. vor Ch., *genauer zwischen (I) 1000* – bis 5000 bis 500 vor Christi (II) und (III) nach Christi bis 1000 (nach Hoernes/Menghin [197]).

Hier ist das deshalb interessant, weil es (wahrscheinlich) mit dem Moment der Entstehung des *Individualisierungsprinzips* überhaupt zusammenfällt (das wird schon sehr deutlich in der ganzen Linie des hiesigen transparenten Geschehens reflektiert!).

Das heißt im diffusen komplexen Bewusstsein entsteht zum ersten Mal überhaupt die Möglichkeit einer Individualisierung, und auf der ersten Windung der Spirale wird dieses Ereignis plastisch wiedergespiegelt.

NB. Wahrscheinlich [läuft es] im I., II. Paläolitt und Neolithikum genauso...

7.I.1944

*Totem. Mein Epos*

In „Mein Epos" tritt MEXICO! als gewisses *Mysterium* ein – *eine Kosmogonie über Leben und Tod. Ein Übergang von der biologischen Mortalität zur sozialen Unsterblichkeit.*

(Dieses ausführlich ausbauen. Dabei beiläufig alle „frühe Taten" schlechthin streifen.)

1. Corrida und Dionysien.
2. Masken des Todes und das Spiel mit ihnen. Ägyptische Myst[erien] von Isis, unter dem Schädel – Isis' Antlitz.
3. The Dying God [der sterbende Gott] – Sebastian und Golgatha. [198]

Entstehen des Lebens – Verneinung des Lebens – Wiedergeburt.

Das biologische Paradies – *invasion* der Sklaverei – ihr Umsturz.

19.I.1944

*Mein Epos. Methode*

Das Prinzip Zelle → Organismus, das heißt *wieder Organik!*

Umrahmend:

Dasselbe Prinzip in meinem ersten opus und im IWAN. Mein erster dramatischer Versuch. Zuschauer auf den Tribünen in MEXIKANER *nach dem Prinzip der explosiven Mischung aller Interessen.* Dasselbe im IWAN.

Die kompositionelle Struktur von FRUNSE: Principe pure [das reine Prinzip]. [199]
Zelle: eine Pistole, eine Bombe, ein Schlagring und Mise-en-scène evading [das Arrangement einer fliehenden] Meute der Schwarzhunderter in Iwanowo-Wosnessensk werden genau bei der Konzipierung der Militäroperation auf der Meeresenge von Krim wiederholt und von vielen Tausenden Personen und Kanonen reproduziert.

„Brüder – Brüder!"[200] Zelle – Organismus, das heißt keine formelle Wiederholung, sondern eine organisch-spiralartige.

(Wie das Eindringen des Spermatozoon sich im Eindringen des ganzen Mannes ins ganze Weib wiederholt.)

Prolog des SCHRECKLICHEN als psychologisch traumatisch Nux für die Entfaltung des ganzen Lebens von Iwan. Die erste Szene ganz in der Finsternis des Unterbewusstseins. Licht eindring[t] in dieses Eingeweide.

Von da aus zum „Hinaustreten aus der Handlung", wie „ins Publikum" im Theater oder ein Stück Zeitung, das Picasso in ein Bild einklebt.

Eindringen der Primitiven Kunst. Surréalisme ~ [nah] dem Naturalismus der Felsenmalerei – über den Automatismus ~ zur Eidethik!

20.I.1944

*Mein Epos*

O mein Gott!

Ich habe DIE GENERALLINIE ganz vergessen, den Film über... einen Totem*ochsen!* Über Fomka.

Über überhaupt – der ganze Mythologismus der GENERALLINIE.

Interessant – das Photo von Fomka in einer mexikanischen Zeitschrift, das ihn gerade als potenziellen Urahnen präsentiert!

20.I.1944

*Mein Epos*

DAS ALTE UND DAS NEUE

Der Ochse.

Das Mysterium der Ehen mit Tieren.

Aber noch wichtiger:

Fomka geht unter und wird als... Traktor wiedergeboren.

Das Zerreißen des Stiers Dionysos und die Entstehung von etwas Neuem, Transfiguriertem aus seinen Teilen. Phönix.

Das Ende mit dem Tausch: Marfa auf dem Traktor, der Traktorist mit der Harke, derselbe primordial background [urtümliche Hintergrund] wie der Kleidertausch in

L'Age de Juliette. [201]

Die Befruchtung der Erde durch den Himmel mittels eines Milchregens.

Marfas Traum. Als… Entführung Europas (so konzipiert). [202]

Ganz zu schweigen vom gesamten sinnlichen und erotischen Komplex des Films.

Der erste Tropfen.

Der zerrissene Rock etc. etc.

**Nachwort**

*Selbstporträt in fremdem Rahmen*

Der Text über Walt Disney ist Teil des unvollendeten Buches METHODE – einer Untersuchung des Zusammenhangs zwischen dem archaischen Denken und der Kunstpraxis, die Eisenstein 1932 in Mexiko konzipiert und an der er bis zu seinem Tod gearbeitet hat.[203] Er suchte darin nach einem universellen Analysemodell, mit dessen Hilfe heterogene Phänomene beschrieben, strukturiert und erklärt werden könnten: Höhlenmalerei und Kubismus, Hollywoodfilme und Zirkus, Ornament und musikalischer Kontrapunkt, verschiedene Schauspieltechniken, das Sujet in der Literatur, Rubljow und Utamaro, Shakespeare, Balzac und Dostojewski, Dumas d.Ä. und Tolstoi, Picasso und Joyce, die Elisabethaner und Disney. Kaum jemand zuvor hatte das Werk des Mickey-Mouse-Schöpfers in diesen opulenten Kontext der Hochkultur gestellt.

Die Geschichte der Beziehungen zwischen Eisenstein und Disney ist kurz erzählt – eine längere Erklärung dagegen brauchen jene autobiographischen Umstände, die das Schreiben des Textes begleiteten.

Eisenstein besucht Disney in seinem Studio im Juni 1930 während seines Aufenthalts in Hollywood. Er lässt sich am Eingang des Studios mit Mickey Mouse fotografieren und schickt das Bild an Pera Ataschewa nach Moskau, mit der Unterschrift: „To my best friend in the USSR with my best friend in the USA, Hollywood, 14.9.1930."

Die nächste Begegnung findet fünf Jahre später statt: Ende Februar 1935 sitzt Eisenstein in der Jury des 1. Internationalen Filmfestivals, das – zwei Jahre nach dem allerersten Festival der Filmgeschichte, in Venedig – nun auch in Moskau veranstaltet wird. Im Wettbewerb sind Filme von King Vidor, Cecil B. DeMille, René Clair, Walt Disney, Julien Duvivier, Jacques Feyder, Marcel L'Herbier, Alessandro Blasetti, Gustav Mahaty und die MGM-Produktion VIVA VILLA! von Jack Conway vertreten – eine für Eisenstein schmerzhafte Erinnerung an den eigenen, unvollendeten Mexiko-Film: Conway hatte am selben Ort gedreht und in seiner Version der mexikanischen Revolution sogar einige Kompositionen Eisensteins nachempfunden. In einem Interview sagt Eisenstein, der beste Film sei DIE DREI SCHWEINCHEN von Walt Disney. Den ersten Preis teilen sich allerdings drei Werke des sozialistischen Realismus – TSCHAPAJEW, MAXIMS JUGEND und DIE BAUERN, doch Eisenstein setzt immerhin durch, dass Disney einen dritten Preis, hinter René Clairs DER LETZTE MILLIARDÄR, bekommt – für die „visuelle Kultur und ausgeklügelte Musikalität".

1938 sucht er für ALEXANDER NEWSKI einen Komponisten und entscheidet sich für Sergej Prokofjew. Nicht zuletzt, weil dieser seine Begeisterung für Disneys Meisterschaft bei der Synchronisation von Bewegung und Musik teilt und gerade aus den USA zurückgekehrt ist, wo er SNOW WHITE mehrmals gesehen und ein Angebot, für Disney zu arbeiten, bekommen hatte.

Am 21. September 1940 beginnt Eisenstein über Disney zu schreiben, und kommt schnell voran (etwa ein Fünftel des Textes – 100 Blätter – sind in dieser Zeit ins

IWAN DER SCHRECKLICHE (1946 / 1958)

Reine geschrieben worden, und er findet sogar die Zeit, die gefundenen Zitate aus Lewis Carroll und Hyppolite Taine selbst ins Russische zu übersetzen). Seine Arbeit wird durch Stalins persönlichen Auftrag, einen Film über Iwan den Schrecklichen zu drehen, im Januar 1941 unterbrochen. So taucht er in ein anderes Material ein und beendet am 8. April 1941 die erste Drehbuchfassung. Ob er danach an DISNEY weiterarbeitet, ist im Manuskript nicht vermerkt, denn zu einer zweiten großen Pause kommt es kurz darauf durch den Ausbruch des Krieges am 21. Juni und die Evakuierung nach Alma Ata am 14. Oktober 1941. Doch am 16. November 1941 nimmt Eisenstein die Arbeit am Text wieder auf.

Die neue Situation diktiert einen neuen Arbeitsmodus: „Stoff zum Zitieren ist nicht greifbar. In Moskau ‚ertrank' ich in Zitaten." Das war seine Rettung, ja die Freiheit. Der Textfluss wird abgelöst durch einen anderen Schreibstil - Fragmente, asyntaktische Notizen, aphoristische Gedanken, Kommentare, ständige Rückkehr zu einem Thema, das der Autor umkreist.

Die Arbeit am Text ist eng mit der am Film verbunden. Disneys Tiere und die Figuren des russischen Tyrannen-Dramas sind für Eisenstein Verkörperungen einer ekstatischen Orgiastik - im Komischen und im Tragischen.[204] Das Eine hilft, das Andere zu verstehen. So kann Eisenstein dank der Arbeit am Disney-Text seinen Film samt der Genealogie seines Schaffens neu sehen. Durch den Film findet Eisenstein, wie er im Manuskript bekennt, eine Methode, den Disney-Text zu schreiben: „Zunächst den Kern erfassen und dann das Belegmaterial als Anhang anbieten."

Bald fährt sein Kameramann Eduard Tissé nach Moskau und bringt ihm die notwendigen Bücher mit. Das Zitieren geht weiter. Eisenstein arbeitet am Manuskript bis zum Drehbeginn (April 1943), später in der Drehpause. Nach einem halben Jahr Tag- und Nachtarbeit bricht er zusammen und wird in die Berge, in ein Sanatorium, geschickt. Dort macht er Anfang Dezember 1943 wieder Exzerpte für DISNEY - diesmal aus D. H. Lawrences Erzählung ST. MAWR. Im Januar 1944 bereitet er neues Belegmaterial für den Text vor. Am 20. Januar 1944 wendet sich Eisenstein mit einem Brief direkt an Stalin und bittet um mehr Zeit, damit er den Film ohne Stress beenden kann. In dieser Zeit schreibt er auch am DISNEY-Manuskript weiter.

Er wechselt unterdessen den Rahmen seines großen Buchprojekts, das er bislang als eine strukturalistische, ästhetisch-psychologische und autobiographische Untersuchung niederschrieb, und überdenkt das ganze Konzept noch einmal - als ein anthropologisches. Der Körper wird als direkte Quelle und als Material der Kunst verstanden. Die Haut ist der Malgrund, die Tätowierung wird als erstes Autoporträt analysiert, der Unterleib als eine Urform der Architektur und der Keramik. Die Körperflüssigkeiten und -ausscheidungen (Blut, Urin, Exkremente) begründen die Farbskala. Das Skelett als ein Modell der Struktur wird durch den flüssigen Körper ersetzt, und in der Form wird nach plasmatischen, polymorphen Qualitäten gesucht. Die Ausdrucksbewegung wird am Beispiel der Amöbe analysiert. Anstelle von Fabel, Sujet und Metapher wird die Semantik der visuellen Grundformen erforscht, und der Kreis nimmt hier eine zentrale Position ein. Freuds Ödipus wird durch Otto Ranks Hypothese vom primären Trauma, dem Trauma der Geburt, verdrängt. Nicht die Vatersuche, sondern der archaische Mythos von der Sintflut wird als zeitloses Sujet untersucht. Das bestimmt den neuen Kontext seiner DISNEY-Untersuchung ebenso wie die Notizen zum Totemismus und Opferritualen, die in diesen Text aufgenommen werden.[205] Disney avanciert zum zentralen Objekt der Analyse, weil in seinem Werk die plasmatischen Qualitäten der Form, synästhetischer Empfindungen von Ton und Farbe, der perfekte visuelle Rhythmus mit Animismus und Totemismus vereint sind. In diesen Besonderheiten der Form entdeckt Eisenstein eine lange genealogische Linie und eine tiefe Sehnsucht nach Freiheit, die es erlauben würde, sich die Beziehungen zwischen Mensch und Natur anders vorzustellen, ja zu gestalten.

Anfang Juni 1944 wartet Eisenstein auf seinen Kameramann Andrej Moskwin, um weiter zu drehen; es geht um die letzte Szene seines Films, die er in Farbe plant. Auch in dieser Pause entstehen neue Notizen für DISNEY – über den Übergang des Tierischen ins Ornamentale. Noch einmal kehrt Eisenstein zu dem Manuskript im Sommer 1946 zurück – nach einem schweren Herzinfarkt. DISNEY wird nicht beendet, genauso wie das gigantische Buch METHODE. Aber die wichtigsten Thesen hatte Eisenstein für sich „im Kern erfasst", ihre *Übersetzung* den Lesern überlassen.

*Auflösung der Form*

Nicht bei der Synästhesie oder beim perfekten Rhythmus Disneys setzt Eisenstein an, sondern bei einer Eigenschaft, die er bewundert und deren unwiderstehliche Attraktivität er eloquent beschreibt: jene instabile Stabilität, die Disney im Bereich der Form erreicht, ist deshalb paradox, weil die Form existiert und sich stets in der Selbstauflösung befindet. Diesen Zustand empfindet er als Ausdruck der absoluten Freiheit.

> Der Verzicht auf die Bindung an eine ein für allemal festgelegte Form, die Freiheit von Erstarrung, die Fähigkeit, dynamisch jedwede Form anzunehmen. Eine Fähigkeit, die ich als plasmatische Eigenschaft bezeichnen würde, denn hier bewegt sich ein gezeichnetes Wesen, das eine bestimmte Form und ein bestimmtes Antlitz erlangt hat, wie Protoplasma, welches noch keine stabile Form besitzt und jede, ja alle Formen der animalischen Existenz auf der Stufenleiter der Entwicklung annehmen kann.

Die Glieder von Disneys Tieren können sich unendlich dehnen, jeder feste Körper erreicht die biegsame Beweglichkeit des Flüssigen, jedes Wesen kann jede Gestalt annehmen; Fische werden zu Elefanten und Wellen zu Boxern. Die Standardisierung der Moderne ist überall – nicht nur in den USA – triumphierende Gegenwart. Produziert sie die Nostalgie nach einer verlorenen Fähigkeit zur Verwandlung, zur Annahme jeglicher Form? Weg von Erstarrung, Verkrustung, Skelett, Korsett, hin – zum Zustand des Momentanen und Undefinierten? Disney vermittelt die Sehnsucht nach dieser verlorenen Freiheit in seinen fliehenden Linien und in sich dehnenden Umrissen.

Diese protoplasmatischen Eigenschaften wohnen solchen Materialien wie Wasser, Feuer, Luft und Sand inne, den Elementen des Ursprungs. Deshalb sucht Eisenstein nach Disneys Vorfahren nicht nur unter Zeichnern und Karikaturisten (wie John Tenniel, Walter Trier, Wilhelm Busch, Utagawa Toyohiro, Grandville, Olaf Gulbransson, Saul Steinberg, Walter de la Mare oder William Steig), sondern er erinnert sich an Leonardos Übungen mit nassen Flecken (und trainiert sich selbst in der Produktion und Interpretation dieser fließenden Formen. Eisenstein denkt dabei aber auch an vom Feuer besessene Schriftsteller, die fähig waren, ihre pyromanische Ekstase in Worte zu übersetzen: Napoleon, Lewis Carroll, Gorki und Zola. Sie alle waren von der paradoxen Fähigkeit des Elements begeistert: Form sein, also eine erkennbare Struktur annehmen, und sofort in den gestaltlosen Ursprung zurückkehren. Carroll und Joyce konnten Worte in diesen plasmatischen Zustand zurückbringen. Wie das innerhalb des Gefangenseins in einem Umriss funktioniert, zeigt Eisenstein bei der Analyse von Disneys animierten Zeichnungen.

*Die beseelte Linie*

Die Linie ist die Begrenzung der Form, bei Disney aber ist es eine sich stets bewegende Linie. Die Linienzeichnung wird durch diese Bewegung in die Plastizität geleitet und animiert. Nicht nur im Bereich der Objekte – Tiere, Pflanzen, Gegenstände, sondern auch in der Form der gezeichneten Tiere, Pflanzen und Gegenstände offenbaren Disneys Filme ihre animistische Grundlage. Allein der Begriff „animated cartoon" verweist auf anima und animation, auf Beseelung und Bewegung, d. h. Beseelung durch Bewegung.

Metamorphosen sind deshalb nicht *Gegenstand* oder *Sujet* bei Disney, sondern Eigenschaft seiner Form, welche die Essenz der Kunst verkörpert, einer zutiefst mythologischen und archaischen Tätigkeit. In der Umrisszeichnung, die mit der Bewegung des Auges, der Hand und des ganzen Körpers um das abzubildende Objekt verbunden ist, sieht Eisenstein den Ursprung zeichnerischer Tätigkeit. Deshalb führen uns Disneys Zeichnungen in prähistorische Zeiten zurück, zum Ursprung der Kunst des Bildes schlechthin. Eisenstein trennt deren Entstehung vom Totenkult und verbindet sie mit der Belebung:

> ...eine Zeichnung [bedeutete] einst hauptsächlich (und fast ausschließlich) einen *Lauf*, eine gleichsam nur zufällig zeichnerisch fixierte Bewegung. [...] Eine belebte Zeichnung ist die unmittelbarste Realisierung des... Animismus! Etwas offensichtlich Totes, die Zeichnung, wurde belebt – animiert – animated. *Die Zeichnung an sich* ist – unabhängig vom Gegenstand der Abbildung! – zum Leben erweckt worden. [...] Doch untrennbar davon ist auch das Sujet, der Gegenstand der Abbildung, belebt worden: Tote Gebrauchsgegenstände, Pflanzen und Tiere sind beseelt und vermenschlicht. Der Prozess einer mythologischen Personifizierung von Naturerscheinungen (Wald durch Waldgeist, Haus durch Hausgeist etc.) – nach menschlichem Vor- und Ebenbild – kommt in Gang.

Eisenstein liest Anthropologen, Soziologen und Psychologen – Tylor und Engels, Frazer, Levy-Brühl, Wundt, Freud und Durkheim, um seine Vorstellungen davon, was Animismus und Totemismus in der modernen rationalen Gesellschaft so lebendig erscheinen lässt, zu formulieren. Warum fühlt sich der Mensch mit seiner Umgebung – Natur, Stein, Pflanze, Tier – verbunden? Das Erlebnis der Landschaft oder der gegenständlichen Umwelt ist durch und durch animistisch. Konstruktivisten sind in dieser Hinsicht nicht weniger archaisch als Symbolisten. Eisenstein schreibt lange Zitate aus Lawrences Roman WOMEN IN LOVE heraus – über die erotische Vereinigung des Helden mit Pflanzen. Der Akt der Verschmelzung von Mensch und Tier folgt einem besonderen Schema, das tief im Ritual verwurzelt ist. Bei der Jagd, im Kampf und bei der Opferbringung verschlingt der Mensch das Tier oder wird von ihm verschlungen, er kopuliert mit dem Tier oder verkleidet sich solches. In all diesen Formen ist die ursprüngliche Einheit der Gegensätze spürbar, die einen *ekstatischen Moment* immer dann bereitet, wenn der Übergang aus einem Zustand in den anderen erfahren wird. Eisensten glaubt jedoch, dass er die Grenzen zwischen Horror, Ekstase und Lachen ziehen und das Mythologische vom Rationalen trennen kann – im Leben wie in der Kunst.

STREIK (1925)

## Die „unbequemen" Toteme

In der Verbindung zum Totemismus liegt die unwiderstehliche archaische Wirkung Disneys, und das nicht deshalb, weil seine Tiere „niedlich" sind. Bei der Betrachtung von Disneys Mäusen, Rehen, Tintenfischen und Hunden geht Eisenstein nicht nur den offensichtlichen Spuren nach. Nicht die unzähligen Generationen der domestizierten Tiere – Fabelwesen aus Volksmärchen oder Tiergestalten von Ovid, Homer, Vergil, Äsop, La Fontaine, Iwan Krylow, Goethe und taoistischen Parabeln – interessieren ihn, sondern die unbehaglichen Tiere des modernistischen Bestiariums mit verkehrten, ambivalenten Objekt-Subjekt-Beziehungen, die unheimlichen Tiere von Edgar A. Poe und Comte de Lautreamont, D. H. Lawrence und Lew Tolstoi.

In Balzacs UN AMOUR DANS LE DESERT findet er eine einfache Umsetzung der umgekehrten Metapher: ein Soldat, der sich in der Wüste verirrt hat, beschreibt seine einzige ‚Freundin', eine wilde Raubkatze, die er auf den Namen Mignon tauft, wie eine Salonlöwin der Halbwelt. Die ‚Liebesbeziehung' der beiden endet mit einer „Kastration": die Löwin bringt den verliebten Soldaten um sein Bein. In Edgar A. Poes Kurzgeschichte METZENGERSTEIN wird ein riesiges, auf einem Wandteppich abgebildetes Ross lebendig und reitet einen grausamen Baron in das Feuer. Das Totemtier triumphiert über den Reiter und macht eine Prophezeiung wahr, allerdings nicht ohne Ambivalenz: auf dem Wandteppich ist der Tod des Rivalen des Barons dargestellt, doch dieser bleibt in seinem Sterben auf dem Bild ja unsterblich, anders als der Körper des Barons, der vom Feuer verschluckt wird.

Durch diese Tiere wird Eisenstein zum ersten Mal auf sein Bestiarium aufmerksam, das für ihn das mythologisch Monströse der Moderne, das nicht überwundene

DAS ALTE UND DAS NEUE (1929)

Archaische, offenbart. Der Panzerkreuzer „Potemkin" erscheint ihm jetzt als mechanischer Fisch, das Geschwader als Wal, der Stier als Traktor. Disneys komisches und zuweilen groteskes Bestiarium steht Eisensteins ekstatischen Kühen und Ochsen gegenüber, die in seiner GENERALLINIE (DAS ALTE UND DAS NEUE) wie mythologische Wesen kopulieren. Die sterbenden oder todbringenden Stiere der Corrida nehmen auf Eisensteins Zeichnungen den Platz Jesus' ein, sein Film-Stier aus DAS ALTE UND DAS NEUE ersteht als Gott der jahreszeitlichen Wiederkehr auf.

Bei Dreharbeiten zu OKTOBER (1927)

Die tödlichen Totems von Poe, das unheimliche Pferd von Lawrence führen Eisenstein zu eigenen Traumen. Nach klassisch psychoanalytischer Matrize geschieht das im Traum. Völlig erschöpft von den Dreharbeiten zu IWAN, fährt er in die Berge. Dort schreibt er Zitate aus Lawrence Erzählung heraus, die er für die Argumentation seines DISNEY-Aufsatzes braucht. Hier wird der geheimnisvolle Hengst St. Mawr zum Rivalen des impotenten Künstlers Rico. Beim Abschreiben dieser Zitate wird Eisenstein an seine einstigen Rivalen erinnert – an Boris Arwatow, dem er die Braut,

Bei Dreharbeiten zu Oktober (1927)

Streik (1925)

Oktober (1928)

Agnia Kassatkina, nahm, und an Dsiga Wertow, dem er den Ruhm nahm. Beides wird im Text nur angedeutet. Anders als in seinen Tagebuchnotizen, darin war der junge Eisenstein einst deutlicher. Am 3. Januar 1927 schrieb er in sein intimes Journal: „Alexej Gan ist verrückt geworden. Alkohol. Und das psychische Trauma der Eifersucht auf mich wegen Esfir Schub. Weil ich sie erotisch und moralisch total (par excellence) beherrsche. Ganuschkin ist der Psychiater von Esfir... Da erinnere ich mich gleich an einen anderen Fall aus seiner Praxis. Le cas [der Fall] Arvatoff – Kassatkina. Wieder bin ich involviert. Wer ist der nächste, wer die nächste?"[206] Arwatow starb 1940, doch von seinem Tod in einer Nervenheilanstalt hatte Eisenstein nichts mitbekommen. Genauso wenig wie von Wertows Problemen in Alma Ata.

1925, nach der Premiere von Eisensteins erstem Film Streik, der mit der Abschlachtung eines Ochsen endet, erklärte Wertow den jungen Regisseur zu seinem missglückten Nachahmer und bezichtigte ihn in einer öffentlichen Diskussion des Plagiats. Eisenstein habe alles bei ihm entlehnt – Montageaufbau, Einstellungskomposition, Titelgestaltung, jedoch mit einer dekadenten, artifiziellen Theatermaske verdorben, mit Posen der stummen Ekstase und Fratzen aus dem „Theater der Dummköpfe"[207] – er meinte, die Schlachthofszene sei aus seinem Film-Auge geklaut. Dieser Konkurrenzkampf wurde vom Ausland ungewollt verschärft: 1925, auf der Weltausstellung in Paris, bekam STREIK die Goldmedaille, Wertows FILM-AUGE eine silberne. Arwatow - ausgerechnet Arwatow! - versuchte die beiden zu versöhnen und behauptete, sie führten sich auf wie "intellektuelle Künstler", die noch in den alten Kategorien individueller Schöpfung denken, dabei seien ihre Arbeiten gar nicht so weit voneinander entfernt. [208]

Wertow erscheint hier im Text in der französischen Transkription wohl nicht zufällig als „Vertoff" - auf Eisensteins Triumph in Paris anspielend. Er ist zu der Zeit, als Eisenstein diese Notizen verfasst, ebenfalls in Alma Ata - ein geknickter und verbitterter Regisseur aus dem Studio für Wochenschauen, der vor einem Jahr seinen letzten Film, unter seinem Namen, beendet hatte. Nach AN DICH, FRONT (ТЕБЕ, ФРОНТ) kann er nur noch namenlose Sujets drehen.

Die Gestalten aus dem Traum führen Eisenstein zu den alten Diskussionen zurück. Seine Theorie und die von Gan / Wertow, die intellektuelle und die eidetische, bilden zwei Pole, die Eisenstein dank seiner Beschäftigung mit dem Ursprung der bildenden Kunst in einen anderen Kontext stellt. Ist Film ein „Auswuchs" des Auges, der Hand, des Gehirns, des Penis' oder des Mutterleibs?

Wertow kommt hier nicht zwischen zwei abgeschlachteten Ochsen vor, sondern zwischen zwei Hengsten: bei Poe nimmt das Ross dem Helden das Leben, bei Lawrence bringt das Tier einen Mann, den Maler Rico, um die Potenz. Die Manege, in der sich Eisensteins Traumszene abspielt, befindet sich in der Granatapfelgasse - dieser Name führt zu besagter Frucht aus dem Garten Eden, die oft als der eigentliche Apfel dargestellt wird. Der Name Agnia erinnert ihn an Dostojewski und nicht an den Feuergott Agni, der wiederum kurz davor in seinen Notizen aufgetaucht ist. Mit Agnia sind intime Erinnerungen an sein sexuelles Versagen verbunden. Sie hatte ihn daraufhin gezwungen, sich der Psychoanalyse zu unterziehen. Allerdings predigte Aron Salkind, mit dem sich Eisenstein auf Agnias Drängen traf, eher Enthaltsamkeit, damit wertvolle Energie nicht sinnlos im Sexuellen verbraucht wird. Im Traum ist Eisenstein Rico und St. Mawr zugleich. Diese Umkehrung der Subjekt-Objekt-Beziehung wird zum eigentlichen Gegenstand seiner Neugier:

> Der Stierkampf ist gleichsam eine Vereinigung mit dem Totem - zunächst im Akt von dessen Tötung (und dem anschließenden Verzehr im Restaurant!), begleitet vom *gleichen* Risiko des Getötet-Werdens. Also sieht der Stierkampf im Umbruchmoment eines vor: den Übergang vom Verschlingen zum Verschlungen-Werden. [...] Das Durchbohren des Tieres durch den Speer des Jägers ist gleichfalls ein[e] mystische Vereinigung. Ein ritueller Moment hier + ein praktischer. Man kann sagen, dass der erste (rituelle Moment) in *dieser* Form und im Stierkampf überlebt hat.

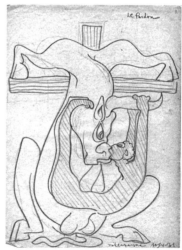

LE PARDON 3 (1931)

Diese Motive erscheinen zunächst in unzähligen Zeichnungen - als ein graphisches Vorgefühl seiner Gedanken. Sein Serienprinzip entwickelte er in Mexiko und erklärt es als eine antrainierte Technik, die ihm hilft, einen Automatismus in der

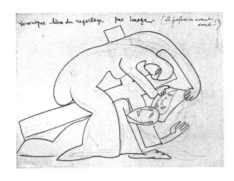

Linienführung zu erreichen und sich von der Abbildung zu Gunsten der Abstraktion zu lösen. Bekannte Motive der christlichen Ikonographie bilden die Sujets seiner mexikanischen Serien, in deren Mittelpunkt zergliederte und gemarterte Körper stehen: Johannes der Täufer und Salome, Josef und Potiphars Frau, der Heilige Sebastian, Judas und Jesus, Macbeth und Duncan, Toreros und Stiere – Verführer und Verführte, Märtyrer und Peiniger, Sterbende und Auferstehende sowie die erste Fotoreporterin, die all das fixierte: Ste. Véronique, Wertows Vorgängerin.

Eisenstein trainiert die Umrisszeichnung, die er bei Disney bewundert und bei der der Bleistift die Figuren in einer Bewegung erfasst. Er arbeitet mit geometrischen Linien und ovalen, fließenden Formen. Die ersten werden zu Instrumenten des Todes (Kreuz oder Schwert), um die sich amorphe Körper renken.

Die Umkehrung der Subjekt-Objekt-Beziehung führt dazu, dass Golgatha und Corrida zusammengebracht werden: Toreros und Ochsen tauschen Plätze, werden gekreuzigt oder vereinigen sich in der todbringenden Umarmung. Ihr Kampf ist bestimmt von der totalen, verschlingenden Vereinnahmung. Deshalb wird auch Corpus Christi als direkte Quelle – des Weines, des Fleisches – in der industriellen Verarbeitung dargestellt, auf den Kannibalismus der Kultur hindeutend, die immer vom Körper ausgeht und nur drei Arten seiner Vereinnahmung kennt: Essen, Töten, Kopulieren.

Corrida und Golgatha beschwören nicht nur den Tod, der als Orgie gefeiert wird, sondern auch die Wiedergeburt. So werden christliche Helden zu heidnischen Göttern der jahreszeitlichen Wiederkehr. Deshalb tritt MEXIKO in Eisensteins Epos als ein Mysterium ein – als eine Kosmogonie vom Leben und Tod. Hier begreift er die Kunst als einen „Übergang von der biologischen Mortalität zur sozialen Unsterblichkeit". Diese Einsichten formuliert er am Schluss seines Disney-Textes.

Verlorene Potenz, die eine traumatische Erinnerung auslöste, transzediert er. Nichts desto trotz taucht im Text Poes Erzählung auf, in der die Potenz mit dem Atem verbunden ist: THE LOSS OF BREATH (1832). Der Titel erscheint hier auch in der französischen Übersetzung, dank der Erinnerung an Marie Bonapartes Analyse, einer Autorin, die wiederum mit dem feuerbesessenen Napoleon verwandt ist. Eisensteins eigene sexuelle Reinheit, seine Jungfräulichkeit und Keuschheit, befähigen ihn, wie er glaubt, zu bahnbrechenden Gedanken. Er kann eine Kunsttheorie entwerfen, die Freud und Marx strukturell ähnlich ist, Freud jedoch übersteigt:

> Vielleicht ist meine persönliche „Reinheit" das, was mir die Möglichkeit gibt, dieses im wissenschaftlichen Vorteil so Wichtige[s] durchzuführen – diesen Grundbegriff zu desexualisieren und Sex als eines der und nicht als primär einziges darzustellen.

In den von Psychoanalytikern beschworene Traumen, seien es die Muttertraumen oder Vatertraumen, entdeckt er soziale Ursprünge. Im sekundären symbolischen Ödipus-Trauma, in der Rivalität mit dem Vater, sieht er die Anfänge der sozialen Revolte, die er gerade in IWAN in Szene gesetzt hatte.

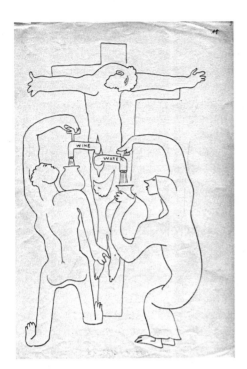
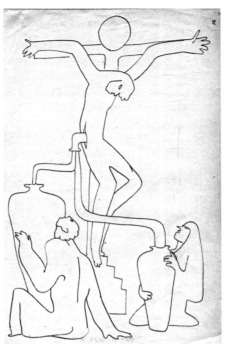

Die Rolle des Vaters in „Iwan" ist besonders schön in Fedkas Drama: Der Übergang vom blutsverwandten Vater (physiologisch-physisch) zum sozialen (gesellschaftlichen) Vater, dem Zaren.

Der eine verkörpert die Sippe, den biologischen Staat, Iwan dagegen – den sozialen. Die Trennung von der Mutter betrachtet er – Otto Rank folgend – als ein primäres biologisches Trauma, als Trennung von der Natur.

## Evolution

Eisenstein entwickelt in seinem Aufsatz eine raffiniert aufgebaute Genealogie von Disney, von sich selbst und von der Kunst, die Filmkunst eingeschlossen. Es ist kein Zufall, dass diese Analyse den Autor unweigerlich zu Evolutionstheorien und Genesismythen führt. Die Reihe, die er hier aufmacht, ist genauso wenig traditionell, bringt er doch Hegel, Darwin und Ferenczi zusammen.

Zunächst aber konfrontiert er seine Leser mit den Mythen der Schöpfung, der Erschaffung des Menschen und des Lebens aus den Elementen (Asche, Erde, Lehm), die er James Georges Frazers CREATION AND EVOLUTION IN PRIMITIVE COSMOGONIES, der „Fundgrube der Lehren der Urvölker über die Genesis" entnimmt. Am meisten fasziniert ihn das Märchen vom primären Klumpen, aus dem sich allmählich alles

S. Eisenstein: SELBSTPORTRAIT (1944)

ausdifferenziert, in der Nacherzählung eines deutschen Missionars in Australien namens Carl von Strelow. In diesem Märchen von den nicht gentrennten „Elementen" ist bereits das Totem vorhanden, der Kern der „rein evolutionären" Lehren. Eisenstein bringt Darwin mit dem Totemismus zusammen, denn in diesem Glauben treten bereits Tiere als Ahnen, als „vergötterte" Totems auf. Ferenczi wird für ihn wichtig, denn in dessen Buch VERSUCH EINER GENITALTHEORIE entdeckt er dieselbe evolutionäre Vorstellung: „In der biologischen Schichtung der Organismen werden alle frühere Etappen irgendwie erhalten und durch Zensurwiderstände auseinandergehalten, so dass es auch beim lebenden Organismus mit Hilfe einer analytischen Untersuchung gelingen würde, aus dem aktuellen Verhalten und aktuellen Funktionsweisen die entferntesten Vergangenheiten zu rekonstruieren."[209] Diese Ausführung braucht er für die Stützung seiner Vorstellung von der Wirkung des Bewusstseins, im dem das Prälogische, Sinnliche und Logische nebeneinander existieren, und die Kunst, die all diese Schichten mobilisiert,[210] funktioniert als Modell des kulturellen Gedächtnisses, in dem wiederum diese Schichten einander überlagern und überschreiben.[211]

Er versteht Hegels Naturphilosophie als ein Evolutionsschema – vom Lehm zu Gott, von der geologischen, vegetabilischen Natur zum Tierischen und zum Geist. Das Schema dient ihm als Stufenleiter für das Verständnis der Evolution der Form, die immer eine Stufe älter ist als das Sujet. Deshalb folgt die Gestaltung des Tiers dem Prinzip der Pflanze, der Mensch wird nach dem Tier und Gott nach dem Menschen modelliert.

Die langen Zitate aus dem Buch des dänischen Kunstwissenschaftlers Adam von Scheltema über die Entwicklung des Ornaments braucht Eisenstein, um diese Gedanken über die Evolution der Form zu belegen. Gleichzeitig sieht er in den Gesetzen des Ornaments eine Logik, der die Filmmontage folgt. Wenn er die Zeit gehabt hätte, hätte Eisenstein bestimmt eine neue Periodisierung aufgestellt, in der Carl Theodor Dreyers Reihungen der Nahaufnahmen die Merowinger Zeit für den Film bedeuten und Wertows wie seine eigenen ornamentale Zerstückelungen der Körper eine zweite Phase nach Scheltemas Klassifikation bilden würden. Hier wird das Tier in eine Pflanze verwandelt und durch das „Bandprinzip", die Reihung, animiert.

Die Form ist Ausdruck dieser Evolution: Tier als Pflanze, Mensch als Tier, Gott als Mensch.

Diese Überlegungen zwingen Eisenstein, seine Filme nicht nur als Vater-Epen und Ödipus-Dramen zu sehen, sondern als Evolutionsdramen. Das Disney-Porträt gerät im Laufe des Schreibens immer mehr zu einem Selbstporträt, das den Autor in Erstaunen versetzt.

Den Impuls dazu liefert eine nächtliche Radiosendung: Radio Moskau International, damals „Voice of Russia" genannt, berichtete über die Restaurierung des PANZERKREUZER POTEMKIN in den USA. Diese Arbeit wurde von Eisensteins Schüler Jay Leyda vorgenommen und in der Presse mit ähnlicher Pietät besprochen wie „die erste Ausgabe von HAMLET oder das Original der Unabhängigkeitserklärung". Das geschieht zu einer Zeit, da Eisenstein DISNEY schreibt und einen Film über den Zaren Iwan dreht – jenen Tyrannen eines Kontinentalreichs, der verzweifelt versucht, einen Zugang zum Meer zu erobern und – scheitert. Eisenstein wollte den Film mit Meeresbildern enden lassen, doch er starb und konnte diese Szenen nicht mehr drehen. Die neuerliche Auseinandersetzung mit POTEMKIN jenseits des Ozeans bewegte Eisenstein dazu, sein Werk aus zwanzigjähriger Entfernung zu betrachten – als etwas, das sich vom Autor bereits losgelöst hat und als „Folklore" existiert, voll von erkennbaren Archetypen und wiederkehrenden Sujets. Eisenstein entdeckt zur eigenen Verwunderung, dass seine Filme die Evolutionsgeschichte inszenieren, die das Leben aus dem Wasser auf das Festland führte.

Im ersten Epos, POTEMKIN, verschmelzen die Matrosen mit dem Schiff zu einem einheitlichen „Organismus" – wie in der Folklore oder bei Dante, den Animaculisten und Disney. Dieser Organismus, als Ganzes wahrgenommen, steht der Stadt gegenüber, als ein mechanischer Menschen-Fisch. Er ist in das Drama der Elemente eingebunden, in dem das Wasser die zentrale Rolle spielt. So ist es nicht erstaunlich, dass der Mensch-Fisch das Evolutionstrauma durchmacht: Er verlässt das Wasser, eine Gegenreaktion auf das ekstatische Eindringen der Jollen ins Meer, in den Panzerkreuzer. Er geht auf das Festland zu, doch die Vereinigung endet mit dem Scheitern, der Panzerkreuzer wird ins Meer zurückgeworfen, und ihm droht Jonas' Schicksal, vom Geschwader (das Eisenstein zur weiblichen Flottille macht), verschluckt zu werden. Eisenstein entdeckt hier nicht nur das Drama von Romeo (Potemkin) und Julia (der Treppe) – wie in den 1920er Jahren, sondern ein regressives Drama der Rückkehr in den Mutterleib, einen „thalassalen Regressionszug" ganz im Sinne der Theorie von Sándor Ferenczi. Dieser hatte in seiner „bio-analytischen Spekulation" ein evolutionäres Modell der menschlichen Sexualität entworfen. Der sexuelle Akt wurde von ihm als „pars-pro-toto- Rückkehr" in den Mutterleib – also in das Meer – begriffen und als universaler Ausdruck dafür wurde das Fischsymbol interpretiert. Der Mensch stammt vom Fisch ab, wiederholt im Mutterleib als Fötus alle früheren Stufen der Existenz, und die Geburt selbst ist nichts anderes als die individuelle Rekapitulation der großen Katastrophe, die die Tiere zwang, sich dem Landleben anzupassen.[212] Plötzlich erlaubt diese Perspektive Eisenstein, sein ganzes, all seine Filme umfassendes Epos als ein Evolutionsdrama zu begreifen. POTEMKIN ist ein archaisches Werk, das die Regression überwindet. „Die Formel des Übergangs von POTEMKIN zu IWAN liefert the clue [den Schlüssel] zum Totemismus." Ein Epos dazwischen ALEXANDER NEWSKI. In ihm ist das erste Erscheinen Alexanders genauso symbolisch wie seine Entscheidung: er tritt aus dem Wasser heraus und liefert die Schlacht auf dem See, das... zum Festland wurde, auf dessen gefrorener Oberfläche. Den Film, den Eisenstein gerade dreht, sieht er nicht nur als Vater-Epos, sondern als Epos der Vereinigung mit dem Meer, der Eroberung des Meeres. IWAN und DISNEY sind eng miteinander verbunden, und es ist kein Zufall, dass Eisenstein dank Disney die Evolution vom archaischen „Fisch-Potemkin" zu dem auf das Festland tretenden Alexander und dann zu Iwan, dem „Erober des Meeres", entdeckt. Iwans Evolution kann er bereits als den sexuellen Zyklus eines Individuums beschreiben: Verlust der Mutter, Erlangung des Ersatzes (Frau, Anastasia), die ihm verhilft, Vater zu werden. Nach dem Verlust dieses Ersatzes kann er „Vater Staat" werden, und von da an steht seiner Vereinigung mit der „Mutter Meer", das ihm helfen kann, Gott der Allmächtige zu werden, nichts mehr im Wege. Außer eben der verlorenen Potenz.

In der ersten Fassung des Drehbuchs wurde die Eroberung der See (des „Ozeans – blauer See") nicht als Programm, sondern als Tat verkörpert: die Kavallerie stürzte direkt ins Meer. Später sollte das eroberte Meer seine Füße lecken.

*Mensch und Natur*

Die Trennung von der Mutter ist auf der symbolischen Ebene die Trennung von der Natur, wie sie in vielen Mythen als traumatische Erfahrung beschrieben wird. Die Mutterleibregression, die Eisenstein nach Rank und nach Ferensci weiterentwickelt, ist eine Spur dieser Trennung, jedoch sieht er diese Beziehung nicht nur in dem Kontext der psychoanalytischen Onto- und Phylogenese.

Der Ausgangspunkt für Eisensteins Untersuchung war die Frage nach der Beziehung zwischen modernistischer Kunst und archaischen Strukturen. Den von der Kunst ausgelösten ekstatischen Zustand verglich er mit prälogischen Erfahrungen. Das dialektische Bewusstsein fungiert als ein Organ des Erwachens. Wenn das sinnlich Prälogische und das Rationale, die Vergangenheit und die Gegenwart aufeinanderprallen, treffen Urbilder der klassenlosen Gesellschaft auf Traumbilder des modernen Zeitalters, und genau hier entstehen Utopien.

Eisenstein betrachtet die Utopien des 19. Jahrhunderts als Archiv kollektiver Träume, in denen technischer Fortschritt und gesellschaftliche Entwicklung zusammenfallen. Der Sozialismus zehrt von diesen Träumen, die er an den Beispielen von Campanella, More, Cabet und Jules Verne analysieren will.[213] Eisenstein greift exakt dieselben Probleme am Beispiel von Disney auf. Er sieht Gründe für dessen Wirkung in dem (utopischen) Versprechen der Freiheit von erstarrter Form, die einen Zustand des ewigen Fließens und Werdens gewährt, und in der Freiheit der Beziehung zwischen Mensch und Natur, was Eisenstein wiederum gestattet, Analogien zwischen Disney und Fourier zu ziehen. Fouriers utopische Vision, wonach Natur und Menschen zu Verbündeten werden, wenn die nicht mehr ausgebeuteten Menschen aufhören, die Umwelt auszubeuten, steht in einer Gegenbewegung zur Industrialisierung, welche die Natur dem Menschen und den Menschen der Maschine unterwirft. Bei Fourier ist die Arbeit nach dem Modell des kindlichen Spiels konzipiert, sie orientiert nicht auf eine Werterzeugung, sondern auf die verbesserte Natur, auf Änderung der Unterwerfungsbeziehungen. Wer Fouriers Projekte kolportiert, meinte Walter Benjamin, wird für einen Märchenerzähler gehalten, der sich jedoch an Erwachsene richtet, für die die Kindheit eine mit dem Traum eng verbundene Erinnerung ist.[214]

Ist dieses Spiel, das Archaisch-Mythologische, mit der Dialektik zu vereinbaren? Stehen Geschichte und Natur nicht in widersprüchlichen Beziehungen? Die Natur unterliegt der zyklischen Wiederholung, die Geschichte hingegen der Veränderung. Die Umkehrung von Geschichte in Natur verwirft die Idee der gesetzmäßigen Entwicklung und Evolution.

Eisenstein versucht, die historische Zeit, von Marx als Fortschritt begriffen, mit der Figur der ewigen Wiederkehr aus der mythischen Zeit in Beziehung zu setzen, indem er die Kunst generell als eine Wiederkehr des Traumas konzipiert – des Übergangstraumas von einem Typ des Denkens zum anderen, von der zyklischen Zeit zur historischen. Die Rückkehr zu diesem Trauma, das in jedem Kunstwerk ein jedes Mal aktualisiert und gleichzeitig überwunden wird, garantiert ein ekstatisches Erlebnis. So wird Kunst als eine anthropologische Notwendigkeit verstanden. Der Mensch kann nur dank diesem, von ihm selbst geschaffenen Mittler, den Gegensatz von Natur und Geschichte überwinden und die mythischen Formen der Zeit als Gegengewicht zur historischen Zeit etablieren. Als er diese Untersuchung begonnen hatte, notierte Eisenstein ein Hegel-Zitat: „Nur Geist hat Geschichte, in der Natur sind alle Formen gleichzeitig da.' Wie soll man das verstehen?"[215]

So ist die Freiheit, wie sie in DISNEY stets beschworen wird (gerade als der Autor einen Film über die unfreie Zeit dreht, in der selbst ein Tyrann nicht frei ist), von der räumlichen und körperlichen Empfindung auch auf die zeitliche Dimension ausgedehnt. Simultaneität der Zeiten bedeutet nicht Umkehr, sondern gleichzeitige Präsenz. Darin liegt auch die Verheißung der Freiheit. Diese Freiheit schlägt sich nieder in der Form des Schreibens.

## *Pure ритмикал [rhythmical] pleasure*

Der Aufsatz über Disney ist – ebenso wie das gesamte Buch METHODE – nach assoziativen Montageprinzipien konstruiert. Die Zitate werden in den Text eingeklebt oder durch Auslassungen gekennzeichnet. Es mag daher kein Zufall sein, dass in dem Text über die Ursprünge – des Künstlers, der Kunst und der Mythen der Erschaffung, „Creation" – alle Sprachen gemischt sind und in einen „ursprünglichen" asyntaktischen Zustand zurückgeworfen. Die Verben fehlen, und die Sätze sind mit Klammern, Gedankenstrichen, Gänsefüßchen gespickt, die die Nuancen der Schreibgeste und der Intonation vermitteln. Eisenstein denkt über seine Sprache selten nach, er nutzt sie als ein flexibles Mittel. Er schreibt in allen Sprachen, die er beherrscht, und nutzt die „afrikanische Grammatik". Diese begreift er als Objektsprache, als eine ornamentale Reihung von Substantiven, die in der Montage durch Gegenstände ersetzt werden und einen „reinen rhythmischen Genuss" bereiten können. Die Theorie eines Künstlers der Moderne, der die Prinzipien der Fragmentierung, Montage, Visualisierung und der rhythmischen Wiederkehr als Basisprinzipien der Kunst einführte, ist auch in der Form des Niederschreibens modernistisch.

Der erste Teil des Aufsatzes ist ein zur Veröffentlichung vorbereiteter Text, in dem die Datierung fehlt und in dem Eisenstein die Zitate selber ins Russische übersetzt. Der zweite Teil ist ein Arbeitsmanuskript, in dem er Russisch, Englisch, Französisch, Deutsch in einem Satz mixt und um einige spanische Worten (yo, el mismo), mathematische Zeichen (~, >, ≈, ▲) sowie lateinische Abkürzungen (cf., NB) erweitert.

In den 1920er Jahren war Deutsch seine Intimsprache, in den 1940ern wurde es durch das Englische verdrängt, in dem auch die psychoanalytischen Passagen geschrieben werden. Im Text ist daher sowohl *urge* als auch *Trieb* anzutreffen, sowohl *Mutterleib* als auch *womb*. Für Wortspiele greift Eisenstein am meisten auf die englische Sprache zurück. Er genießt „the Great God Pan", „Great Goat Pun" ("Je cite l'auteur: the pun about Pan may not be of too high a class – but fitting its purpose"). Die meisten Fremdworte sind mit russischen Endungen ausgestattet, und die Sprachcollage führt dazu, dass ein englisches Wort mit einem Deutschen Suffix versehen wird, wie „high brow'ich", oder mit einer russischen Transkription: „besides pure ритмикал pleasure". Auch die Genus-Kongruenz wird einer anderen Sprache entnommen. Der Griff zu der einen oder anderen Fremdsprache folgt dem Prinzip der Ausdrucksökonomie. Parallel dazu führt Eisenstein einige eigene Abkürzungen ein – wie MLB oder MLBV oder aber BS – oder mathematische Zeichen: die Dialektik als Dreieck. Zeichnungen werden nach demselben Prinzip der Ökonomie benutzt. Sie werden in den Text eingeklebt, um das Verständnis der analytischen Konstruktionen zu erleichtern, und beenden gar den Satz. Die Zeichnungen brechen die Zeile und die lineare Organisation des Textes besonders dann, wenn Eisenstein auf der Seite nichtnummerierte, eingekreiste Einschübe verstreut. Das stößt jeden Herausgeber an die Grenzen eines typographisch genormten Textes. Die übliche Editionspraxis orientiert auf einen Text, den man immer irgendwie linear lesen und vorlesen kann. In einem solchen Modell sind Streichungen, Leerstellen, Einschübe, Marginalien nicht vorgesehen. Faksimile-Reproduktionen einzelner Seiten sind auch kein Ausweg: sie bleiben „unleserlich" – denn sie werden als Original wahrgenommen, als grafische Spur des Autors und nicht als Text.

Eisenstein schreibt auf verschiedenstem Papier – auf den Rückseiten eigener Manuskripte und fremder Drehbücher, auf dem Briefpapier von Mosfilm oder dem Staatlichen Filmkomitee, auf Konzertprogrammen. Die Notizen aus dem Jahr 1944 sind auf Kalenderblätter des Jahres 1942 gekritzelt. Im Text stehen Signaturen von Büchern aus der Bibliothek, Telefonnummern, eine vom Arzt vorgeschriebene Diät und ein Einkaufszettel – Sahnebaisers, Sultaninen, Nüsse. Eisenstein schreibt mit Bleistift auf einzelne Blätter, die in Mappen zusammengelegt werden. In die Mappen legt er Ausschnitte aus der Zeitung Iswestija und Illustrationen aus dem Life-Magazin, Fotos und Blätter aus Kunstbänden oder eigene Skizzen, auf denen er Bilder aus dem Gedächtnis nachzeichnet.

Dieses Arbeitsprinzip (das übrigens Benjamins Vorgehensweise am Passagen-Projekt ähnlich scheint) führt zu einer gestörten Chronologie. Beim Themenwechsel

— Рождествен<!---->ский цикл
Тигр — зоологика
Сирины — слоны

↓
Законии:
Конь, как лошадь
St Mauw, как лошадь

↓
Grandville — no fusion
а склейка — Doppel-
tiere

↓
Остров Моро Wells
↓
Орнамента мировоз-
зов. — монтаж частей
них одних

15/I/"
43

Из —
Тихой
ст Ференц

Сирины
нос и
бюст лиц.

Сшнурованных —
отражают ступь —
в вытканных женских
плоских фигурках

ist ein Datumwechsel zu beobachten, und Eisenstein alterniert Blätter mit den Datierungen 7. und 19. Januar wie in einer Parallelmontage. Der Text existiert an der Grenze zur Collage – zwischen Arbeitsmappe und Tagebuch. Das Tagebuch ist intim und unvollendet. Gerade diese Spuren wurden bei der ersten russischen Veröffentlichung von DISNEY getilgt; die autobiographischen, therapeutischen Passagen über seine Beziehungen zu Frauen, Männern, über die sexualisierte Beziehung zum Lesen und Schreiben fehlten:

> As usual. Es reicht, wenn ich voller Begeisterung bin und es stellt sich heraus, dass diese außerdem unweigerlich in mein Forschungsmaterial fits. Das ist verständlich. Thrilling sind für mich Sachen einer bestimmten Art. Sie interessieren mich auch vom Standpunkt der Analyse. Angenehm nur, das this kind of stuff zu mir par l'amour dringt. That gives it a certain suavity, vigor, emphasis anstelle der akademischen Trockenheit. Something youthful, not to say boyish!

In die neue Ausgabe des Moskauer Filmmuseums sind die psychoanalytischen und intimen Sachen zurückgekehrt, jedoch ist das Unvollendetes und Konspektartige weggenommen; die Fragmente sind jenseits des ausgeführten Textes – im Anhang – angesiedelt und mal thematisch, mal chronologisch, als Tagebuch, komponiert, was das Prinzip der Simultanität zerstört. Die Mehrsprachigkeit – vor allem der Zitate – wird eliminiert, um dem Leser die Wahrnehmung des Autorengedankens zu erleichtern.[216] Das Flickwerk aus verschiedenen Mappen wird nicht gekennzeichnet und vermittelt den einen Eindruck eines Manuskripts, dessen jähes Ende durch äußerliche Umstände – den Beginn der Dreharbeiten und den Tod des Autors – verursacht wurde. Eisensteins Text, der vom Autor ständig erweitert, umgeschrieben, dekonstruiert, durch neue Gedanken deformiert und immer wieder in eine andere Richtung getrieben wird (wie auch das Buch METHODE), kann als Autorenkommentar zu einem geplanten Buch gelesen werden. Die Proportionen zwischen Marginalien und dem eigentlichen Text sind verschoben, der Text wird stets durch neue Ideen und Hinzufügungen dekonstruiert. Deshalb erscheint zum Beispiel erst in der Mitte des Textes: „Und so sollte ich also beginnen." Eisensteins Begeisterung für die chronologischen Verschiebungen von Joseph Priestley ignorierend, setzten die russischen Herausgeber diese Passagen tatsächlich an den Anfang des Aufsatzes. Oft ist der Textkorpus durch eine Leerstelle unterbrochen, die durch ein Zitat zu füllen ist, wozu Eisenstein nicht mehr kam. Und die die Herausgeber – mich eingeschlossen – schließen, was die Proportionen zwischen Autorentext und fremdem Text noch mehr verschiebt.

Die vorliegende Ausgabe versucht, den Text als prinzipielles Fragment mit diesen Spuren zu belassen und erhebt keinerlei Anspruch darauf, eine definitive Version gefunden zu haben.

*Oksana Bulgakowa*
*Berlin, 2009*

**Anmerkungen**

1   Die Serie SILLY SYMPHONIES [Dumme ‹naive, simple› Symphonien, 1929–1939] besteht aus 77 Kurzfilmen, die sich auf Themen der populären klassischen Musik stützten. Im ersten Film, THE SKELETON DANCE (1929), parodierte Disneys Komponist Carl W. Stalling LA DANCE MACABRE von Camil Saint-Saëns. MERBABIES war Teil dieser Serie.

2   Zitiert nach: Lewis Carroll. ALICE IM WUNDERLAND, deutsch von Lieselotte Remané, Leipzig: Reclam 1981, S. 15–22.

3   Ebenda, S. 48.

4   Eisenstein meint Illustrationen des deutschen Karikaturisten Walter Trier (1890–1951) zu dem Buch von Erich Kästner (1899–1974) ARTHUR MIT DEM LANGEN ARM (Berlin-Grunewald: Williams & Co., G.m.b.H. 1931).

5   Gemeint sind die Helden von Wilhelm Busch (1832–1908) MAX UND MORITZ, EINE BUBENGESCHICHTE IN SIEBEN STREICHEN (erste Ausgabe: München, Braun und Schneider, 1865). Eine neue russische Übersetzung dieses populären Buches, eines Vorläufers des Comics, wurde von Daniil Charms angefertigt und erschien 1937 (PLICH I PLJUCH. Moskau/Leningrad: Isd. Detskoi literatury).

6   Mary Baker Eddy (1821–1910), Begründerin der Sekte „Church of Christ Scientist" (Christian Science); Aimee Semple McPherson (1890–1944), Begründerin der evangelischen „International Church of the Foursquare Gospel", die in den 1920er Jahren als Heilerin sehr populär war. Eisenstein kannte Stefan Zweigs Essays über sie, DIE HEILUNG DURCH DEN GEIST. MESMER. MARY BAKER-EDDY. FREUD (Leipzig: Insel 1931), und den Film von Frank Capra THE MIRACLE WOMAN (1931), dessen Heldin Aimee Semple McPherson nachempfunden worden war.

7   Erich Wulffen (1862–1936), deutscher Rechtswissenschaftler und Generalstaatsanwalt in Dresden, führte neue Erkenntnisse der Psychologie in die Kriminologie ein. Sein Buch (erste Auflage 1910) hatte Eisenstein am 20. September 1940 in seinem Stammantiquariat in Moskau gekauft. Er zitiert hier aus dem Kapitel BRANDSTIFTUNG AUS SADISMUS, S. 350–353.

8   Iwan Bloch (1872–1922), deutscher Psychiater, der viel über Sexualsitten im Kontext der Kultur schrieb (Prostitution, Syphilis, Marquis de Sade). Wulffen zitiert seinen Aufsatz aus der Zeitschrift BEITRÄGE ZUR ÄTIOLOGIE DER PSYCHOPATHIA SEXUALIS (Berlin, 1903).

9   Paul Adolf Näcke (1851–1913), deutscher Psychiater, der sich mit Problemen der Isolation geisteskranker Verbrecher befasste. Wulffen zitiert seinen Aufsatz FEUERMANIE aus der Zeitschrift ARCHIV FÜR KRIMINALANTHROPOLOGIE UND KRIMINALISTIK (Band 26; Graz, 1906).

10  Eisenstein meint den deutschen Biologen Friedrich Hempelmann (1878–1954) und sein Buch TIERPSYCHOLOGIE VOM STANDPUNKTE DES BIOLOGEN (Leipzig: Akademische Verlagsgesellschaft m.b.H 1926).

11 Pseudonym der französischen Schriftstellerin Marguérite Vallette Eymery (1860-1953), die den Symbolisten nahestand. Ihr Roman LES HORS-NATURE (1897) erschien in russischer Übersetzung 1910.

12 1940 inszenierte Eisenstein Wagners WALKÜRE am Moskauer Bolschoi-Theater; die Premiere fand am 21. November 1940 statt. Über seine Lösung der Szene FEUERZAUBER schreibt er in dem Aufsatz Die INKARNATION DES MYTHOS (1940), dt. EISENSTEIN ÜBER KUNST UND KÜNSTE. Hg. Alexander Kaempe. München: Rogner und Bernard 1978, S. 68-110. Siehe auch Eisensteins Regienotizen zur Inszenierung in: EISENSTEIN UND DEUTSCHLAND. TEXTE. DOKUMENTE. BRIEFE. Hg. O. Bulgakowa. Berlin: Henschel 1998, S. 55-64.

13 Eisenstein meint Napoleons Kurzgeschichte DIE PROPHEZEIENDE MASKE, in der der Held nach der Niederlage sein Heer und sich auf einem Scheiterhaufen verbrennt. Veröffentlicht innerhalb eines Aufsatzes in einer von C. G. Jung herausgegebenen Zeitschrift: Jules Vodoz. NAPOLEONS NOVELLE „LE MASQUE PROPHÈTE". Ein Beitrag zur Psychologie Napoleons. PSYCHOLOGISCHE ABHANDLUNGEN, Bd. 1, Leipzig: Psychoanalytischer Verlag 1914.

14 Eisenstein meint den Brand von Rom im Jahr 64, den einigen Überlieferungen zufolge der Kaiser Nero (37-68) legen ließ, um seine Phantasie aufzuheizen und ein Poem über Trojas Niedergang zu schreiben.

15 Eisenstein zitiert nach der Moskauer Ausgabe von 1932 (Gorki. ISBRANNYE PROISWEDENIJA. Moskau: Gosisdat 1932). Hier und weiter wird zitiert nach: Maxim Gorki. ERZÄHLUNGEN AUS DEM ALTEN RUSSLAND, Leipzig: Reclam 1976, S. 181.

16 Die Unterhaltung zwischen Hamlet und Polonius über die sich ändernde Form der Wolken (III. Akt, 2. Szene) analysiert Eisenstein in EINE NICHT GLEICHMÜTIGE NATUR (Hg. Rosemarie Heise. Berlin: Henschel 1980), S. 131.

17 Gorki. ERZÄHLUNGEN AUS DEM ALTEN RUSSLAND, S. 219-220.

18 Iwan Andrejewitsch Krylow (1769-1844), russischer Fabeldichter. Seine frühen Werke waren von Äsop und La Fontaine inspiriert.

19 Gorki. ERZÄHLUNGEN AUS DEM ALTEN RUSSLAND, S. 200-201.

20 Ebenda, S. 179.

21 Ebenda, S. 201-202.

22 Ebenda, S. 204-214.

23 Dieses Zitat führt Eisenstein in seinem Aufsatz PATHOS (russ. ISBRANNYE PROISWEDENIJA. Band 3. Moskau: Iskusstwo, 1964, S. 108-109) an. Die Passage aus Émile Zolas ZUSAMMENBRUCH in der Übersetzung von Hans Balzer ist hier zitiert nach der Ausgabe: Berlin: Volk & Welt 1978, S. 545-547.

24 Gorki. ERZÄHLUNGEN AUS DEM ALTEN RUSSLAND, S. 195-196.

25 Karl Marx, Friedrich Engels. WERKE. Band 2. Berlin (DDR): Dietz Verlag 1956, S. 132.

26  Hippolyte Adolphe Taine. LA FONTAINE ET SES FAIBLES (1853). Paris: Libraries Hachette 1870, pp. 179-180. Eisenstein übersetzte diesen Text ins Russische selbst.

27  Eisenstein übersetzte den Text ins Russische selbst und zitiert nach DER ALTE CHINESE TSCHUANG-TSE (deutsche Auswahl von Martin Buber. Leipzig: Insel-Verlag 1910, Neuauflage Zürich: Manesse Verlag 1996, S. 124-125). Hier im Text wird zitiert nach: DSCHUANG DSI. DAS WAHRE BUCH VOM SÜDLICHEN BLÜTENLAND. Aus dem Chinesischen von Richard Wilhelm. Düsseldorf/Köln: Diederichs 1951, S. 134.

28  In den Serien LES MÉTAMORPHOSES DU JOUR (HEUTIGE METAMORPHOSEN, 1829) und SCÈNES DE LA VIE PRIVÉE ET PUBLIQUE DES ANIMAUX (SZENEN AUS DEM PRIVATEN UND ÖFFENTLICHEN LEBEN DER TIERE, 1842), zu denen Balzac, George Sand u.a. Texte schrieben, setzte der französische Karikaturist Grandville (Jean-Ignace-Isidore Gérard, 1803-1847) Tier- und Vogelköpfe mit Menschenkörper zusammen, kleidete diese Wesen modern an, verlieh ihnen menschliche Gesten und präsentierte sie in wiedererkennbaren Alltagssituationen.

29  Taine. LA FONTAINE ET SES FAIBLES, S. 180.

30  Jean-Pierre Claris de Florian (1755-1794), französischer Dichter und Schriftsteller. Eisenstein stützt sich auf Taines Vergleiche zwischen Florians und La Fontaines Bestiarium.

31  Eisenstein meint den berühmten Brötchentanz aus Chaplins GOLDRAUSCH (1925), in dem er eine Analogie sah.

32  Georges Louis Leclerc du Buffon (1707-88), französischer Naturforscher, Autor einer 36-bändigen ALLGEMEINEN UND SPEZIELLEN NATURGESCHICHTE (1749-1788).

33  Taine. LA FONTAINE ET SES FAIBLES, S. 207-208.

34  In den fünfzehn Büchern seiner METAMORPHOSEN hatte der römische Dichter Ovid (43 v.u.Z.-17 u.Z.) die griechischen und römischen Mythen von den Verwandlungen der Menschen und Götter in Pflanzen, Tiere oder Sterne in Verse übertragen. Unter den vielen russischen Übersetzungen dieses Werkes war die Nachdichtung von Afanassi Fet (1837) am populärsten.

35  Eisenstein meint ein Kapitel aus Gorkis Essay LEW TOLSTOI (1919-1923). Darin schildert Gorki seinen Alptraum, im dem Filzstiefel langsam über das Schneefeld schreiten. Tolstoi mag den Traum, fragt allerding, ob Gorki Alkoholiker sei - etwa wie E.T.A. Hoffmann, bei dem die Spieltische über die Straße laufen würden. Cf. Gorki. SOBRANIE SOTSCHINENIJ. Band 14. Moskau: Isd. chudoshetwennoi literatury 1951, S. 271- 273.

36  Pera Ataschewa (1900-1965), sowjetische Journalistin, Eisensteins Frau, bereitete für den Verlag ISKUSSTWO einen Sammelband über den amerikanischen Trickfilm vor - innerhalb einer Serie über amerikanische Filmschaffende, in der auch Bücher über D.W. Griffith (1944) und Chaplin (1945) erschienen sind. Beide Bücher enthielten auch Texte von Eisenstein.

37 Griechischer Licht- und Sonnengott, der von Titanen getötet wird. Im Manuskript steht daneben durchgestrichen „Endymion" (Personifizierung der Dämmerung und des Schlafs). Möglicherweise meint Eisenstein Empedokles, der ins Feuer eines Vulkankraters stürzt, um zu testen, ob er unsterblich ist.

38 Eisenstein meint eine bekannte Passage aus Alexander Gribojedows Komödie VERSTAND SCHAFFT LEIDEN, in denen Sagorezki (nicht Skalosub) vorschlägt, alle Fabeln zu verbieten, da sie Löwen und Adler, d. h. Kaiser, wenn auch im Tierreich, verlachen (Akt III, Szene 21).

39 Eisenstein meint den österreichischen Theaterhistoriker Joseph Gregor (1888–1960), Librettist von Richard Strauss und Verfasser mehrerer Bücher über das sowjetische Theater. Einen Absatz aus einem Brief von Dr. Gregor an seinen Koautor René Fülöp-Miller zitiert Eisenstein in einem Kapitel der METHODE (Hg. Oksana Bulgakowa. Berlin: PotemkinPress, Band 1, 2009, S. 124): „...Ich halte den Film für eine Nivellierung des Seelenlebens durch optische Rhythmik, denn durch das physiologische Phänomen der Bildzerteilung (soundso viele Bilder in der Sekunde, die zusammen das lebende Bild ergeben) wird eine Art Suggestion ausgeübt, die man bei jeder Kinovorführung beobachten kann. Wie schwer ist es, den Blick von der ‚Leinwand' wegzulenken! Diese Suggestion auf Grund optischer Rhythmik wäre das Urmaterial, wie Rhythmus und Tonhöhe bei der Musik. Nun vermute ich, dass ähnliche, aber höhere rhythmische Verhältnisse, wie in der Zeitfolge der Einzelbilde, den Film überall durchziehen, also auch in den Verhältnissen der Mimik, der Dramaturgie der Szenen usw. Ich glaube zum Beispiel, dass die Symbolistik, mit der der Film ganz durchtränkt ist (im amerikanischen Film: Küsse, Telephone, Beine, im Russischen: Kreuze, Fahnen, Maschinengewehre) an ganz genau bestimmten Stellen eintritt und wiederkehrt. Auf diese Weise würde nach meiner Auffassung die Suggestion entstehen, mit der dann vieles zu erreichen ist, Grundlage einer psychologischen Dramaturgie des Films... Unverbesserlicher Optimist, habe ich nämlich die Hoffnung, dass schon der alte Homer durch die ewige Wiederkehr seines Hexameterrhythmus bei seinen Hörern eine ähnliche primäre Suggestion erzeugt hat..." R. Fülöp-Miller. DIE PHANTASIEMASCHINE. EINE SAGA DER GEWINNSUCHT. Berlin-Wien-Leipzig: Paul Zsolnay Verlag 1931, S. 135–36.

40 Eisenstein meint das Buch von Caroline Spurgeon (1869–1942) SHAKESPEARE'S IMAGERY AND WHAT IT TELLS US (Cambridge: University Press 1935), die darin Shakespeares Sprache analysiert hatte. Eisenstein führt lange Zitate aus diesem Buch in seinen Untersuchungen MONTAGE und METHODE an. Besonders beeindruckt war er von Spurgeons Analyse der farblichen Symbolik, der Bewegungsverben und Körpermetaphern bei Shakespeare. Methodisch sah er eine Nähe zu Andrey Belys Analyse von Gogols Texten (MASTERSTWO GOGOLJA, 1934).

41 Eisenstein besuchte Hollywood zusammen mit Grigori Alexandrow und Eduard Tissé.

42 Zwischen 1928 und 1940 brachte Disneys Studio 121 Mickey-Mouse-Filme heraus. Die von Eisenstein angeführte Zahl (52 Filme jährlich) ist deutlich übertrieben. Zu SILLY SYMPHONIES siehe Anm 1.

43 Vgl. Matthäus 18,3. Eisenstein entnimmt diese Fakten dem Buch von Wikenti Weressajew GOGOL IM LEBEN (GOGOL W SHISNI. SISTEMATITSCHESKI SWOD PODLINNYCH SWIDETELSTW SOWREMENNIKOW. Moskau: Academia 1933). Mit diesen Worten endet auch Hans Christian Andersens Märchen DIE SCHNEEKÖNIGIN.

44 Diese Idee liegt Eisensteins Analyse der Chaplinschen Komik zugrunde. Vgl. CHARLIE THE KID, in: Sergej Eisenstein. AUSGEWÄHLTE AUFSÄTZE. Berlin: Henschel 1960, S. 230-268.

45 In dem Buch EINE NICHT GLEICHMUTIGE NATUR zitiert Eisenstein aus George Sands IMPRESSIONS ET SOUVENIRS (1873): „Es gibt Stunden, da entgleite ich mir selbst, da lebe ich in einer Pflanze, da fühle ich mich als Gras, als Vogel, als Baumwipfel, Wolke, fließendes Wasser, Horizont, Farbe, als Form und Empfindung, die veränderlich, flüchtig, unbestimmt ist; Stunden, wo ich laufe, fliege, schwimme, Tau trinke, mich in der Sonne räkle, unter Blättern schlafe, mit den Schwalben tändle, mit den Eidechsen krieche, mit Sternen und Glühwürmchen glänze, wo ich – kürzer gesagt – in einer Sphäre lebe, in der sich die Entwicklung abspielt, und die wie eine Erweiterung der eigenen Existenz ist." – EINE NICHT GLEICHMÜTIGE NATUR, Hg. Rosemarie Heise, deutsch von Regine Kühn. Berlin: Henschel 1980, S. 159.

46 Iwan Iwanowitsch Lapschin (1870-1955), russischer Philosoph, Professor der Petersburger Universität, wurde 1922 aus Russland ausgewiesen und lebte danach in Prag. Eisenstein meint sein Buch O PEREWOPLOSCHTSCHAEMOSTI V CHUDOSHETWENNOM TWORTSCHESTWE (ÜBER DIE VERWANDLUNG IM KÜNSTLERISCHEN SCHAFFEN), die in der Serie ZU FRAGEN DER THEORIE UND PSYCHOLOGIE DES KÜNSTLERISCHEN SCHAFFENS (Band 5, Charkow) 1914 veröffentlicht und 1922 in Petrograd wiederaufgelegt wurde.

47 FROSCHMÄUSEKRIEG, griechisches Tierepos, das die ILIAS parodiert (zwischen dem 6. und 3. Jahrhundert v. u. Z.). 1934 erschien eine neue Ausgabe (Übersetzung, Vorwort und Kommentar M. Altman, Moskau: Academia 1934), mit der Eisenstein gearbeitet hatte.

48 Eisenstein analysiert das in MONTAGE (Hg. Naum Klejman, Moskau: Musej kino, 2000, S. 116-121).

49 Eisenstein meint das Buch von Emily Nevill Jackson THE HISTORY OF SILHOUETTES, London: The Connoisseur 1911, aus seiner Bibliothek

50 Zeile aus der populären Romanze von Michail Glinka zu Versen von Alexander Puschkin.

51 Die Kurzgeschichte von Balzac LEIDENSCHAFT IN DER WÜSTE (UNE PASSION DANS LE DÉSERT, 1830) aus SZENEN DES MILITÄRISCHEN LEBENS beschrieb die Beziehung zwischen einem sich in der Wüste verirrt habenden Soldaten und einer Löwin, die er Mignon tauft. Psychoanalytiker entdeckten in der Löwin die Verkörperung des gefährlichen, kastrierenden Weiblichen (der Soldat verliert am Ende ein Bein). Erschien 1927 in Moskau in dem Band: Balsak. LJUBOW W PUSTYNE, S. 3-20.

52 Eisenstein notiert für sich eine kurze Zusammenfassung von Taines Thesen mit einem Verweis auf die Seiten aus dessen Buch über La Fontaine. Taines Gedanken über den positivistischen Geist Frankreichs und über das Mitleid mit Bäumen werden in dem Text zitiert. Hier der vollständige Text:

p. 169: „Il nous faut quitter les hommes; donnez-nous en spectacle les bêtes; leurs sentiments sont plus enfantins et nous reposeront de nous-mêmes."

p. 171: „En effet, ce sont des enfants, qui, arrêtés dans leur conscience, ont gardé la simplicité, l'indépendance et la beauté du premier âge."

p. 170: „Ce paysan... combien de privations et de mésaventures a-t-il traversées pour atteindre ses habitudes de précaution et de patelinage ? Au contraire, voici un bon et honnête chat... Sa fourrure est à lui de naissance comme aussi sa sagesse. Il n'y a point pour lui de règle morale qui dégrade ses ruses... il n'est pas avili par la servitude. Il ne s'inquiète point de l'avenir, il pourvoit au présent, il subit le mal quand le mal le rencontre."

p. 173: „Descendons d'un degré ; un nouveau monde parait, encore plus simple et plus calme, celui des plantes, des pierres, des eaux, de toutes choses que semblent inanimés.
...Notre âme, se retrouvant en eux sous une autre forme, se contemple dans la plante qui est une puissance, comme elle s'est contemplée dans l'animal qui est une pensée."

p. 173: „Ce sont les enfants encore endormis dans le sein de leur mère..."

p. 174: „A mesure que l'on descend d'une degré, l'être devient plus libre. Dégagé de toute loi, il n'aspire plus à un but, et n'est plus contrarié dans son effort."

p. 175: „[nous images n'en sont que plus délicats, parce que nous sentons qu'à] la réflexion elles devront s'évanouir."

p. 176. Fait et défait (Plasma). „Nous n'avons plus dans l'esprit de forme précise... Le propre des êtres sans forme est d'atteindre leur développement par les états contraires..."
Transpose et pars pro toto. „Nous savons bien, en leur prenant ainsi des pensées et des émotions, qui nous mettons notre âme dans être et notre discours n'est qu'une image."

S. 169: „Lassen wir die Menschen beiseite; schauen wir uns die Tiere an: ihre Emotionen sind kindlich, und wir erholen uns von uns selbst..."

S. 171: Tiere „sind Kinder, die in ihrer intellektuellen Entwicklung stehen geblieben sind, dafür haben sie die Einfachheit, Unabhängigkeit und Schönheit dieses Alters beibehalten".

S. 170: „Dieser Bauer... musste viel Unglück ertragen, um seine Fertigkeiten der Vorsicht und Schmeichelei zu erlangen. Und hier haben wir einen guten und ehrlichen Kater... Sein Fell ist wie seine Weisheit ihm von der Geburt an gegeben. Die moralischen Regeln, die seine Mätzchen entehren würden, existieren für ihn nicht und er erniedrigt sich nicht durch Schmeicheln. Er kümmert sich nicht um die Zukunft, arrangiert sich mit der Gegenwart und erträgt das Unglück, wenn ihm eins zufällt."

S. 173: „Gehen wir auf eine Stufe zurück, dort entdecken wir eine neue Welt, eine einfache und ruhige Welt der Pflanzen, der Steine, der Wolken, des Wassers und allen Sachen, die uns unbeseelt vorkommen... Unsere Seele wird sich darin in einer anderen Form wiederfinden, sie wird sich in der Pflanze und im Tier betrachten... Das Leben der Pflanzen ist frei von Spannung..."

„...Unsere Seele findet sich darin in einer anderen Form, sie betrachtet sich in einer Pflanze, die eine Kraft darstellt, oder in einem Tier, das eine Idee verkörpert...

Das pflanzliche Leben ist frei von Spannung, Einschränkungen und Suche; es zu betrachten ist noch angenehmer, als das Leben eines Tieres. Das Leid ist annulliert durch die Abwesenheit des Gedanken."

S. 173: „[die intrauterine Existenz der Pflanzen]: sie sind wie Kinder, die im Mutterleib schlummern."

S. 174: „Das Leben wird freier, bewegt man sich auf den Evolutionsstufen abwärts. Das Wesen, befreit von jedem Gesetz, strebt nun kein Ziel an, und es gibt keine Gegenkraft, die der Anstrengung widersetzt."

S. 175: „[Die uns erscheinenden Bilder sind raffiniert, weil wir fühlen, dass] sie verschwinden, wenn der Verstand erwacht."

S. 176. Etwas geschaffene und auseinandergefallene (Plasma): „uns erscheint nicht mehr eine genaue Form, deren Vervollkommnung wir uns gewünscht oder deren Druck wir gefürchtet hätten. Es erlauben uns, frei zu leben... Das ist eine Eigenschaft der Wesen ohne Form – sie können ihre Weiterentwicklung über die Gegensätze erlangen."

Übertragung und ein Teil anstelle des Ganzen. „Wir wissen nur zu gut, dass wenn wir sie mit unseren Gedanken und Emotionen ausstatten, wenn wir unsere Seele ihrem Dasein verleihen, ist unsere Rede darüber nur ein Bild..."

53 Eisenstein sah in der altindischen Seelenwanderungslehre eine Vorahnung der Darwinschen Evolutionstheorie.

54 Alexander Wesselowski (1838–1906), russischer Philologe, bekannt für seine komparatistischen Studien der Literatur und Folklore. Hier und im weiteren bezieht sich Eisenstein auf dessen Aufsatz: P SICHOLOGITSCHESKI PARALLELISM I JEGO FORMY W OTRASHENII POETITSCHESKOGO STILJA (PSYCHOLOGISCHER PARALLELISMUS UND SEINE FORMEN IM SPIEGEL DES POETISCHEN STILS) aus dem Jahr 1898, veröffentlicht in dem Buch ISTORITSCHESKAJA POETIKA (1940).

55 Dieses Beispiel entnimmt Eisenstein dem Buch von Lucien Lévy-Bruhl PERWOBYTNOE MYSCHLENIE (LA MENTALITÉ PRIMITIVE, 1922, russ. Moskau: Ateist 1930) und führt in seiner REDE AUF DER ALLUNIONSKONFERENZ SOWJETISCHER FILMSCHAFFENDER (in: S. Eisenstein. DAS DYNAMISCHE QUADRAT. Hg. und übersetzt O. Bulgakowa, D. Hochmuth. Leipzig: Reclam 1988, S. 136.) Dazu gibt es einen weiteren

Vermerk, vom 5.1.1944: „Mickey verkörpert in der Tat auf plastische Weise die Bororo-Ideale. Er ist sowohl ein Mensch als auch eine Maus. Und wirkt – NB. – unweigerlich komisch, weil diese Verbindung keine dynamische Einheit ist."

56 Deutsch zitiert nach: DICHTUNG DER ANTIKE, Weimar: Volksverlag 1959. Bd. 1 und 2. Übersetzung von Johann Heinrich Voß.

57 In einem Exemplar der russischen Ausgabe von Lévy-Bruhls Buch (Anm. 55, S. 304-305) hatte Eisenstein den folgenden Absatz unterstrichen: „In seiner letzten Arbeit über den „Animismus im indischen Archipel" hält es [Albertus Christiaan] Kruijt [1869-1949, HET ANIMISME IN DEN INDISCHEN ARCHIPEL, 's-Gravenhage: M. Nijhoff 1906, S. 66-67] für notwendig, in der Entwicklung der Gesellschaften, die auf niedriger Stufe stehen, zwei aufeinanderfolgende Perioden zu unterscheiden: die eine, in der man glaubt, dass individuelle Geister jedes Wesen und jeden Gegenstand (Tiere, Pflanzen, Felsen, Gestirne, Waffen, Geräte etc.) bewohnen und beleben, und eine andere, frühere, in der die Individualisierung noch nicht stattgefunden hat, wo man an ein unbestimmtes Prinzip glaubt, das fähig ist, alles zu durchdringen, an eine Art überall verbreiteter Kraft, die die Wesen und die Gegenstände zu beseelen, in ihnen zu wirken und ihnen Leben zu verleihen scheint. [...] Kruijt fügt hinzu [...], dass die Einteilung in diese beiden Perioden einem Unterschied in der geistigen Struktur der sozialen Gemeinschaft entspricht. Dort, wo die Seelen und die Geister noch nicht individualisiert worden sind, bleibt das individuelle Bewusstseins mit dem kollektiven Bewusstsein aufs engste solidarisch verbunden. Es hebt sich nicht deutlich von ihm ab, es setzt sich ihm nicht entgegen, weil es mit ihm eine Einheit bildet; was in ihm dominiert, ist das kontinuierliche Gefühl der Partizipation. Erst später, wenn das menschliche Individuum zum Bewusstsein seiner selbst als eines Individuums kommt, wenn es sich von der Gruppe, der es sich zugehörig fühlt, ausdrücklich unterscheidet, dann beginnen ihm auch die äußeren Wesen und Gegenstände als mit individuellen Seelen und Geistern ausgestattet zu erscheinen, und zwar sowohl während dieses Lebens als auch nach dem Tode." (Zitiert nach der deutschen Ausgabe: Lévy-Bruhl. DAS DENKEN DER NATURVÖLKER. Übers. Paul Friedländer. Wien und Leipzig: Wilhelm Braumüller 1926., S. 326-327.) Eisenstein notierte dazu am Rand: „Es ist ein bisschen komplizierter und nicht so direkt: das bestimmt nicht den Animismus und bemerkt nur, warum die Stufen in dessen Entwicklung entstehen. Siehe bei mir." In das Buch ist eine Notiz vom 3. März 1933 eingelegt: „Animismus ist deutlich nichts weiter als eine Übergangsetappe zwischen dem prälogischen und dem logischen Denken bezogen auf einen Bereich – die Einheit zwischen Subjekt und Objekt. Zunächst ist „ich" und das Objekt – eins. Dann entsteht etwas anderes: das ist eins und nicht eins, noch ohne die qualitative Unterscheidung der Eigenschaften von „ich" und dem Objekt: Das Objekt wird betrachtet als etwas, sich vom Ich abgespalten habendes und gleichzeitig von Eigenschaften des Ich nicht Trennbares, d. h. in ihm wird das angenommen, was das Subjekt in sich bemerkt (Hunger, Emotionen etc.). Das Objekt wird in der Vorstellung nach eigenem „Bild und Urbild"

geschaffen – wenn die Gesamtheit der Regungen eine Seele bildet, den Begriff der Seele, so werden die Objekte beseelt. Im Wesen geht es nicht um die Seele, sondern darum, dass das Objekt dieselben Handlungsmöglichkeiten hat wie der Mensch selbst. Dann kommt es zu der zweiten Absonderung – nicht nur von sich selbst, sondern von den Eigenschaften, die für einen charakteristisch sind und die ein Objekt nicht besitzt. So tritt man in das Stadium der Gegensätze, das Basis der Logik bildet. Pour en retourner [um] zur dialektischen Einheit auf dem Stadium des dialektischen Denkens [zurückzukehren]. Zit. Nach Naum Klejmans Kommentaren zu der Publikation von DISNEY (1985), S. 281-282.

58   Didaktische Fabel, märchenhafte Erzählung.

59   Houston Stewart Chamberlain (1855-1927), englischer politischer Philosoph, Richard Wagners Schwiegersohn. Eisenstein kaufte sein Buch GOETHE (München: F. Bruckmann 1912) am 8. September 1937.

60   Eisenstein analysiert diese Szene in dem Text MONTAGE 1938: AUSGEWÄHLTE AUFSÄTZE, S. 330-338.

61   Gemeint sind die synästhetischen Experimente des Komponisten Alexander Skrjabin (1871-1915). Die Partitur seines letzten vollendeten Orchesterwerkes PROMETHÉE. LE POÈME DU FEU (1915) sah eine separate Stimme für ein speziell zu konstruierendes Farbenklavier vor.

62   Eisenstein zitierte in mehreren Texten diese Passage aus Engels ANTI-DÜRING (Einleitung. WERKE. Berlin: Dietz Verlag, Band 20, 1962, S. 20-21): „Wenn wir die Natur oder die Menschengeschichte oder unsre geistige Tätigkeit der denkenden Betrachtung unterwerfen, so bietet sich uns zunächst dar das Bild einer unendlichen Verschlingung von Zusammenhängen und Wechselwirkungen, in der nichts bleibt, was, wo und wie es war, sondern alles sich bewegt, sich verändert, wird und vergeht. Wir sehen zunächst also das Gesamtbild, in dem die Einzelheiten noch mehr oder weniger zurücktreten, wir achten mehr auf die Bewegung, die Übergänge, die Zusammenhänge, als auf das, was sich bewegt, übergeht und zusammenhängt." Vgl. DAS DYNAMISCHE QUADRAT, S. 141. Über Friedrich Engels Essay LANDSCHAFTEN schreibt Eisenstein in EINE NICHTGLEICHMUTIGE NATUR, S. 181 f.

63   Ein Aufsatz aus dem Jahr 1939, dt. in AUSGEWÄHLTE AUFSÄTZE, S. 277-324.

64   In seinem Buch LA MENTALITÉ PRIMITIVE führt Lévy-Bruhl das Zitat aus Carl Lumholtzs UNKNOWN MEXICO (New York: C. Scribner's sons 1902, p. 22) über die Vorstellungen der Huichol-Indianer an: „Das Getreide, der Hirsch und das Hikuli (heilige Pflanze) sind in einem gewissen Sinne für den Huischolen ein und dieselbe Sache... Diese drei Arten von Gegenständen sind insofern identisch, als sie den Huischolen zur Nahrung dienen." Lévy-Bruhl interpretierte diese Tatsache vom Standpunkt seiner Hypothese über die Partizipation so: „Es sind die mystischen Eigenschaften dieser in unseren Augen so verschiedenen Dinge, die deren Vereinigung in einer einzigen Vorstellung bewirken. Das Hikuli ist eine heilige Pflanze, die von Männern, welche zu dieser Aufgabe durch eine

sehr komplizierte Reihe von Riten auserkoren und vorbereitet sind, alljährlich in großer Feierlichkeit an einem fernen Ort und unter außerordentlich ermüdenden Anstrengungen und harten Entbehrungen gepflückt wird: Die Existenz und das Wohlergehen der Huischolen sind mit der Ernte dieser Pflanze mystisch verknüpft. Besonders die Getreideernte ist davon unbedingt abhängig... Nun weisen aber die Hirsche dieselben mystischen Merkmale in ihren Beziehungen zum Stamm auf. Die Jagd auf die Hirsche, welche an einem bestimmten Zeitpunkt des Jahres stattfindet, ist eine wesentlich religiöse Funktion. Das Wohlergehen und die Erhaltung der Huischolen hängen von der Zahl der in diesem Zeitpunkt getöteten Hirsche genau so ab, wie sie von der Quantität des gepflückten Hikuli abhängen, und diese Jagd zeitigt als Begleiterscheinung dieselben zeremoniellen Gebräuche und dieselben Kollektivaufregungen wie die Suche nach der heiligen Pflanze. Daraus ist die zu verschiedenen Malen bezeugte Identifikation des Hikuli, des Hirsches und des Weizens zu erklären... Es scheint also, dass in diesen Kollektivvorstellungen, welche, wie man weiß, von ebenfalls kollektiven, lebhaften religiösen Gemütsbewegungen untrennbar sind, das Hikuli, der Hirsch und das Getreide an mystischen Eigenschaften, die für den Stamm von der höchsten Wichtigkeit sind, teilnehmen (partizipieren) und insofern als dieselbe Sache angesehen werden." (S. 84–85 der russischen Ausgabe). Zitiert nach der deutschen Ausgabe: Lévy-Bruhl. DAS DENKEN DER NATURVÖLKER, S. 98–99.

65 Bei der Analyse einer Strophe aus Puschkins Poem POLTAWA merkt Eisenstein an, dass das Verschwinden der Heldin durch akustische Assoziationen („Pferdegetrappel, Kosakenlaute, Frauengeflüster") vermittelt wird, die dann durch die Nahaufnahme (die Spur von acht Hufeisen) Bestätigung finden. Diese Spur ersetzt die verschwundene Maria, und die metonymische Beschreibung ihrer Flucht sorgt für eine effektvolle „montageartige" Komposition der Strophe. Eisenstein. AUSGEWÄHLTE AUFSÄTZE, S. 358–359.

66 In der Inszenierung der WALKÜRE ließ Eisenstein die Felsen im Rhythmus der Musik bewegen, um so den Rhythmus zu verkörpern.

67 Das Buch PRIMITIVE CULTURE (1871, russ. 1896) des englischen Wissenschaftlers und Begründers der Anthropologie, Edward Burnett Tylor (1832–1917), erforschte die Beziehungen zwischen den modernen und archaischen Kulturen. Tylor führte hier den Begriff Animismus ein. In Eisensteins Bibliothek wurde ihre russische Ausgabe mit dem Datum 15.VII.1936 versehen, obwohl er hier aus einer späteren zitiert.

68 Jonas Hanway (1712–1786). AN HISTORICAL ACCOUNT OF THE BRITISH TRADE OVER THE CASPIAN SEA: WITH THE AUTHOR'S JOURNAL OF TRAVELS FROM ENGLAND THROUGH RUSSIA INTO PERSIA, AND BACK THROUGH RUSSIA, GERMANY AND HOLLAND. London, printed for T. Osborne, 1762.

69 Originalausgabe: Georg Kerschensteiner (1854–1932). DIE ENTWICKLUNG DER ZEICHNERISCHEN BEGABUNG. NEUE ERGEBNISSE AUF GRUND NEUER UNTERSUCHUNGEN. MIT 800 FIGUREN IN SCHWARZDRUCK UND 47 FIGUREN IN FARBENDRUCK. München: Druck und Verlag von Carl Gerber 1905.

70 Gemeint ist Andersens Märchen GESCHICHTE EINER MUTTER (1848).

71 Die Erzählung von Ambrose Bierce (1842-1914?) THE AFFAIR AT COULTER'S NOTCH (1891) aus dem Sammelband TALES OF SOLDIERS AND CIVILIANS (1891) wurde 1934 in dem Sammelband DIE AMERIKANISCHE NOVELLE DES XX. JAHRHUNDERTS (Hg. A. Gawrilowa, I. Kaschkin) veröffentlicht. Eisenstein analysiert diese Erzählung in seinen Vorlesungen am WGIK vom 11. und 17. September 1941, die später unter dem Titel O KOMPOSIZII KOROTKOMETRASHNOGO FILMA (ÜBER DIE KOMPOSITION DES KURZFILMS) in dem Sammelband CHARAKTER W KINO (Moskau: Iskusstwo 1974. Vypusk 6, S. 214-253) veröffentlicht wurden. Englisch: ON THE COMPOSITION OF THE SHORT FICTION SCENARIO. Calcutta: Seagull Books 1984.

72 Der Psychologe Heinz Werner (1890-1964) war Professor an den Universitäten Hamburg, Harvard und Michigan. Sein Buch EINFÜHRUNG IN DIE ENTWICKLUNGSPSYCHOLOGIE (1926 erschien die deutsche Ausgabe, 1933 die englische) analysierte das kindliche, prälogische und pathologische Denken. Eisenstein hatte es aufmerksam gelesen und ihm oft Beispiele entnommen. Auf dem Exemplar in seiner Bibliothek steht der Vermerk „gekauft am 16. Januar 1934", doch Eisenstein zitierte aus dem Buch bereits früher.

73 Beiden Werken der französischer Literatur, sowohl dem Abenteuerroman LE CAPITAINE FRACASSE von Théophile Gautier (1863) als auch dem spätromantischen Stück in Versen CYRANO DE BERGERAC von Edmond Rostand (aufgeführt in Paris 1897), liegt der Gegensatz zwischen einem Rollenfach, einer Maske und dem Charakter der handelnden Personen zugrunde. In Gautiers Roman wird die Handlung um die Bloßlegung der „wahren" Identität gebaut: ein verarmter Aristokrat nimmt einen anderen Namen an und schließt sich einer Truppe von Wanderkomödianten an, in der ein gutherziger Bursche immer den Tyrannen spielen muss. Bei Rostand schickt ein hässlicher und kluger Held einen schönen, aber dummen Rivalen, den er mit seinen Versen ausstattet, zu seiner Angebeteten, und am Ende weiß die Frau nicht, ob sie in einen schönen Körper oder einen klugen Geist verliebt war.

74 Gemeint sind Bücher über die Geschichte der Karikatur des französischen Schriftstellers Champfleury (Jules-François-Félix Husson, 1821-1889) HISTOIRE DE LA CARICATURE (1878) und des deutschen Sammlers und Kunstwissenschaftlers Eduard Fuchs (1870-1940) DIE KARIKATUR, 2 Bände (1906-1912); DAS EROTISCHE ELEMENT IN DER KARIKATUR MIT EINSCHLUSS DER ERNSTEN KUNST (1912), DIE KARIKATUR DER EUROPÄISCHEN VÖLKER (1921).

75 Diese Abkürzung benutzt Eisenstein für seinen Vor- und Vatersnamen, Sergej Michajlowitsch, und spielt dabei auf: „Seine Majestät" an. Die „bekannte Formel" bezieht sich auf die Vorstellung, dass die Komik auf eine statische Wiedergabe der dialektischen Einheit der Gegensätze baut und deshalb komisch wirkt (wie eine buchstäbliche Realisierung eines Idioms oder Metapher etc.). Diese Konzeption entwickelt er in dem Buch PATHOS, IP 3, S. 217-232.

76 Lenin. WERKE. Berlin: Dietz 1984, Band 38, S. 249-250.

77 Georg Brandes (1842-1927), bekannter dänischer Literaturkritiker der Jahrhundertwende, Kulturvermittler zwischen der deutschen und dänischen, dänischen und russischen Literatur. Schrieb mehrere Essays über Hans Christian Andersen.

78 PAUL ET VIRGINIE (1788), Roman des französischen Schriftstellers und Botanikers Jacques-Henri Bernardin de Saint-Pierre (1737-1814), Anhänger Rousseaus. Das Buch war in Rousseaus Geist verfasst und erzählte die Geschichte zweier Kinder, die in der Naturidylle von Mauritius aufwuchsen, bis sie gewaltsam getrennt wurden. Die Rückkehr in die Zivilisation mit ihren Klassengegensätzen führt zu einem tragischen Ende.

79 Die Erzählung des amerikanischen Schriftstellers und Karikaturisten John Phoenix (eigentlich George Horatio Derby, 1823-1861) TUSHMAKER'S INVENTION wurde 1855 veröffentlicht (Reprint San Francisco: Grabhorn Press 1937, pp. 229-233). Darin geht es um eine Maschine, die, zusammen mit Zähnen, auch die Skelette aus den Patienten zog.

80 Das Gedicht BONES [Knochen] aus dem Buch des englischen Dichters und Karikaturisten Walter de la Mare (1873-1956) STUFF AND NONSENSE AND SO ON (New York: Henry Holt and Company 1927, p. 77) wurde in der Anthologie NONSENSE BUS nachgedruckt.

81 Eisenstein meint die Erzählung TUSHMAKER'S INVENTION (Anm. 79), in dem die Zahnmaschine einer alten Lady das Skelett herauszog und sie in eine formlose Masse verwandelte, jedoch so vom Rheumatismus befreite („the skeleton was removed from a body leaving her a mass of quivering jelly on her chair", p. 232). Die Ambivalenz gründete sich auf die Mehrdeutigkeit des Wortes „jelly", mit den Verweisen nicht nur auf einen Wackelpudding und eine Qualle, sondern auf sexuelle Bedeutungen von weich und hart.

82 Jules Michelet (1798-1874), französischer Historiker, bekannt durch seine monumentalen Werke HISTOIRE DE FRANCE (1833-1867) und HISTOIRE DE LA RÉVOLUTION FRANÇAISE (1847-1853). Später hatte er eine Serie lyrischer Bücher über die Natur veröffentlicht: L'OISEAU (1856; DER VOGEL, russ. 1878); L'INSECTE (1858; DAS INSEKT, russ. 1863); LA MER (1861; DAS MEER, russ. 1861) u.a.

83 Gemeint ist die Erzählung von D. H. Lawrence, die 1925 als Einzelausgabe erschien (New York: A. A. Knopf) und die Eisenstein oft mit Lew Tolstois DER LEINWANDMESSER – DIE GESCHICHTE EINES PFERDES (1885) verglich.

84 Die erste selbständige Inszenierung Eisensteins im Theater (1923) benutzte das Stück von Alexander Ostrowski EINE DUMMHEIT MACHT AUCH DER GESCHEITESTE in der Bearbeitung von Sergej Tretjakow als Vorlage.

85 Gemeint ist Agnia Nikolajewna Kassatkina (1905 – ?), Eisensteins frühe Freundin und Schülerin aus dem Proletkult-Studio. Ihr Name vermag eine Reihe von Dostojewski-Assoziationen hervorzurufen: Kolja Krasotkin aus DIE BRÜDER KARAMASOW oder Aglaja aus DER IDIOT. Der Klang des Namens (griechisch: unbefleckt) erinnert im Russischen an das Lamm, agneau, und läßt den Namen einer

anderen Heldin aus dem IDIOTEN, Nastassja Filippowna Baraschkowa, anklingen (das den russischen Wortstamm Lamm enthält).

86 Boris Arwatow (1896-1940), Theoretiker der Produktionskunst und Schriftsteller, war Eisensteins Mitarbeiter im Proletkult und Ko-Autor des Stückes DER MEXIKANER, das Eisenstein dort inszenierte. Kassatkina war seine Braut. Ende der 20er Jahre wurde Arwatow, der an Schizophrenie litt, in die psychiatrische Anstalt eingewiesen, wo er bis zu seinem Tod blieb.

87 Dsiga Wertow (1896-1954), sowjetischer Filmregisseur, war Eisensteins größter Rivale in den 20er Jahren. Wertow erklärte Eisenstein zu seinem missglückten Nachahmer und bezichtigte ihn des Plagiats (KINOGASETA, 24.3.1925). Eisenstein antwortete mit einer aggressiven Kritik an Wertows Methode. Die Polemik, in der es um das Kunstverständnis ging, wurde scharf und denunziatorisch geführt. Beide hängten einander Etikettierungen an, die sonst im politischen Kampf gegen die Opposition eingesetzt wurden: Wertow nannte Eisenstein einen „Abweichler", Eisenstein bezeichnete Wertow als einen Opportunisten und Menschewiken (Eisenstein. ZUR FRAGE EINES MATERIALISTISCHEN ZUGANGS ZUR FORM. SCHRIFTEN. Hg. Hans-Joachim Schlegel. Band 1. München: Hanser 1974, S. 235-238).

88 Gemeint ist Jelisaweta Teleschewa (1892-1943), Regisseurin am Moskauer Künstlertheater, Eisensteins Assistentin an der Filmhochschule WGIK und seine Lebensgefährtin. Sie wohnte in der Twerskaja Strasse, in dem ehemaligen Haus der Familie von Alexander Herzen.

89 Vera Janukowa (1904-1939), Schauspielerin des Proletkult-Theaters, die in Eisensteins Inszenierungen Rollen erotischer Vamps spielte.

90 Comte de Lautréamont (Pseudonym von Isidore Lucien Ducasse, 1846-1870), dessen CHANTS DE MALDOROR (DIE GESÄNGE DES MALDOROR) erst nach dem Tod des Autors bekannt wurden und bei den französischen Surrealisten Kultstatus erlangten. Der grausame Held Maldoror wurde nach dem Vorbild des romantischen diabolischen Rebellen modelliert; er trägt verschiedene Masken und wandelt seine Gestalt, er kann Raum und Zeit überwinden und nutzt diese Fähigkeiten für die zerstörerische Aggression gegen die göttliche Schöpfung. Seine Verwandlungsfähigkeit bringt ihn in die Nähe solcher Helden wie Rocambole und später Fântomas, die Eisenstein interessieren. Maldoror erscheint auf einem weißen Pferd und assoziiert einen der apokalyptischen Reiter. Vgl. den weißen Hengst in Eisensteins Traum und das brennend orangerote Pferd aus Lawrences Erzählung.

91 Gemeint: das historische Wörterbuch des englischen, amerikanischen und australischen Slangs, herausgegeben vom britischen Linguisten Eric Honeywood Partridge (1894-1979), erste Ausgabe: London, Routledge and Kegan Paul 1933.

92 Siehe Anm. 51.

93 Zitiert nach REIZENDE ALTE DAME, übersetzt von Martin Beheim-Schwarzbach. D. H. Lawrence. GESAMMELTE ERZÄHLUNGEN UND KURZROMANE. Hg. Daniel Keel und Daniel Kampa. Band 2. Zürich: Diogenes 2007, S. 438.

94 In Edgar A. Poes Kurzgeschichte METZENGERSTEIN (1832; russ. 1844) wird ein riesiges auf dem Wandteppich abgebildetes Schlachtross lebendig und reitet den grausamen Baron von Metzengerstein in das Feuer. Das Totemtier triumphiert über den Reiter und führt die Prophezeiung aus, die mit der Ambivalenz der Unsterblichkeit des Bildes und Sterblichkeit des Körpers spielt.

95 ENGLAND, MY ENGLAND (1922), eine Novelle von D. H. Lawrence über die Selbstzerstörung eines englischen Aristokraten, der freiwillig an die Front geht, um seine Maskulinität zu bestätigen, und getötet wird. In dem einzigen Roman, den Emily Brontë (1818–1848) geschrieben hatte, WUTHERING HEIGHTS (STURMHÖHE, 1847), der die viktorianische Literatur beeinflusste, entwickelt sich die rohe Leidenschaft zweier Helden, die durch soziale Barrieren getrennt sind, auf dem Hintergrund der unkultivierten sumpfigen Landschaft von Yorkshire, der im Roman eine symbolischen Bedeutung zukommt. In der Verfilmung des Romans 1939 durch William Wyler hatte die Landschaft auch eine wichtige Rolle übernommen.

96 In diesem Satz ist Eisenstein von einem Wortspiel angezogen, das sich auf dem ähnlichen Klang des französischen *belle-mère* (Schwiegermutter) und englischen *bell-mare* (eine Stute mit Glöckchen) gründet.

97 Obwohl Eisenstein sich irrt, was die Bedeutung von *marigold*, einer Ringelblume, betrifft, er spürt jedoch gut die symbolische Ladung des „goldenen, feurigen" Stamms des Wortes, die bei der Übersetzung verloren geht.

98 SAMSON AND DELILAH ist eine Erzählung von D. H. Lawrence.

99 James Thurber (1894–1961), amerikanischer Karikaturist der NEW YORKER. Eisenstein nutzte seine Bücher THE SEAL IN THE BEDROOM (1932) und THURBER'S MEN, WOMEN AND DOGS (1943), beide mit Vorworten von Dorothy Parker versehen. Das zweite Buch wurde von Eisenstein am 2. Januar 1946 gekauft.

100 Saul Steinberg (1914–1999), Karikaturist der NEW YORKER; emigrierte in die USA aus Rumänien 1940. Eisenstein hatte sein Album ALL IN LINE (1945), das ihm Jay Leyda am 26. Mai 1946 geschenkt hatte.

101 In dem Stück HARVEY von Mary Chase (1887–1973), das 1944 auf dem Broadway uraufgeführt wurde und noch im selben Jahr den Pulitzer-Preis bekam, erschien der gutmütige, für verrückt erklärte Held immer in Begleitung eines riesigen Hasen, mit dem er ständig Gespräche führte; der Hase war für andere unsichtbar.

102 Eisenstein meint die Karikatur von Thurber (Anm. 99), auf der ein Ehepaar im Bett liegt, an dessen Kopfende eine Robbe sitzt. Die Unterschrift lautete: „Na gut, soll es nach Dir gehen: Dann hast Du die Robbe eben wirklich schreien gehört." Die Karikatur war sehr populär, den Titel übernahm Thurber für eines seiner Bücher (1932), und die Unterschrift wurde zum Sprichwort, das die Beziehung von Illusion und Wirklichkeit im Alltag definierte.

103 In dieser Biographie brachte die Autorin Lewis Carrolls Phantasien mit den Theorien der modernen Physik in Verbindung.

104 Diesen Almanach kurzer Trickfilme zu populären Themen aus der klassischen Musik schuf Disney 1944-46 in Zusammenarbeit mit dem Dirigenten Leopold Stokowski. Eisenstein bezieht sich im Folgenden auf drei Filme daraus: PETER UND DER WOLF nach Sergej Prokofjew, CASEY AT THE BAT [CASEY BEIM BASEBALL], eine Verfilmung der populären Ballade über ein Baseballspiel von Ernest Lawrence Thayer aus dem Jahr 1888 und WILLIE THE WHALE.

105 Marie Bonaparte (1882-1962), französische Psychoanalytikerin, meinte, dass der Held aus Poes Erzählung THE LOSS OF BREATH (DER VERLORENE ATEM, 1832) am Morgen nach der Trauung nicht nur die Stimme, sondern auch seine Potenz verliert: „,Elende! Zanksüchtige Megäre! Böse Sieben!' sagte ich... [...] Ich stand auf den Zehen, packte meine Frau am Halse und war bemüht, ihr noch herzlichere Bei- und Kosenamen ins Ohr zu schreien, von denen ich sicher erwarten durfte, dass sie sie, wenn ich sie ihr ins Gesicht schleudere (ejaculate), von ihrer Minderwertigkeit überzeugen würden – da stockte ich plötzlich und merkte zu meinem Schrecken, dass ich meinen Atem verloren hatte.'

So stellt sich Edgar Poe den Morgen nach einer Hochzeitsnacht vor. Der nächtliche Angriff mit dem Phallus wird de facto durch einen am Morgen stattfindenden, sadistischen, mit Wortbeleidigungen gespickten Angriff ersetzt, und in dem Augenblick, in dem der Held sich der Frau nähern und die gröbste Attacke unternehmen will, kann er nicht mehr weiter, kann er nicht mehr mit seinem ‚Atem' sie durchdringen, kann er nicht mehr ejakulieren (ejaculate); das Wort steht da, wenn auch scheinbar mit einem anderen Sinn. [...] Der Zustand des Impotenten kann nicht besser gezeichnet werden. [...] Unser Held entdeckt jedoch, dass seine erste Befürchtung grundlos gewesen ist, dass er die Fähigkeit des Sprechens nicht ganz verloren hat. Er kann reden, wenn er seine ‚Stimme zu einem eigentümlich tiefen Kehlton zu dämpfen suchte', da ‚diese tiefen, gedämpften Töne nichts mit dem Atmungsvorgang zu schaffen hatten, vielmehr nur auf einer krampfartigen Tätigkeit der Halsmuskeln beruhten.' Der Psychoanalytiker würde darin leicht eine intestinale, prägenitale Sprache sehen, die an die Stelle der eigentlichen genitalen Sprache getreten ist, welche hier durch die Atmung symbolisiert wird; wir haben es mit einer Regression auf eine der ‚impotenten' infantilen Libidostufen zu tun." Marie Bonaparte. EDGAR POE. EINE PSYCHOANALYTISCHE STUDIE (1933). Wien: Internationaler Psychoanalytischer Verlag 1934. Teil II. S. 246-249.

106 Das Stück BRÜLLE, CHINA! von Sergej Tretjakow wurde von Wassili Fjodorow unter der künstlerischen Gesamtleitung von Wsewolod Meyerhold inszeniert und am 23. Januar 1926 uraufgeführt. Fjodorow und sein Szenenbildner Semjon Jefimenko richteten die Kanonen eines britischen Panzerkreuzers in den Saal (siehe Abbildung aus dem Buch MEIERCHOLD I CHUDOSHNIKI. Moskau: Galart 1995, S. 190). Eine ähnliches Bühnenbild wurde von Erwin Piscator bei der Inszenierung des Stückes von Alfons Paquet STURMFLUT benutzt, dessen Premiere

am 20. Februar 1926 stattfand – eine Woche vor der offiziellen Uraufführung des PANZERKREUZERS POTEMKIN in Berlin. Piscator hatte den Film bereits gesehen. Eisenstein kannte seine Inszenierung und wollte mit Piscator polemisieren. Vgl. seine Tagebuchnotiz vom 3. Februar 1928, veröffentlicht in: Oksana Bulgakowa (Hg.). EISENSTEIN UND DEUTSCHLAND. TEXTE. DOKUMENTE. BRIEFE. Berlin: Henschel 1998, S. 39.

107   Der siebente Band der zwanzigbändigen Romanreihe ROUGON-MACQUART von Émile Zola.

108   Eisenstein meint das Buch des britischen Dichters und Orientalisten Laurence Binyon (1869–1943) ENGLISH WATER-COLOURS (London: A. & C. Black; New York: Macmillan 1933). Auf S. 85 befindet sich eine Arbeit des englischen mystischen Dichters und Graphikers William Blake THE WISE AND THE FOOLISH VIRGINS (1822), auf der unzählige weibliche Figuren einander hervorbringen.

109   Eisenstein zitiert weiter aus dem LIFE-Artikel über Disneys Film, dessen Lektüre ein Ausgangspunkt dieser Notizen bildete.

110   Eisenstein meint den Aufsatz des französischen Dichters und Mystikers René Daumal (1908–1944). In dem Doppelheft der Zeitschrift, das sich mit Gesicht und Porträt beschäftigte, wurden außerdem Essays von Paul Valerie, Jean-Paul Sartre und André Suares veröffentlicht.

111   Andrej Moskwin (1901–1961), sowjetischer Kamermann, bekannt für seine expressionistische Lichtgebung, war der Kamermann für die Innenaufnahmen des Films IWAN DER SCHRECKLICHE.

112   Nikolai Tscherkassow (1903–1966), sowjetischer Schauspieler, Darsteller der Titelrollen in ALEXANDER NEWSKI und IWAN DER SCHRECKLICHE.

113   Gemeint ist Alexander Nikolaievich Prokofiev de Seversky (1894–1974), russischer Fliegeroffizier, der nach der Revolution 1917 in die USA emigrierte und dort an der Entwicklung des Jagdfliegers SE-5 arbeitete. Sein Buch VICTORY THROUGH AIR POWER (ENTSCHEIDUNG DURCH LUFTMACHT, New York: Simon and Schuster 1942) wurde zum Bestseller und zur Vorlage eines in Disneys Studio 1943 produzierten Films.

114   Eisenstein zitiert weiter aus dem LIFE-Artikel. Jerry Colonna (1904–1986), amerikanischer Sänger und Schauspieler, The Andrews Sisters – ein singendes Trio, bestehend aus LaVerne Andrews (1911–1967), Maxine Andrews (1916–1995) und Patty Andrews (geb. 1918). Tania Riabouchinska (1916–2000) und David Lichine (David Lichtenstein, 1910–1972), beide amerikanische Tänzer und Choreographen russischer Abstammung. Benny Goodman (1909–1986), amerikanischer Jazz-Musiker.

115   1942 brachte der Eisenstein-Schüler Jay Leyda in den USA unter diesem Titel einen Sammelband mit Eisensteins Aufsätzen heraus. Eisenstein bezieht sich hier auf seinen Aufsatz, der im Russischen VERTIKALMONTAGE heißt und die Ton-Bild-Wechselwirkungen im Film behandelt.

116 Lied von Sergej Prokofjew für den Prolog des Films IWAN DER SCHRECKLICHE.

117 Nach der Lektüre dieses Artikels hatte Eisenstein einen Brief an Georges Sadoul (1904-1967), den er im Manuskript Jacques nennt, geschrieben und ihn gefragt, warum er nur vom Bild- und nicht vom Ton-Bild-Kontrapunkt spreche. Sadoul folgte Eisensteins Vorschlag und korrigierte seine Formulierung, als er den Text des Aufsatzes in seine Filmgeschichte übernahm, vgl. Sadoul. L'HISTOIRE GÉNÉRALE DU CINÉMA. LE CINÉMA PENDANT LA GUERRE. 1939-1945. Paris: Edition Denoel 1954, p. 150. Eisensteins Briefe an Sadoul vom 13. Mai 1947 und 9. Februar 1948 wurden von Francois Albera veröffentlicht: EISENSTEIN. L'ANCIEN ET LE NOUVEAU. Sous la direction de Dominique Chateau, François Jost, Martin Lefebvre. Paris: Publication de la Sorbonne 2001, pp. 96-97.

118 Eisenstein meint hier die englische Bezeichnung des Cachalots als „Spermwal". Spermazet hieß ein wertvolles Element, das aus dem Kopf dieses Wals gewonnen wurde.

119 Eisenstein bezieht sich auf die exzentrischen Parodien des amerikanischen Journalisten Donald Robert Perry Marquis (1878- 1937) über die Kakerlake Archy und die Katze Mehitabel, die er zunächst in Zeitungen veröffentlichte und 1927 als Buch herausgab (ARCHY AND MEHITABEL. Garden City, N.Y.: Doubleday Verse). Die Erinnerung an die Metempsychose hängt damit zusammen, dass Mehitabel meinte, im vorherigen Leben Cleopatra gewesen zu sein. Marquis schrieb seine Texte genauso wie sein Held, der keine Kapitälchen und keine Zeilenbrüche zu produzieren vermochte, deshalb erinnerte er Eisenstein an James Joyces Manier.

120 Im Original steht: flux und dann fluid, was wahrscheinlich ein Flüchtigkeitsfehler ist.

121 William Steig (1907-2003), amerikanischer Karikaturist. Eisenstein meint sein Buch ABOUT PEOPLE: A BOOK OF SYMBOLICAL DRAWINGS (New York: Random House 1939). Die Zahlen in Klammern beziehen sich auf die Seiten dieser Ausgabe. Bei Duell, Sloan & Pierce erschien das Buch mit Zeichnungen von Saul Steinberg, das Eisenstein zuvor erwähnt.

122 Ein Freund Eisensteins, Mitarbeiter von Sowexportfilm. In Kratowo, einer Datschensiedlung bei Moskau, befand sich Eisensteins Sommerhaus.

123 Der weitere Text kommt aus einer anderen Mappe: 1923-2-256. Handgeschrieben. Begonnen am 5.1.1944, letzte Notizen vom 20.1.1944. Die allererste Notiz wurde auf dem Blatt eines Abreißkalenders gemacht, datiert vom 14. April 1942, die zweite auf dem Kopfbogen des Filmkomites beim Ministerrat der UdSSR.

123 Eisenstein meint das Buch des dänischen Kunstwissenschaftlers Frederik Adama van Scheltema (1884-?). DIE ALTNORDISCHE KUNST. GRUNDPROBLEME VORHISTORISCHER KUNSTENTWICKLUNG. Berlin: Mauritius 1924.

125 In Disneys Bestiarium wird ein derartiger Kollektivkörper oft aus Bienen und Schmetterlingen, aber kaum aus Mücken gestaltet. Eisenstein könnte daher

dessen THE MOTH AND THE FLAME (1938) oder BEARS AND BEES (1932) gemeint haben. Beide Filme waren Teile der Serie SILLY SYMPHONIES; der erste Film wird bereits zuvor im Text erwähnt.

126  Karl Bernhard Salin (1861-1931), Mitarbeiter des Stockholmer Nordisk Museums, Autor des Buches DIE ALTGERMANISCHE TIERORNAMENTIK (Stockholm, 1904), auf das Scheltema in seiner Untersuchung verweist.

127  Im 18. und 19. Gesang des PARADIESES taucht die Gestalt eines imperialen Adlers auf, dessen Umriss aus Seelen entsteht, die sich zu Buchstaben und ganzen Sätzen fügen.

128  Nikolaj Nikolajewitsch Romanow (1856-1929), Großfürst und bis August 1915 Oberbefehlshaber des Russischen Heeres.

129  Das Bild des amerikanischen Malers H. R. JOB (HUMANITY) aus dem Roerich Museum in New York hatte Eisenstein in der Zeitschrift CREATIVE ART (February 1933, p. 151) entdeckt.

130  Die emblematische Darstellung der USA als Onkel Sam entstand höchstwahrscheinlich im 18. Jahrhundert, es gibt verschiedene Hypothesen dazu. Eine berichtet von Samuel Wilson, der Fleisch an die US-Armee geliefert hatte. Seine Fässer wurden mit dem Namenskürzel U. S. gestempelt und als Uncle Sam gelesen wurde (wie United States). Der bekannte Karikaturist Thomas Nast (1840-1902) lieferte die erste Darstellung Onkels Sams, die während des Ersten Weltkrieges dank dem Poster von James Montgomery Flagg (1877-1960) weithin bekannt wurde. Im Unterschied dazu hat der britische John Bull einen literarischen Ursprung; er wurde von John Arbuthnot (1667-1735) in der Satire THE HISTORY OF JOHN BULL (1712) geschaffen und dann von John Tenniel in einer Karikatur verkörpert – als beleibter Engländer in Begleitung einer Bulldogge.

131  Isaac M. Singer, der amerikanische Hersteller von Nähmaschinen, eröffnete 1896 eine russische Dependance und führte 1901 sein russisches Logo ein, das jede Nähmaschine schmückte: das Bild einer russischen Schönheit mit Krone (Russland selbst), die das Rad der Nähmaschine dreht.

132  Eisenstein meint den deutschen Psychologen Ernst Kretschmer (1888-1964), dessen Buch MEDIZINISCHE PSYCHOLOGIE (Leipzig, 1922, russ. Edition 1927) er aufmerksam studiert hatte. Diese Bemerkung wird von Eisensteins Abkürzung „TSVP" begleitet, die er häufig in seinem Manuskript einsetzt und die als „Translate s'il vous plaît" entziffert werden kann: „Bitte übersetzen", auch im Sinne von „noch ausführlicher darstellen".

133  Gemeint ist Disneys Kurzfilm, siehe Anm. 1.

134  Disneys Kurzfilm (1935), dem ein bekannter Kinderreim zugrundeliegt, in dem ein Gericht der Tiere untersucht, wer den Hahn Robin getötet hat, der in Wirklichkeit von Liebespfeilen verwundet wurde.

135  Eisenstein meint den österreichisch-ungarischen Psychoanalytiker Sándor Ferenczi (1873-1933), dessen Buch VERSUCH EINER GENITALTHEORIE (Wien: In-

ternationaler Psychoanalytischer Verlag 1924, Reprint in SCHRIFTEN ZUR PSYCHOANALYSE. Auswahl in 2 Bänden. Hg. Michael Balint. Band 2. Frankfurt am Main: S. Fischer 1970) einen starken Einfluss auf ihn ausgeübt hatte. Das Buch wurde ihm 1929 von dem Berliner Psychoanalytiker Hanns Sachs geschenkt.

136 In dem Roman von Herbert Wells THE ISLAND OF DR. MOREAU (1896) werden die monströsen Hybride aus Menschen und Tieren beschrieben, die von einem ominösen Wissenschaftler geschaffen wurden.

137 Die Merowinger waren das älteste bekannte Königsgeschlecht der Franken (5. Jahrhundert bis Anfang 8. Jahrhundert). Die Darstellungen von Fischen und Vögeln, die ornamentalen Mustern folgte, waren typisch für merowingische Buchminiaturen.

138 Siehe Anm. 28.

139 In dem Kapitel von Grandvilles Buch UN AUTRE MONDE (EINE ANDERE WELT, 1844), auf das Eisenstein verweist, besucht der Held einen botanischen Garten und sieht dort allerhand Hybride: einen Giraffen-Skarabäus oder Tiere mit zwei Köpfen (les Doublivores).

140 Eisenstein meint das Buch von Laurence Binyon (Anm. 108) THE FLIGHT OF THE DRAGON: AN ESSAY ON THE THEORY AND PRACTICE OF ART IN CHINA AND JAPAN, BASED ON ORIGINAL SOURCES (London: J. Murray, 1911, 1922, 1927). Bynion meint, dass der symbolische Drachen im Taoismus mit dem Element Wasser und dessen Fluidität zusammenhänge. Deshalb könne er zur Verkörperung der omnipotenten Vielfalt aller Formen und mit der Ewigkeit assoziiert werden: "So it became *typical of the spirit which is able to pass into all other existences* of the world and resumes its own form in man, and, *associated with the power of fluidity, the Dragon* becomes the *symbol of the infinite.*"

141 Ende des 18. Jahrhunderts brachten die französischen Missionare das chinesische Schattentheater „Ombres chinoises" nach Europa. In Grandvilles Buch UN AUTRE MONDE besuchen die Helden während ihrer Reise nach China ein Schattentheater, das „Ombres françaises", also „Französische Schatten", heißt.

142 Die Linke Front (LEF) war eine Vereinigung sowjetischer Avantgarde Schriftsteller und Künstler (der Wladimir Majakowski, Sergei Tretjakow, Boris Arwatow, Ossip Brik, Alexander Rodtschenko, Dsiga Wertow, Eisenstein u. a. angehörten), die zwischen 1923 und 1929 existierte und eine eigene Zeitschrift herausgab. Mitte der 20er Jahre wollte die Gruppe der Kunst eine neue Orientierung geben: sie setzte auf die Realität und den Fakt. Nach den Vorstellungen der LEF sollte die Kunst damit aufhören, ästhetische Produkte herzustellen, und stattdessen eine neue gegenständliche Welt des Menschen kreieren. Neue technische Künste - Foto und Film - spielten dabei eine besondere Rolle.

143 Über die Divergenzen zwischen seinem und Pudowkins Montageverständnis schreibt Eisenstein in dem Aufsatz über den japanischen Film JENSEITS DER EINSTELLUNG (1929):

„Was kennzeichnet die Montage und folglich auch ihren Embryo, die Einstellung?
Ein Zusammenprall. Der Konflikt zweier nebeneinanderstehender Abschnitte.
Konflikt. Zusammenprall. Vor mir liegt ein zerknittertes, vergilbtes Stückchen Papier.
Darauf steht die geheimnisvolle Notiz: ‚Kopplung = P' und ‚Zusammenprall = E'. Dies ist die materialisierte Spur eines feurigen Gefechts zum Thema Montage zwischen mir – E – und Pudowkin – P. [...] Als Zögling der Kuleschowschen Schule verteidigte er eifrig den Montagebegriff als Kopplung von Abschnitten. Zu einer Kette. ‚Ziegelsteine'. Ziegelsteine, die in Reihen einen Gedanken darlegen. Ich hielt ihm meinen Standpunkt über Montage als Zusammenprall entgegen. Ein Punkt, an dem durch Zusammenprall zweier Gegebenheiten ein Gedanke entsteht. Eine Kopplung ist nur ein möglicher Einzelfall in meiner Deutung." Zit. nach Eisenstein. DAS DYNAMISCHE QUADRAT. SCHRIFTEN ZUM FILM. Hg. und übers. Oksana Bulgakowa, Dietmar Hochmuth. Leipzig: Reclam jr. 1988, S. 81.

144  Cloisonné ist eine kunsthandwerkliche Schmelztechnik bei Emaille-Arbeiten, besonders entwickelt in der Zeit der Merowinger und in China. Die Vereinigung diverser Elemente zu einer Einheit assoziiert Eisenstein mit dem Stummfilm LA PASSION DE JEANNE D'ARC (1928) von Carl Theodor Dreyer (1889-1968), in dem die statischen Nahaufnahmen der Gesichter durch Zwischentitel miteinander verbunden werden. Diese Technik verknüpft Eisenstein mit der Darstellung der dritten Phase in der Entwicklung des Ornaments, wie sie im Buch von Scheltema gegeben ist.

145  Im September 1929 besuchte Eisenstein den Kongress der unabhängigen Filmemacher in dem Schweizer Schloss La Sarraz. Dreyers Film wurde dort gezeigt. In den schriftlichen Notizen Eisensteins zu seinem Vortrag auf dem Kongress NACHAHMUNG ALS BEHERRSCHUNG (veröffentlicht in: HERAUSFORDERUNG EISENSTEIN. Hg. Oksana Bulgakowa. Berlin: Akademie der Künste 1989. Heft 41, S. 46-48) findet sich jedoch keine Erwähnung des Films von Dreyer.

146  Thornton Delehanty, amerikanischer Journalist, Filmkritiker der NEW YORK EVENING POST.

147  Die Handlung dieses Trickfilms (1942) ist in Südamerika angesiedelt: Donald Duck kommt dahin als amerikanischer Tourist, und Goofy tritt als Gaucho auf. Nach diversen Abenteuern erleben die Helden den Karneval in Rio de Janeiro.

148  Siehe Anm. 113.

149  Henry Morgenthau Jr. (1891-1967), amerikanischer Politiker, Finanzminister und Berater des Präsidenten Roosevelt. Er entwickelte den nach ihm benannten Morgenthau-Plan für die Nachkriegsentwicklung Deutschlands, der eine Demilitarisierung und die künstliche Bremsung des industriellen Wachstums vorsah. Dieses Programm wurde stark kritisiert und schließlich verworfen.

150 Eisenstein betrachtete diese Sequenz aus seinem Film OKTOBER als ein Experiment mit den Möglichkeiten der intellektuellen Montage, die den Gedankenprozess visualisiert. Vgl. DAS DYNAMISCHE QUADRAT, S. 113–115, und HERAUSFORDERUNG EISENSTEIN, S. 33–37.

151 André Malraux (1901–1976), französischer Schriftsteller und Politiker, beteiligte sich am Spanischen Bürgerkrieg und baute im Juli 1936 die Flugzeugstaffel España auf, deren Kommando er übernahm.

152 Alle drei Maler – Leonardo da Vinci, der Schweizer Symbolist Arnold Böcklin und der russische Konstruktivist Waldimir Tatlin – arbeiteten an der Entwicklung von Flugapparaten.

153 Therese von Lisieux (1873–1897), französische Nonne im Orden der Karmelitinnen, wurde 1925 heiliggesprochen. Ihre Autobiographie L'HISTOIRE D'UNE ÂME (GESCHICHTE EINER SEELE) wurde zwei Jahre nach ihrem Tod veröffentlicht und entwickelte zu einem der meistgelesenen spirituellen Bücher. Eisenstein besuchte ihr Kloster während seines Aufenthalts in Frankreich.

154 Eisenstein meint Hermann Melvilles Roman von 1846. Darin beschreibt er die Erfahrung während seiner Gefangenschaft im Tal von Taipivai auf der Insel Nukuhiva im Juni 1842, wo er das Leben eines archaischen Stammes beobachtet hatte.

155 Gemeint ist Jean-Jacques Rousseaus These von der „Rückkehr zur Natur".

156 Eisenstein meint das Buch von D. H. Lawrence STUDIES IN CLASSIC AMERICAN LITERATURE. New York: Thomas Seltzer 1923. Vgl. p. 214: "Moby Dick, the huge white sperm whale... Of course he is a symbol. Of what?... He is a Leviathan"; p. 239: "the last phallic being of the white man"; p. 240: "in the first centuries, Jesus was Cetus, the Whale. And the Christians were the little fishes. Jesus, the Redeemer, was Cetus, Liviathan." [Moby Dick, der gewaltige weiße Cachalot... Natürlich ist es ein Symbol. Doch ein Symbol wofür?... Er ist Leviathan... Das letzte phallische Wesen des weißen Mannes... In den ersten Jahrhunderten war Jesus ein Cetus ‹lat. der Wal›, und die Christen waren die kleinen Fische. Jesus, der Erlöser, war Cetus, der Leviathan.]

157 Ishmael heißt der Erzähler in dem Roman MOBY DICK, Queequeg ist sein Kumpan, ein Wilder.

158 BILLY BUDD, SAILOR, ein Kurzroman von Melville (geschrieben 1891, erste Veröffentlichung 1924), erzählt die Geschichte des Matrosen Billy. Er wird fälschlich der Anstiftung zur Meuterei beschuldigt, kann sich wegen seines Sprachfehlers nicht verteidigen, schlägt den Verleumder nieder, wird zum Tode verurteilt und akzeptiert sein Schicksal.

159 Eisenstein verweist auf die klassische Untersuchung des englischen Romanisten Edward Morgan Forster (1879–1970) ASPECTS OF THE NOVEL (London: E. Arnold 1927).

160 In dem Buch von Lawrence STUDIES IN CLASSIC AMERICAN LITERATURE, aus dem Eisenstein zitiert, sind Essays über Benjamin Franklin, Fenimore Cooper, Edgar A. Poe, Nathaniel Hawthorne, Hermann Melville und Walt Whitman versammelt.

161 Eisenstein meint das Werk des französischen Schriftstellers André Gide (1869-1951) CORYDON (1924), das in Form von sokratischen Dialogen geschrieben wurde und die Homosexualität verteidigte. Für dieses „Coming out" wurde Gide auch seitens naher Freunde scharf kritisiert. Das von Eisenstein angeführte Beispiel findet sich im zweiten Dialog und ist dem Buch von Remy de Gourmond PHYSIQUE DE L'AMOUR (1903) entnommen.

162 Gemeint ist Rudolf Bilz. PARS PRO TOTO. EIN BEITRAG ZUR PATHOLOGIE MENSCHLICHER AFFEKTE UND ORGANFUNKTIONEN. Leipzig: Georg Thieme 1940.

163 Der spanische Mystiker Ignatius Loyola (1491-1556) schuf eine Reihe von Übungen, die helfen sollten, den Zustand der Trance und Ekstase zu erreichen. Eisenstein erfuhr von dieser Psychotechnik dank dem Buch von Charles Letourneau PHYSIOLOGIE DES PASSIONS (1868). Dann studierte er Loyolas Übungen nach der deutschen Ausgabe von EXERCITIA SPIRITUALIA (München, 1921). Das Absteigen in die Hölle ist die fünfte Übung (S. 94-96 der Münchener Ausgabe). Hier schlägt Loyola vor, den Begriff „Hölle" mittels einzelner Sinne anzusprechen, vorzustellen und so in der Gesamtheit zu erfahren (die Feuer sehen, in dem die Sünder brennen; ihre Schreie und ihr Weinen hören; den Gestank von Rauch, Schwefel und Verwesung spüren, die Bitterkeit der Tränen schmecken, die Hautverbrennung fühlen usw.). Eisenstein analysiert Loyolas Übungen in EINE NICHT GLEICHMUTIGE NATUR und in einem Kapitel seines Buches MONTAGE, das Naum Kleiman unter dem Titel STANISLAWSKI UND LOYOLA veröffentlichte: KINOWEDTSCHEKIE ZAPISKI, 2000, № 47, S. 107-133.

164 Eisenstein meint den Tausch von Subjekts und Objekt und verweist dabei auf den Titel eines haitianischen Bildes von Paul Gauguin MANAO TUPAPAO (1892) aus der Sammlung des Moskauer Puschkin-Museums der Bildenden Künste. Der Titel kann zweifach gedeutet werden: „Der Geist denkt an das Mädchen" (unter dem Titel DER GEIST DER TOTEN WACHT ist das Bild im Katalog erfasst), aber auch „Das Mädchen denkt an den Geist". Eisenstein kehrt, wenn er die ambivalente Umkehrung der Subjekt-Objekt Beziehungen diskutiert, in mehreren Texten (z. B. in der VERTIKALMONTAGE) zu diesem Beispiel zurück.

165 Andrew Lang (1844-1912), schottischer Altphilologe, Historiker, Dichter und Journalist, stützte sich auf die Forschungen des schottischen Ethnologen John Ferguson M'Lennan KINSHIP IN ANCIENT GREECE. TOTEMISM И WORSHIP OF PLANTS AND ANIMALS (1869-1870) und entwickelte seine Gedanken in dem Kapitel THE EARLY HISTORY OF THE FAMILY in dem Buch CUSTOM AND MYTH (p. 264 ff nach der 1898er-Edition).

166 Eisenstein meint Ariadne, die Theseus half, Minotaurus zu besiegen, und nicht Andromacha, die Frau des Trojanischen Helden Hector.

167 Eckard von Sydow (1885–1942), deutscher Kunsthistoriker und Publizist, widmete zwei Kapitel seines Buches PRIMITIVE KUNST UND PSYCHOANALYSE. EINE STUDIE ÜBER DIE SEXUELLE GRUNDLAGE DER BILDENDEN KÜNSTE DER NATURVÖLKER (Leipzig: Internationaler Psychoanalytischer Verlag 1927) der Analyse des Uterus als einer Grundbauform: DIE SEXUELLE GRUNDLAGE DER BAUKUNST (S. 46–75) und PSYCHOANALYTISCHE DEUTUNG DES RÄUMLICHEN URBILDES (S. 69–75). Er stützte sich dabei auf Konzeptionen von Jung und Rank. Eisenstein hatte sich das Buch am 17. März 1930 in Paris gekauft.

168 Marie Bonaparte analysiert in EDGAR POE. EINE PSYCHOANALYTISCHE STUDIE (Anm. 105) die Interieurs in den beiden Erzählungen und bemerkt im Hinblick auf den Keller in THE CASK OF AMONTILLADO (1846), in dem der Held seinen Feind einmauert: „Das Innere des Frauenkörpers, das durch den Keller, in dem der höchste, begehrteste Rausch herrscht, dargestellt ist, wird so zum Werkzeug der Rache; ganz so wie die liebkosende, streichelnde Hand der Frau zum Werkzeug der Qual wird bei der unwahrscheinlichen Strafe der Liebkosung, die von Mirbeau erfunden wurde." Die Beschreibung der Nische ist die Materialisierung des Mutterleibs: „Wir sind nun in die letzte Sackgasse geraten, in die die Mutterkloake mündet. Hier taucht auch die unbewußte Erinnerung an die beiden Beine selbst auf, die Höhlung öffnet sich zwischen zwei mächtigen Pfeilern" (EDGAR POE, Teil II, S. 37–38). THE BLACK CAT (1843, unkorrekt als „Kater" übersetzt) interpretiert Bonaparte als Totem, das die Mutter des Helden und Poes selbst verkörpert. Der Held mauert die Katze zusammen mit der getöteten Frau in der „hinteren Wand" einer Kellernische ein, wie in DAS FASS AMONTILLADO.

169 Otto Ranks Buch DAS TRAUMA DER GEBURT UND SEINE BEDEUTUNG FÜR DIE PSYCHOANALYSE (1924) stützte sich nicht auf das klinische Material. Rank entwickelte dort seine Hypothese vom primären psychologischen Trauma der Geburt, ausgelöst durch die Angst der Loslösung vom Mutterleib, dessen Folgen nicht nur die psychische Entwicklung und Neurose eines Individuums bestimmen, sondern auch die Formen der von ihm hervorgebrachten Kultur. Diese Hypothese verringerte die Bedeutung des Ödipus-Komplexes, denn Rank betrachtete die Beziehung zur Mutter als eine biologische Notwendigkeit, die zum Vater – als Produkt der Imagination. Die von Menschen hervorgebrachten Formen (der Architektur, der Kleidung) suchen nach Wegen, dieses Grundtrauma zu überwinden und in den Mutterleib zurückzukehren. Unter diesem Aspekt interpretierte Rank auch die Symbolik und Rituale des Todes, die er nicht ausführlich analysierte, stattdessen auf das Buch von Ernst Fuhrman verwies (DER GRABBAU. München, 1923). Rank. DAS TRAUMA DER GEBURT UND SEINE BEDEUTUNG FÜR DIE PSYCHOANALYSE. Leipzig: Psychoanalytischer Verlag 1924, S. 79–82. Eisenstein war von Ranks Konzept stark beeinflusst.

170 Eisenstein meint höchstwahrscheinlich Franz Boas (1858–1942), einen amerikanischen Anthropologen deutscher Herkunft. In seinem Buch THE MIND OF PRIMITIVE MAN (1911; russ. Ausgabe 1926) führt er die Tabelle aus dem Buch des deutschen Biologen W. Johannsen (ELEMENTE DER EXACTEN ERBLICHKEITS-

LEHRE, 1909) an. Diese ordnet die Daten des Wachstums der Bohnen, welche, aus einem Samen hervorgebracht, in drei Generationen Wachstumsschwankungen zwischen 10 und 17 mm erreichen. Boas zog daraus Schlussfolgerungen, die alle lebendigen Organismen, auch den Menschen, betrafen. Boas. THE MIND OF PRIMITIVE MAN. New York: The MacMillan Edition 1938, p. 39ff.

171 Vor Beginn der Dreharbeiten zu seinem Film DAS JAHR 1905 (PANZERKREUZER POTEMKIN) erklärte Eisenstein in einem Interview mit Nikolai Jastrebow (veröffentlicht unter dem Titel DIE INSZENIERUNGSMETHODEN VON ‚DAS JAHR 1905' in der Zeitung KINO am 7. Juli 1925), dass sein Film genauso grandios sein wird wie Fritz Langs NIBELUNGEN.

172 Eisenstein meint einen Aufsatz in der Zeitschrift THEATRE ARTS über die Rekonstruktion seines Films für den wiederholten Kinoeinsatz (siehe auch Anm. 175).

173 Eisenstein verweist auf das Zitat aus dem Buch von Leo Trotzki DAS JAHR 1905, das in der ersten Fassung des Films als Epigraph im Zwischentitel gegeben wurde. Nach der Verbannung Trotzkis 1927 wurde es durch ein Lenin-Zitat ersetzt.

174 Gemeint ist das Buch über Eisenstein von Iwan Alexandrowitsch Axjonow (1884-1935), Theaterkritiker, Herausgeber und Übersetzer der Elisabethaner. Axjonow hatte es 1934 geschrieben, und Eisenstein hatte es redigiert. Das Buch erschien jedoch erst 1991. Eisenstein konnte den folgenden Absatz gemeint haben: „Das Naturelement Wasser, in dem der mit der aufständischen Mannschaft bereits gleichgesetzte Panzerkreuzer sich bewegt, wird immer als mitfühlend mit diesem Helden, der Mannschaft, gezeigt. Der Autor hat von der ersten Einstellung an dafür gesorgt, das Wasser als Symbol der heranreifenden Revolution zu zeigen. Die Bewegung der Menschenströme, Ströme, in denen sich alle Menschen auflösen wie Tropfen im Wasser, baut in den Szenen an Land ein Äquivalent zur Bewegung des Naturelements auf. Dadurch entstehen die kompositionelle Geschlossenheit des Films und seine ununterbrochene Agitation. So wird möglich, den Aufstand der „Potjomkin"-Mannschaft als Episode der grandiosen Epopöe ‚1905' und nicht als zufällige Geschichte einer Matrosenmeuterei wegen schlechten Essens zu interpretieren." Iwan Axjonow. SERGEJ EISENSTEIN. EIN PORTRAIT. Berlin: Henschel 1998 – deutsch von Regine Kühn, S. 95.

175 Verweis auf H. D. Glance. A CLASSIC REBORN. THEATRE ARTS, volume XXVII, № 6, 1943, June, pp. 359-364. Es geht hier um die Restaurierung des PANZERKREUZERS POTEMKIN aus dem Jahr 1943 – unter der Mitwirkung von Jay Leyda für den Verleih in den USA. Für diese Restaurierung wurden einige europäische Negative benutzt, bearbeitet und mit neuen Zwischentiteln versehen.

176 Bosley Crowther (1905-1981) war Theaterkritiker der THE NEW YORK TIMES, Ralph Barnes (1899-1940), amerikanischer Journalist, war Korrespondent der NEW YORK HERALD TRIBUNE in Paris und Rom, zwischen 1931 und 1934 arbeitete er

in Moskau und Berlin. „Russki golos" (eigentlich „Golos Rossii") - sowjetisches staatliches Rundfunkprogramm fürs Ausland, wurde am 29. Oktober 1929 gestartet.

177 Das Motiv der Stadt als Zentrum der demokratischen Bruderliebe kommt bei Walt Whitman (1819-1892) oft vor. Eisenstein konnte das Poem FOR YOU O DEMOCRACY (FÜR DICH, O DEMOKRATIE!) gemeint haben: "I will make inseparable cities with their arms about each other's / necks, / By the love of comrades, / By the manly love of comrades. / For you these from me, O Democracy, to serve you ma femme." „Ich will unzertrennliche Städte schaffen, ihre Arme einander um den Nacken / geschlungen, / durch die Liebe von Kameraden, / durch die männliche Liebe von Kameraden. / Dieses von mir für dich, o Demokratie, dir zuliebe, ma femme!" Zit. nach der Übersetzung von Erich Arendt. Whitman. LYRIK UND PROSA. Berlin: Volk und Welt 1966, S. 138.

178 Helden der Komödie von Alexander Gribojedow VERSTAND SCHAFFT LEIDEN (1824).

179 Carl Friedrich Strehlow (1871-1922), deutscher Missionar in Australien (1894-1922), der in einem siebenbändigen Werk (1907-1928) die Mythen, Riten und die materielle Kultur der Aranda-Stämme beschrieb. Eisenstein zitiert diese Passage nach dem Buch von Rudolf Bilz PARS PRO TOTO. Leipzig: Georg Thieme 1940, S. 115.

180 Das Zitat aus dem Buch von Lewis Morgan ANCIENT SOCIETY, OR RESEARCHES IN THE LINES OF HUMAN PROGRESS FROM SAVAGERY THROUGH BARBARISM TO CIVILIZATION (1877, russ. Ausgabe 1934) über die archaische Gesellschaft als Urbild der zukünftigen Gesellschaft der Gleichheit und Demokratie führt Eisenstein in einem anderen Kapitel der METHODE an (Hg. O. Bulgakowa. Berlin: PotemkinPress 2009. Band 2, S. 506). Dort bemerkt er auch, dass das Kapitel über die Utopisten von ihm zwar konzipiert, jedoch nicht geschrieben wurde (B.I, S. 147-148).

181 Eisenstein zitiert hier das Inhaltsverzeichnis des zweiten Bandes (DIE NATURPHILOSOPHIE) von Hegels ENZYKLOPÄDIE DER PHILOSOPHISCHEN WISSENSCHAFTEN IN GRUNDRISSEN (1830, russ. 1936). Über Zwitter: Georg Wilhelm Friedrich Hegel. THEORIEWERKAUSGABE in 20 Bänden. Hg. Eva Moldenhauer, Karl Markus Michel. Band 9. Frankfurt am Main: Suhrkamp 1970, S. 932.

182 Gemeint ist James George Frazers CREATION AND EVOLUTION IN PRIMITIVE COSMOGONIES AND OTHER PIECES. London: Macmillan and Co. 1935, pp. 3-34, hier pp. 32-33. Frazer verweist auf die Bücher von B. Spencer und F.J. Gillen NATIVE TRIBES OF CENTRAL AUSTRALIA (London, 1899) und NORTHERN TRIBES OF CENTRAL AUSTRALIA (London, 1904).

183 Charles Le Brun (1619-1690), französischer Zeichner. Eisenstein meint seine Vorlesungen über Physiognomik, illustriert mit Le Bruns Zeichnungen, die die Ähnlichkeit zwischen dem menschlichem und dem animalischen Antlitz aufdeckten: EXPRESSIONS DES PASSIONS DE L'ÂME. Paris: J. Audran 1727, neuere

Ausgabe L'EXPRESSION DES PASSIONS ET AUTRES CONFÉRENCES. Paris: Maisonneuve et Larose 1994. Eisenstein benutzte Le Bruns Vorlagen bei der Vorbereitung von IWAN DER SCHRECKLICHE.

184 Gemeint ist die Untersuchung des deutschen Indologen Richard Schmidt (1866-1939) BEITRÄGE ZUR INDISCHEN EROTIK. DAS LIEBESLEBEN DES SANSKRITVOLKES. Leipzig: Lotus-Verlag 1902.

185 Gemeint ist Darwins INSECTIVOROUS PLANTS. London: Murray 1875.

186 In seinem Aufsatz EISENSTEIN (1928) schrieb Sergej Tretjakow:

„Nun haben wir ein erschütterndes Sujet von ‚Potemkin', der sich aus der Gefängnisordnung befreit, der ‚Treppe', die sich eine Liebesvereinigung mit ihm wünscht und eine Geschichte darüber, wie diese ‚Treppe' gnadenlos von dem grausamen Regime niedergeschossen wurde und wie der einsame und verbitterte ‚Potemkin' weggeht, nachdem er im ohnmächtigen Zorn eine Kanonensalve gegen die Stadt geschleudert hatte." Zit. nach KINOWEDTSCHESKIE SAPISKI, № 34, 1997, S. 8.

Eisenstein selbst hatte die Kollision dieser drei Personen als eine traditionelle Dreieckbeziehung beschrieben, bei der „wir eine Treppe, die zum Panzerkreuzer will, haben und Soldaten, die die Vereinigung der beiden verhindern, also eine klassische Situation, die in einem Personendrama wirkt; wenn Sie wollen, tritt der Panzerkreuzer als Romeo, die Treppe als Julia auf und die Soldaten agieren wir Montecchi und Capuleti, die die Union der beiden verhindern". Eisenstein. STENOGRAMMA LEKTSII DLJA STUDENTOW AKADEMII RESHISSURY. 31. Mai 1936, RGALI, 2900-1-861, list 23. Zit. nach M. Wladimirowa. WSEMIRNAJA LITERATURA I RESHISSERSKIE UROKI S. M. EISENSSTEINA. Moskau: WGIK 1990, S. 61-62.

187 Der Animaculismus entstand im 17. Jahrhundert und lehrte, dass sämtliche Teile des Organismus bereits in der Samenzelle vorhanden sind. Animaculisten glaubten mit Hilfe der Mikroskope in den Samenzellen sogar winzige fertige Menschlein (Animaculis) zu erkennen.

188 Scheltema schreibt auf S. 29: „In erster Linie ist hier auf die bekannte Anschauung zurückzugreifen ‹als erster hat wohl Ernst Kapp diesen Gedanken formuliert›, nach der das Werkzeug nichts anderes als eine Organprojektion des menschlichen Körpers darstelle." Das Buch von Ernst Kapp (1808-1896) untersuchte die Zusammenhänge zwischen der Entwicklung der Gesellschaft und der Verbreitung von Maschinen. Den Gedanken über Werkzeuge als Verlängerung menschlicher Organe wurde von Marx im KAPITAL und von Freud in DAS UNBEHAGEN IN DER KULTUR weiterentwickelt.

189 Otto Rank und Hanns Sachs schreiben nur flüchtig über den sexuellen Ursprung der Werkzeuge (siehe das Kapitel ÜBER DEN EINFLUSS SEXUELLER MOMENTE AUF ENTSTEHUNG UND ENTWICKLUNG DER SPRACHE in ihrem gemeinsamen Buch BEDEUTUNG DER PSYCHOANALYSE FÜR DIE GEISTESWISSENSCHAFTEN, 1912). Sie verweisen dabei auf die Arbeiten von Isidor Sadger (1867-1949), einem Arzt aus der ersten Generation der Freud-Anhänger, und dem Philologen Hans Sperber:

"Nach Sperber ist es zur Entdeckung des Ursprungs der Sprache notwendig, diejenige typische Situation aufzufinden, welche es am ehesten einem Menschen nahelegte, durch beabsichtigte Laute einen anderen Menschen im Sinne seiner Wünsche zu beeinflussen. Solcher Situationen gibt es nur zwei: das Kind, dem die Nahrungszufuhr fehlt, und der sexuell erregte Mensch [...] Die ersten Tätigkeiten des Urmenschen sind nämlich für ihn Surrogate des Geschlechtsaktes [...] Zu der Hypothese Sperbers stimmt es ausgezeichnet, dass in den meisten Sprachen die Wurzeln der Bezeichnungen für die primitiven Tätigkeitsformen: Feueranzünden, Graben, Ackern usw. die Nebenbedeutung coire haben." (S. 76).

190 Alexej Gan (1889?-1938), sowjetischer Graphiker, Theoretiker des Konstruktivismus, Ehemann der Regisseurin Esfir Schub. Gan beeinflusste die Entwicklung von Dsiga Wertow nicht unerheblich. 1922 gab er die Zeitschrift KINO-FOT heraus, in dem Wertows Manifeste veröffentlicht wurden.

191 Siehe Eisensteins Aufsätze MONTAGE DER ATTRAKTIONEN und PERSPEKTIVEN in: DAS DYNAMISCHE QUADRAT. S. 10-17, S. 58-71.

192 Eisenstein betrachtete das antagonistische Modell der koexistierenden psychischen Vorgänge, bewussten und unbewussten, als eine Einheit von Gegensätzen und versuchte auf diese Weise eine dialektische Korrektur der Psychoanalyse vorzunehmen. Er führte den Begriff Zweifaltigkeit ein, um die Wirkung eines Kunstwerks, ja das Kunstwerk selbst als eine dynamische Einheit von Gegensätzen zu beschreiben: "Die Wirkung eines Kunstwerkes beruht darauf, dass in ihm ein zwiespältiger Prozess abläuft: das ungestüme progressive Emporstreben auf höhere geistige Stufen des Bewusstseins und zeitgleich – über die Form – das Eindringen in Schichten allertiefsten sinnlichen Denkens. Das polarisierende Auseinanderstreben dieser beiden Linien schafft jene wunderbare innere Spannung in der Einheit von Form und Inhalt, durch die sich echte Kunstwerke auszeichnen." Eisenstein. DAS DYNAMISCHE QUADRAT, S. 146.

193 Eisenstein meinte, dass er die erste Stufe der Abstraktion, die Bewusstwerdung dieser Formel, in seinem Vortrag auf der Konferenz der sowjetischen Filmschaffenden 1935 erreicht hatte, in dem er zum ersten Mal öffentlich die Konzeption der METHODE vorstellte. Eisenstein. DAS DYNAMISCHE QUADRAT, S. 109-152.

194 Wladimir Wagner (1849-1934), russischer Biologe und Psychologe. Entwickelte eine objektive („biologische") Methode zur Erforschung des Tierverhaltens, dessen Psyche er als Produkt der Evolution betrachtete, und schlug vor, Instinkte als instabile Verhaltensformen zu betrachten. Sein wichtiges Werk ist BIOLOGITSCHESKIE OSNOWANIJA SRAWNITELNIOJ PSYCHOLOGII (BIOLOGISCHE GRUNDLAGEN EINER VERGLEICHENDEN PSYCHOLOGIE, 1910-1913).

195 William Blakes Poem DIE HOCHZEIT VON HIMMEL UND HÖLLE, geschrieben 1790 und drei Jahre später in einer kleinen Auflage mit Blakes Illustrationen veröffentlicht, präsentierte seine visionäre Ansichten, die oft als Wahnsinn gedeutet

wurden. In diesem Text spricht er von einer Erweiterung des Verstehens und von den Pforten der Wahrnehmung, die Aldous Huxley stark beeinflusste. Das Buch wurde inspiriert von Dantes INFERNO, Miltons PARADISE LOST und dem Buch HIMMEL UND HÖLLE des schwedischen Mystikers und Theologen Emanuel Swedenborg (1688–1772).

196 Eisenstein spielt hier an auf Stalins bekannte Definition des sozialistischen Realismus.

197 Eisenstein meint das Buch von Moritz Hoernes URGESCHICHTE DER BILDENDEN KUNST IN EUROPA VON DEN ANFÄNGEN BIS UM 500, das von seinem Schüler Oswald Menghin überarbeitet wurde. Hoernes (1852–1917), österreichischer Archäologe, gründete in Wien das Prähistorische Institut und hatte ein reiches Archiv gesammelt. Menghin (1888–1973) leitete das Institut nach Hoernes' Tod bis 1945.

198 Gemeint ist die Szene der Hinrichtung des Peons Sebastian aus Eisensteins Film QUE VIVA MEXICO! (1933): Er wird bis zum Kopf in die Erde in der Kreuzigungspose eingelassen, was Assoziationen sowohl an Golgatha als auch an die sterbenden und auferstehenden Götter der jahreszeitlichen Wiederkehr, der Vegetation wie Adonis oder Osiris weckt.

199 1939 wurde Eisenstein ein Drehbuch von Alexander Fadejew und Lew Nikulin unter dem Titel DIE MEERENGE DER KRIM (Perekop) angeboten; einer der Haupthelden darin war Michail Frunse.

200 Gemeint ist die Hinrichtungsszene aus PANZERKREUZER POTEMKIN, bei der ein Appell an das Hinrichtungskommando „Brüder!" in einer Serie von Zwischentiteln mit immer größer werdender Schrift wiederholt wird. Dieser Appell hat seine Wirkung: Opfer und Henker vereinigen sich, und die Situation schlägt um – in die Rebellion der Brüder gegen die Offiziere.

201 In einem Kapitel seines Werkes METHODE (B. 2, S. 461–528) analysiert Eisenstein eine Situation aus dem Stück des französischen Dramatikers Jacques Deval L'AGE DE JULIETTE (DAS ALTER VON JULIETTE, 1935): es geht um die erste Vereinigung der jungen Geliebten, zu der es im Wasser einer Badewanne kommt und die zum Tausch der Kleider zwischen dem Jungen und dem Mädchen führt. In dieser Lösung entdeckt Eisenstein eine archaische Grundsituation, die einerseits ein altes Hochzeitsritual reproduziert, bei dem zur Inversion des Männlichen und Weiblichen kommt, und zugleich eine Hypothese Ferenczis bestätigt, der in seinem Buch VERSUCH EINER GENITALTHEORIE (Anm. 135) die Möglichkeit eines tiefen Gedächtnisses belebt, das die Individuen auf weit zurückliegende Evolutionsstufen führt.

202 Eisenstein meinte, dass sein Dorffilm DAS ALTE UND DAS NEUE (DIE GENERALLINIE) archaische Mythen in moderner Kleidung inszenierte, und wollte als Vorlage für das Filmplakat das berühmte Bild von Valentin Serow DIE ENTFÜHRUNG DER EUROPA nutzen. Eine ähnliche Interpretation bot auch Iwan Axjonow: „Die

Geschichte von der Gründung des Milchartels, deren treibende Kraft der Wirkung wegen die visuell schwächste der handelnden Personen sein musste, also eine eingeschüchterte Frau, korrespondierte in der Vorstellung des Autors mit dem Mythos vom Raub der Europa durch den Stier. Der Wettkampf zwischen Altem und Neuem – in der Konfrontation des Komsomolzen mit dem alten Schnitter – stützte sich auf die überlieferten Gestalten der Geschichte von David und Goliath. Das Folkloreelement – die Bittprozession während der Dürre und die Dorfheilerin bei dem verendenden Stier – verband die Geschichte mit ihrem mythologischen Untergrund, dem Phalluskult und bedingte die Symbolik der Detailaufnahmen (die Wirkungslosigkeit der Regenbeschwörung durch den Popen wird beispielsweise über die in der Hitze zusammensinkende Wachskerze gezeigt). Das befruchtende Element der Industrie wird durch entsprechende Kameraperspektiven auf die gebogenen Rohrsysteme der Hochöfen und die Feuergarben der Bessemerbirnen dargestellt. Die mythische Figur des alten Gottes der Fruchtbarkeit – des Stiers – wird auf vielerlei Weise benutzt. Das Zittern der Kuh, wenn der Stier sich nähert, wird im Zittern der Ähren reproduziert. Die Heuschrecke, die ‚geile Zikade' des Anakreon, hat plötzlich Ähnlichkeit mit dem Mechanismus der Mähmaschine. Alle Möglichkeiten physiologischer unbewusster Einwirkung werden herangezogen, um der Geschichte Spannung zu geben." Axjonow. SERGEJ EISENSTEIN, S. 101.

203  Das Manuskript wurde in zwei verschiedenen Fassungen veröffentlicht: 2002 erschien in Moskau (Kinozentr) eine von Naum Klejman, Wladimir Sabrodin und Alexander Troschin vorbereitete Version in zwei Bänden. 2009 folgten vier Bände in dem Berliner Verlag PotemkinPress. Die Differenzen zwischen beiden Fassungen sind dort in meinem Nachwort erläutert: Oksana Bulgakowa: Kak isdawat Eisensteina, in: Eisenstein. METOD/METHODE. Bd. 4, S. 1091–1103. In der Moskauer Ausgabe ist der DISNEY-Text nur mit Auslassungen, im Band 2, veröffentlicht: S. 254–295, 506–529.

Eisensteins Aufsatz über Disney wurde 1985 erstmalig, allerdings in einer gekürzten Fassung veröffentlicht (russ. PROBLEMY SINTESA W CHUDOSHESTWENNOJ KULTURE. Hg. Alexander Prochorow, Boris Rauschenbach. Moskau: Nauka 1985. S. 209–284; Engl. EISENSTEIN ON DISNEY. Jay Leyda, ed., transl. Alan Y. Upchurch. Calcutta: Seagull 1986; Dt. in KUNST UND LITERATUR, 36. Jahrgang, Nov.–Dez. 1988, Heft 6, 795–815; 37. Jahrgang, Jan.–Febr. 1989, Heft 1, 77–93. Aus dem Russischen von Oksana Bulgakowa und Dietmar Hochmuth).

Diese Textfassung geht zurück auf handschriftliche Manuskripte aus dem Russischen Staatsarchiv für Literatur und Kunst, Moskau (RGALI, fond 1923, opis 2, ediniza chranenija 321, 322, 323, 256), geschrieben zwischen dem 21. 9. 1940 und dem 16. 6. 1946.

204  Anne Nesbet ist der Meinung, dass die Schattenwelt von IWAN DER SCHRECKLICHE viel den grotesken Schatten Disneys aus SCHNEEWITTCHEN (und nicht dem deutschen Expressionismus) verdankt – ein Verfahren, das die Zwerge in Riesen verwandelt. Eisenstein hatte die Maske des alten Iwan nach dem Vorbild von

John Barrymores Mr. Jeckyl gestaltet, Nesbet entdeckt dagegen im alten Iwan das Gesicht der Hexe aus demselben Film. Anne Nesbet. THE SAVAGE JUNCTURE. London: I. B. Tauris, 2003.

205 Diese Kapitel sind alle komplett im Band 3 der deutschen Ausgabe von METOD zusammen mit DISNEY veröffentlicht.

206 RGALI, fond 1923, opis 2, ed. 1104, l. 98–99.

207 KINO-GLAS O STATSCHKE. KINOGASETA, 24.3.1925, S. 5.

208 KINO-SHURNAL ARK, № 8, 1925, S. 3–4.

209 Sándor Ferenczi. VERSUCH EINER GENITALTHEORIE (1924), in SCHRIFTEN ZUR PSYCHOANALYSE. Hg. von Michael Balint. Band 2. Frankfurt am Main, S. Fischer, 1970, S. 396.

210 „Die Dialektik eines Kunstwerkes gründet sich auf eine hochinteressante Polarität. Die Wirkung eines Kunstwerkes beruht darauf, dass in ihm ein zwiespältiger Prozess abläuft: das ungestüme progressive Emporstreben auf höhere geistige Stufen des Bewusstseins und zeitgleich über die Form das Eindringen in Schichten allertiefsten sinnlichen Denkens. Das polarisierende Auseinanderstreben dieser beiden Linien schafft jene wunderbare innere... Spannung in der Einheit von Form und Inhalt, durch die sich echte Kunstwerke auszeichnen." (1935) Sergej Eisenstein. DAS DYNAMISCHE QUADRAT. SCHRIFTEN ZUM FILM. Leipzig: Reclam 1988, S. 146.

211 Mehr darüber in Oksana Bulgakowa: EISENSTEINS VORSTELLUNG VOM UNSICHTBAREN BILD ODER: DER FILM ALS MATERIALISIERUNG DES GEDÄCHTNISSES in: BILDTHEORIE UND FILM. Hg. Thomas Koebner, Thomas Meder, Fabienne Liptay, München; edition text + kritik, 2006, S. 36–52.

212 Ferenczi. VERSUCH EINER GENITALTHEORIE (1924), S. 317–400, hier S. 357–358, 363.

213 Eisenstein lässt das Thema jedoch wieder fallen. In die Mappe mit den Materialien zu den Utopien hatte er einen Artikel aus der PRAWDA vom 1.4.1939 gelegt, der die Idee eines Vergleichs der kommunistischen Gesellschaft mit prähistorischen Formen scharf kritisiert. Damit schließt das Kapitel ab – ohne Autorenkommentar.

214 Walter Benjamin. DAS PASSAGEN-WERK. Hg. Rolf Tiedemann. Frankfurt a. M.: Suhrkamp 1982 (= Gesammelte Schriften, Bd. 5), S. 455–456.

215 Eisenstein. METOD/METHODE, Band 1, S. 48. Das Zitat ist in einer russischen Übersetzung angegeben, es könnte entweder eine Stelle aus ENZYKLOPÄDIE DER PHILOSOPHISCHEN WISSENSCHAFTEN IN GRUNDRISSEN (Teil II, DIE NATURPHILOSOPHIE) sein: „...das Allgemeine der Natur hat keine Geschichte. Wissenschaften, Verfassungen haben eine Geschichte, denn sie sind das Allgemeine im Geist." (Georg Wilhelm Friedrich Hegel. THEORIEWERKAUSGABE IN 20 BÄNDEN. Redaktion Eva Moldenhauer und Karl Markus Michel. Frankfurt a. M.: Suhrkamp 1969–1971, Bd. 9, S. 345) oder auch aus PHÄNOMENOLOGIE DES GEISTES: „So hat das

Bewusstsein [...] als Weltgeschichte ein gegenständliches Dasein hat. Aber die organische Natur hat keine Geschichte." Theoriewerkausgabe, Bd. 3, S. 225.

216 Vgl. METOD, Moskau 2002, Band 1, S. 446.

**Namensregister**

# A

Aesop 59, 141, 158
Andersen, Hans Christian 38, 43, 66, 67, 161, 167, 168
Andrews Sisters 86, 172
Angelico Fra 38
Aristophanes 33
Arwatow (Arvatoff), Boris 70, 143, 144, 145, 169, 175
Ataschewa, Pera 34, 137, 159
Axjonow, Artur 119
Axjonow, Iwan 180, 184, 185

# B

Balzac, Honoré de 36, 48, 71, 137, 141, 159, 161
Barnes, Ralph 120, 180
Bierce, Ambrose 63, 167
Binyon, Laurence 84, 98, 172, 175
Blake, William 84, 128, 172, 183
Bloch, Iwan 18, 157
Böcklin, Arnold 104, 177
Bonaparte, Marie 83, 85, 116, 146, 171, 179
Brandes, Georg 67, 168
Buber, Martin 159
Buffon, Georges-Louis Leclerc, Comte de 33, 159

# C

Campanella, Tommaso 122, 150
Carroll, Lewis (Charles Lutwidge Dodgson) 66, 67, 71, 80, 83, 88, 89, 138, 140, 157, 171
Cézanne, Paul 78
Chamberlain, Houston Stuart 56, 165
Champfleury, Jules (Jules François Félix Husson) 65, 167
Chaplin, Charlie 11, 39, 57, 58, 159, 161
Colonna, Jerry 86, 172
Comte, Auguste 67
Crowther, Bosley 180

# D

Dante Alighieri 33, 125, 149, 184
Darwin, Charles 12, 112, 124, 129, 147, 148, 163, 182
Daudet, Alphonse 55
Delehanty, Thornton 99, 176
Descartes, René 29, 31, 44, 59, 67
Dickens, Charles 67
Disney, Walt 9, 10, 1, 12, 13, 14, 16, 17, 18, 29, 32, 33, 34, 35, 36, 37, 38, 39, 40, 42, 43, 44, 47, 48, 49, 52, 53, 54, 56, 57, 58, 59, 60, 62, 64, 66, 67, 68, 70, 71, 77, 78, 79, 80, 81, 83, 84, 86, 87, 88, 92, 93, 96, 98, 99, 100, 101, 102, 103, 105, 112, 125, 128, 129, 137, 138, 139, 140, 141, 142, 143, 146, 147, 148, 149, 150, 151, 154, 157, 160, 165, 171, 172, 173, 174, 185, 186
Dreyer, Carl Theodor 99, 148, 176
Dschuang Dsi 31, 159

## E

Eddy, Mary Baker 17, 157
Eddy, Nelson 81, 83, 86
Engels, Friedrich 58, 65, 67, 122, 141, 158, 165

## F

Ferenczi, Sándor 97, 121, 147, 148, 149, 174, 184, 186
Ford, Henry 40
Fourier, Charles 122, 150
Franziskus, Hl. von Assisi 38, 48
Frazer, James George 112, 123, 141, 147, 181
Freud, Sigmund 47, 104, 113, 128, 130, 139, 141, 146, 157, 182
Fuchs, Eduard 65, 167

## G

Gautier, Théophile 65, 167
Gide, André 113, 178
Gillen, Francis James 123, 181
Glance, H. D. 180
Goethe, Johann Wolfgang von 56, 68, 141, 165
Gogol, Nikolai 39, 74, 160, 161
Goodman, Benny 86, 172
Gorki, Maxim 20, 21, 22, 23 26, 34, 43, 45, 59, 61, 62, 86, 140, 158, 159
Grandville, Jean Ignace Isidore Gérard 32, 68, 97, 98, 140, 159, 175
Gregor, Joseph 36, 160
Guilbert, Yvette 92

## H

Hanway, Jonas 61, 166
Harvey, Madame 32
Hawthorne, Nathaniel 109, 178
Hegel, Georg Wilhelm Friedrich 66, 123, 130, 147, 148, 151, 181, 186
Hempelmann, Friedrich 18, 157
Heraklit 66
Herzen, Alexander 169
Hoernes, Moritz 131, 184
Hoffmann, Ernst Theodor Amadeus 38, 159
Hölderlin, Friedrich 55
Homer 48, 49, 50, 51, 141, 160
Hugo, Victor 9

## J

Janukowa, Vera 70, 169

## K

Kagarow, Jewgeni 60
Kapp, Ernst 126, 182
Kassatkina, Agnia 69, 70, 144, 145, 168, 169

Kerschensteiner, Georg 62, 166
Kipling, Rudyard 93
Klinger, Witold 60
Kretschmer, Ernst 95, 174
Krylow, Iwan 22, 53, 60, 141, 158

## L

La Fontaine, Jean de 29, 31, 32, 33, 35, 44, 59, 67, 141, 158, 159, 162
Lang, Andrew 115, 178
Lautréamont, Comte de (Isidore Lucien Ducasse) 70, 71, 141, 169
Lavater, Johann Caspar 45
Lawrence, David Herbert 35, 69, 70, 71, 72, 81, 83, 88, 97, 98, 106, 110, 111, 128, 129, 130, 138, 141, 143, 145, 168, 169, 170, 171, 177, 178
Le Brun, Charles 124, 181, 182
Leibniz, Gottfried Wilhelm Freiherr von 29
Lenau, Nikolaus (Franz Niembsch von Strehlenau) 55
Lenin, Wladimir (Uljanow) 66, 167, 180
Lennon, Florence Becker 80
Leonardo da Vinci 35, 104, 140, 177
Lessing, Gotthold Ephraim 59
Lévy-Bruhl, Lucien 53, 59, 141, 163, 164, 165, 166
Lichine, David 86, 172
Loyola, Ignatius von 114, 178

## M

Malebranche, Nicolas 29
Mallarmé, Stéphane 21
Malraux, André 104, 177
Marx, Karl 65, 122, 146, 151, 18, 182
McPherson, Aimee Semple 157
Melville, Herman 80, 83, 88, 105, 106, 111, 112, 177, 178
Menghin, Oswald 131, 184
Michelangelo 104
Michelet, Jules 69, 168
More, Thomas 122, 150
Morgan, Lewis 122, 177, 181
Morgenthau, Henry 102, 176
Möricke, Eduard Friedrich 56
Moskwin, Andrej 85, 139, 172

## N

Näcke, Paul Adolf 18, 157
Napoleon Bonaparte 20, 36, 140, 146, 158
Nero 20, 158

## O

Ovid 33, 59, 141, 153

## P

Phoenix, John (George Horatio Derby) 168
Picasso, Pablo 132, 137
Piscator, Erwin 82, 171, 172
Poe, Edgar Allan 72, 80, 83, 85, 116, 141, 145, 146, 170, 171, 178, 179
Potter, Charles Francis 19
Prokofiew (Prokofief), Sergej 80, 87, 88, 137, 171, 172, 173

## R

Rachilde (Marguérite Vallette Eymery) 19
Rank, Otto 115, 116, 121, 126, 139, 147, 150, 179, 182
Riaboushinska, Tania 86, 172
Rodin, Auguste 104
Romanow, Nikolai Nikolaiewitsch Jr. (Nik. Nik.) 93, 174
Rostand, Edmond 65, 167
Rousseau, Jean-Jacques 31, 67, 105, 122, 168, 177

## S

Sachs, Hanns 126, 175, 182
Sadger, Isidor 126, 182
Sadoul, Georges (Jacques) 88, 173
Salin, Karl Bernhard 93, 174
Schellenberg, Johann Rudolf 45
Scheltema, Frederik Adama van 93, 94, 96, 98, 99, 100, 104, 126, 128, 129, 148, 173, 174, 176, 182
Selenin, Dimitri 116
Seversky, Alexander de 86, 100, 101, 103, 172
Shakespeare, William 33, 36, 64, 65, 137, 160
Shaw, Bernard 83
Shirmunski, Viktor 50
Skrjabin, Alexander 58, 165
Spencer, Walter Baldwin 123, 181
Spinoza, Baruch 29
Spurgeon, Caroline 36, 160
Steig, William 90, 140, 173
Strehlow, Carl Friedrich 119, 121, 181
Sydow, Eckart von 116, 179

## T

Taine, Hippolyte 29, 33, 35, 44, 48, 59, 67, 138, 159, 162
Tatlin, Viktor 104, 177
Teleschewa, Jelisaweta („Madam") 70, 169
Tenniel, John 160, 174
Thérèse de Lisieux 104, 177
Thurber, James 78, 79, 80, 89, 170
Tolstoi, Leo 34, 59, 72, 137, 141, 159, 168
Towers, John H. 101, 102
Trier, Walter 14, 68, 96, 140, 157
Tscherkassow, Nikolai 85, 172
Tylor, Edward Burnett 61, 65, 141, 166

## V

Vergil 31, 141
Voltaire, François Marie Arouet de 67

## W

Wagner, Richard 19, 54, 158, 165
Wagner, Wladimir 128, 183
Webster, John 65
Webster, Noah 34
Wells, Herbert George 97, 175
Werner, Heinz 167
Wertow (Vertoff), Dsiga 69, 144, 145, 146, 148, 169, 175, 183
Wesselowski, Alexander 48, 49, 50, 52, 53, 55, 59, 163
Wieland, Christoph Martin 56
Wulffen, Erich 18, 19, 157

## Z

Zola, Emile 25, 84, 92, 140, 158, 172

*Von und über Eisenstein bei PotemkinPress bisher erschienen:*

### Sergej Eisenstein: DIE METHODE
Nach dem Originalmanuskript in Russisch, Deutsch, Englisch, Französisch etc. – transkribiert, herausgegeben und ausführlich kommentiert von Oksana Bulgakowa
(Vier Bände | ca. 1660 S. | zahlreiche Abbildungen | ausführliches Register
ISBN 978-3-9804989-4-4 für Softcover | 978-3-9804989-3-7 für Hardcover)
**Eine komplette Online-Edition der Ausgabe findet sich auf www.metod.info.**

### Sergej Eisenstein: DISNEY
erscheint zeitgleich im Englischen und Russischen
(ca. 200 S. mit ausführlichem Nachwort und Register
ISBN 978-3-943190-00-7 dt. Hardcover | 978-3-943190-01-4 dt. Softcover
ISBN 978-3-943190-02-1 en. Hardcover | 978-3-943190-03-8 en. Softcover
ISBN 978-3-943190-04-5 ru. Hardcover | 978-3-943190-05-2 ru. Softcover)

### Oksana Bulgakowa: SERGEJ EISENSTEIN. Eine Biographie
(304 Seiten | ca. 30 Abbildungen | umfangreiches Register
ISBN 978-3-9804989-5-1)

Englische Ausgabe
### Oksana Bulgakowa: SERGEI EISENSTEIN. A Biography
(304 pages | ISBN 978-3980498999 for Hardcover
ISBN 978-3980498982 for Softcover)

### Oksana Bulgakowa: SERGEJ EISENSTEIN – drei Utopien.
### Architekturentwürfe zur Filmtheorie
(304 Seiten | 33 Abbildungen | ISBN 978-3-9804989-06)

außerdem
### Die verschiedenen Gesichter des SERGEJ EISENSTEIN.
### Ein Film von Oksana Bulgakowa & Dietmar Hochmuth
(Produktion: SelbstFilm für ZDF/arte
Format: Farbe / Schwarzweiß | Länge: 59 Minuten
als Bonusfilm auf der DVD **Die Generallinie** von Sergej Eisenstein
ISBN 978-3-89848-856-3, erschienen bei absolut MEDIEN GmbH)

Zu beziehen auf PotemkinPress.com, Amazon.de und im anständigen Buchhandel.